普通高等教育"十四五"学前教育专业系列教材

幼儿园安全管理信息化

主　编　李　强　兀　静
副主编　柯　亮

西安交通大学出版社
XI'AN JIAOTONG UNIVERSITY PRESS

国 家 一 级 出 版 社
全国百佳图书出版单位

内容简介

本书以幼儿园安全管理信息化为主题,基于问题解决与方便操作的原则,从幼儿园安全管理信息化概述、幼儿园安全数据采集、幼儿园信息化数据处理及安全风险评估、幼儿园安全数据存储、幼儿园安全数据传输、幼儿园安全管理信息化的实践应用等方面,比较全面、详细地介绍了幼儿园安全管理信息化的认识、操作和应用三个层面的问题。

本书立足学前教育特色,适应我国新形势下加强幼儿园安全工作的迫切需求,目标是让幼儿园教师、管理者学会用信息化理念进行幼儿园管理。本书可作为高校学前教育专业的教材,也可作为幼儿园教师安全管理的培训教材。

图书在版编目(CIP)数据

幼儿园安全管理信息化 / 李强,兀静主编. — 西安 :
西安交通大学出版社,2021.8
　ISBN 978 - 7 - 5693 - 2255 - 2

　Ⅰ. ①幼… Ⅱ. ①李… ②兀… Ⅲ. ①幼儿园-安全
管理-信息化-教材 Ⅳ. ①G617

中国版本图书馆 CIP 数据核字(2021)第 161448 号

书　　　名	幼儿园安全管理信息化
	YOUERYUAN ANQUAN GUANLI XINXIHUA
主　　　编	李　强　兀　静
责任编辑	王建洪
责任校对	史菲菲
封面设计	任加盟
出版发行	西安交通大学出版社
	(西安市兴庆南路 1 号　邮政编码 710048)
网　　　址	http://www.xjtupress.com
电　　　话	(029)82668357　82667874(市场营销中心)
	(029)82668315(总编办)
传　　　真	(029)82668280
印　　　刷	陕西时代支点印务有限责任公司
开　　　本	787mm×1092mm　1/16　印张 11.5　字数 286 千字
版次印次	2021 年 8 月第 1 版　2021 年 8 月第 1 次印刷
书　　　号	ISBN 978 - 7 - 5693 - 2255 - 2
定　　　价	34.80 元

发现印装质量问题,请与本社市场营销中心联系、调换。
订购热线:(029)82665248　(029)82665249
投稿热线:(029)82665379
读者信箱:xj_rwjg@126.com

前言

安全是幼儿园工作的生命线。幼儿园安全,不仅关系到每个幼儿的安全和健康,还关系到每个家庭的幸福平安。近年来,教育领域的社会内外部环境趋于复杂,安全风险的类型呈现出多样化的特点,其波及人数、涉及范围越来越广,趋向多发、易发的态势。其中,意外伤害、流行性疾病、校车安全、食物中毒、火灾、拥挤踩踏、虐待幼儿等事件时有发生,严重影响了幼儿园正常教育教学秩序及幼儿的人身安全,对相关家庭更造成了无法弥补的伤害。如果幼儿园的安全问题没有解决好、没有履行好幼儿园服务于家庭和幼儿的社会责任,不仅影响幼儿园自身的社会公众形象,还会造成极大的社会负面影响。因此,安全管理的水平和质量,关系到幼儿教育机构存在与发展的根本。

党的十九大报告提出,要推动互联网、大数据、人工智能和实体经济深度融合,并明确提出建设"智慧社会"。智慧社会是以宽带通信、移动互联网、物联网、量子计算、大数据、人工智能、地址定位、虚拟现实等技术为支撑的全新社会形态。智慧社会和精细化治理的碰撞,将现代网络信息技术和社会化治理深度融合,也推进了教育与信息技术的深度融合,有利于提高学校安全治理的智能化和专业化水平。2012 年教育部发布的《教育信息化十年发展规划(2011—2020 年)》明确指出:以教育信息化带动教育现代化,破解制约我国教育发展的难题,促进教育的创新与变革是加快从教育大国向教育强国迈进的重大战略抉择。随着社会对校园安全的关注,以及人工智能、大数据等信息技术在教育行业应用的日益广泛,创建和开发智慧幼儿园已成为当今社会发展背景下幼儿园的一个必然趋势。针对新形势下影响幼儿园安全的突出问题、难点问题,有必要积极构建幼儿园安全管理制度健全、安防力量配备到位、物防技防设施先进、师生安全素养较高、保障机制完善的防控格局,有责任将幼儿园建设成为最安全、最阳光的地方。

本书以幼儿园安全管理信息化为主题,基于问题解决与方便操作的原则,从幼儿园安全管理信息化概述、幼儿园安全数据采集、幼儿园信息化数据处理及安全风险评估、幼儿园安全数据存储、幼儿园安全数据传输、幼儿园安全管理信息化的实践应用等方面,比较全面、详细地介绍了幼儿园安全管理信息化的认识、操作和应用三个层面的问题。

本书由具有学前教育、教育管理、信息技术等专业背景的高校教师和幼儿园一线的园长、教师共同合作完成。本书由陕西学前师范学院李强教授和西安交通大学幼儿园园长兀静担任主编,李强教授提出本书的框架提纲,兀静园长提供实践部分的写作思路。具体编写分工如下:幼儿园安全管理信息化概述(柯亮,陕西学前师范学院);幼儿园安全数据采集(李妮编写前三节、柯亮编写第四节,陕西学前师范学院);幼儿园信息化数据处理及安全风险评估(邓志龙,陕西学前师范学院);幼儿园安全数据存储(董洋溢,陕西学前师范学院);幼儿园安全数据传输(梅林晨,陕西学前师范学院);幼儿园安全管理信息化的实践应用(富雅昕、姜恕,西安交通大学幼儿园)。在初稿形成过程中,兀静园长基于幼儿园一线经验给予了充分的指导,并对部分章节做了修改。李强教授负责每章内容的审定、统稿,最后对全书进行了修改并定稿。

此外,还要特别感谢西安市长安区郭杜街道悦美幼儿园、美伦天成幼儿园和西安交通大学幼儿园,她们为本书提供了诸多宝贵信息和经验。本书是幼儿园安全管理信息化领域新的尝试,可能还有一些不妥之处,敬请读者提出宝贵意见。

编者

2021 年 4 月

目录

第1章
幼儿园安全管理信息化概述

1.1 幼儿园安全管理的现实背景

学校安全一直是社会关注的热点、中央强调的重点、教育部门要求的难点,以及学校管理的痛点。

1.1.1 幼儿园安全管理的新形势

1986 年,德国著名社会学家乌尔里希·贝克在《风险社会》一书中首次提出"风险社会"的概念。乌尔里希·贝克在书中详细地阐述了风险社会形成的原因以及可能造成的危害,深入地解析了风险社会中科学、技术领域的变化和转变,认为风险是源于现代性"负作用"。他指出,人类历史上各个时期的各种社会形态从一定意义上说都是一种风险社会,因为所有有主体意识的生命都能够意识到死亡的危险。风险是与人类共存的,但只是在近代之后随着人类成为风险的主要生产者,风险的结构和特征才发生了根本性的变化,产生了现代意义的"风险"并出现了现代意义上的"风险社会"雏形。第二次世界大战后,英国社会学家安东尼·吉登斯在《现代性的后果》《失控的世界》等著作中不同程度地关注风险社会,提出风险社会是现代性发展的结果,尤其是由于全球化的发展和科学技术的进步,使当今社会面临着与传统社会不同的风险。

几乎与乌尔里希·贝克提出"风险社会"的概念同步,从 20 世纪 80 年代开始,一股全球化的力量迅猛发展并不断形塑着我们生活其间的这个世界,越来越多的事件和事实似乎表明:我们正在进入一个乌尔里希·贝克所预设的"风险社会"。全球化不仅是经济全球化、金融全球化、文化全球化、技术全球化,同时也是一种风险的全球化。在全球化的大背景下,人类社会面临着比以往任何时候都多的风险,如大规模失业的风险、贫富分化加剧的风险、生态风险等。可见,伴随着现代化进程和世界大变局,全球动荡源和风险点增多,我国社会转型期的利益多元化与价值取向多样化使得社会问题日益复杂,当前社会各个领域存在的安全风险已成为不可回避的客观形势。正如德国社会学家乌尔里希·贝克所言:"当代中国社会因巨大的变迁正步入风险社会,甚至将可能进入高风险社会。"

近年来,教育领域的社会内外部环境趋于复杂,安全风险的类型呈现出多样化的特点,具体表现为群体性事件、欺凌暴力事件、极端恶性刑事案件、网络舆情危机事件,其波及人数、涉及范围越来越广,趋向多发、易发的态势。其中,拥挤踩踏、建筑物坍塌、火灾、食物中毒、校园暴力、校车安全、猥亵儿童等事件时有发生,严重影响到幼儿园的正常教育教学秩序及幼儿的人身安全,对幼儿家庭造成了无法弥补的伤害。幼儿园的安全问题层出不穷,社会影响恶劣,挑战着人们对社会安全的认知底线,突破着"保民生"这一基础,与中国特色社会主义新时代人们对美好生活的新期待相违背。2014年12月廊坊市永清县刘街某幼儿园发生校舍坍塌事故;2017年5月山东威海一幼儿园校车发生事故致多人死亡;2017年11月某亲子园被曝殴打孩子并喂芥末后,北京某幼儿园出现的"疑似虐童事件"再次刷爆网络;2018年10月重庆幼儿园发生砍人事件;2019年3月河南焦作某幼儿园发生老师投毒事件;2019年5月湖北省咸宁市一名3岁女童被遗忘在校车内身亡;等等。各种安全事件渐次登场,频繁见诸媒体报端,标志着幼儿园也不可避免地被裹挟进入全球化的风险中。

针对新形势下影响幼儿园安全的突出问题、难点问题,有必要积极构建幼儿园安全管理制度健全、安防力量配备到位、物防技防设施先进、师生安全素养较高、保障机制完善的防控格局,力争将幼儿园建设成最安全、最阳光的地方。

1.1.2　幼儿园安全管理的新特点

学校安全工作是社会安全的重要组成部分,直接关系到广大师生的生命健康、亿万家庭的幸福安宁和社会稳定。在风险社会视域下窥探我国幼儿园安全问题,将"风险管理"引入学校安全工作中,有利于学校安全工作实现由被动应对向主动预防、由单一预防向立体预防、由补丁式预防向顶层设计预防的转变,将大大提高我国学校安全风险防控的水平和效果,实现构建和谐平安校园的安全治理目标。

1. 从幼儿园安全问题发生范围看:安全问题是全球性的

全球化风险是现代风险社会的集中表征,在经济全球化时代具有普遍性。安东尼·吉登斯说:"现在我们大家正在经历的全球性风险的巨大后果,是现代性脱离控制、难以驾驭的关键,而且,没有哪个具体的个人或团体能够对它们负责,或能够被要求'正确地安排'它们。"风险具有延展性的特点,其空间影响是全球的,超越了地理边界和社会文化边界的限制,任何组织都不可避免地受到全球化风险的影响,校园安全问题已成为各个国家都会面临的全球性问题。

从安全事件的复杂程度看,当前各种风险相互交织,呈现出自然和人为致灾因素相互联系、传统安全与非传统安全因素相互作用、既有社会矛盾与新生社会矛盾相互交织等特点,对校园安全问题的治理提出了新的挑战。国外对校园安全的关注和实践较早,许多国家已经建立起了比较完备的安全管理法律体系和安全防控体系。孙晔综合性地总结了美国、德国、俄罗斯等多个国家在校园安全管理方面的措施:重视校园安全立法活动;建立完善的身份识别和登记制度;增加投入,利用先进的现代化设备建立校园安全监控系统和预警系统;定期对学生进行安全教育和事故演练,培养学生的应急能力;政府财政拨款建立专门的补偿机制,及时做好事后补偿。发达国家将幼儿园安全管理看作是多方治理、科学协作的系统性工程,如美国政府前后制定了《儿童权利法》《校园法》《安全法》《儿童乘客安全法》《美国幼儿园环境安全评估标准》等法案,从宏观到微观强调了幼儿的安全问题。在安全风险应对上,发达国家都非常重视孩子自我保护教育,如加拿大、日本都主张让孩子在真实的生活环境中学习、辨别、应对可能遇到的危险。如日本由于地震灾害频发,非常重视安全教育,并形成了完备丰富的相关法案和安全教育教材,强化日常地震、火灾的自救演练。校园安全问题在当今全球化时代更加突出,各国政府都非常重视,且通过一系列法律法规在政策层面保障幼儿安全,同时在长期的努力摸索下,各国也逐渐积累了丰富的实践经验,为安全问题的深入研究奠定了理论和实践基础。

2.从幼儿园安全问题根源看：安全风险是人为制造的

自从有了人类，人就生活在风险中。在不同历史阶段，风险有着不同的形态表征。在前工业时代的传统社会，当时的风险主要导源于物质的匮乏、自然环境的恶劣和控制自然技术的低下，地震、洪涝、灾荒、山火等与自然界和物质世界相关联的风险，威胁着人们的生存，自然风险的特点是突发性强、偶然性大，一旦发生，破坏性大、后果严重，吉登斯称之为"外部风险"。随着工业化萌芽，农业社会向工业社会过渡，工业生产方式要求传统劳动力与土地生产资料相分离，进行工业劳动力储备，风险由此从自然领域转向社会领域，人为因素成为风险的主因，此时收入分化加剧，人与人之间的矛盾超越人与自然的矛盾，逐步积累成阶级间的不满和怨恨，工业社会早期的风险主要表现为安全事故、劳资矛盾、两极分化、失业、腐败等。后工业社会时期，随着科学技术的发展和制度的完善，在为控制风险提供越来越完美解决办法的同时，却可能带来新的更大的风险。科学技术的发展使得自然风险可通过技术手段得到约束，而人类决策与行为往往成了风险的主要来源。吉登斯称之为"人为风险"，主要包括环境污染、生态恶化、核技术威胁、化学和基因风险等，这类风险难以控制，具有很强的扩散性，是现代化带来的风险，是人类对社会生活的条件和对自然进行干预的结果。可见，人类在被风险包围的同时，也制造着新的风险。

学校安全问题是社会安全问题之一，无法逃离人类社会发展这一宏观趋势。从引发学校安全问题的根源看，学校安全问题除极少数是由不可抗拒的自然因素导致的，如地震、台风、海啸等，其中绝大多数的事故都是人为因素造成的，属于人为风险。据统计，目前暴力伤害、火灾、食物中毒等意外伤害已上升为儿童十大死亡原因的第三位，而意外事件中又有85％是由于人为的疏忽、判断错误或无知而引起的。即使由自然因素所引起的洪水、山体塌方、泥石流等自然灾害所造成的学校安全事故，从其关联性上看，与人们对自然界的破坏而带来的"生态危机"密切相关。在我国学校安全事故中占比较高的建筑物坍塌、交通事故、校园暴力事件、踩踏、食物中毒等，对其事故潜在因素和社会关系进行深入研究后也会发现，人为因素是导致事故的直接原因。例如，2014年西安某幼儿园"病毒灵"事件，2017年某幼儿园"疑似虐童事件"，2018年9月安徽芜湖某幼儿园食品安全事件，2019年5月湖北咸宁一名3岁幼儿被遗忘在校车内身亡等，究其原因主要是教职工安全意识淡薄、缺乏责任意识、安全防护技能不足、主体责任不明确等。因此，幼儿园安全工作需要进一步落实"安全工作责任制"，消除人为制造的风险，增强幼儿园的安全管理主体的防范意识，提升人防、物防、技防水平，切实维护校园安全稳定。

3.从幼儿园安全问题治理主体看：安全治理需要多方协同

随着我国现代化进程的不断推进，各种风险因素越来越多，公共安全的地位日益凸显，校园安全治理问题突出。近年来，学校周边暴力伤害事件、校园欺凌与暴力、校园性侵虐童、交通安全、食品中毒、火灾溺水等校园安全问题呈现出多发、易发态势，校园内部风险和外部风险、传统风险和非传统风险相互交织导致了诸多新情况、新问题，引发了社会各界的广泛关注和深刻反思，已成为公共安全领域的热点和痛点问题。针对校园安全问题，2017年4月国务院办公厅下发《关于加强中小学幼儿园安全风险防控体系建设的意见》（国办发〔2017〕35号），对今后我国校园安全风险防控体系进行了全面的顶层设计和系统的制度整合、机制创新，并明确面对校园安全风险隐患及现实问题，应当遵守党委领导、政府负责、社会协同、公众参与、法治保障的治理原则,共同推动形成多方参与、各司其职、齐抓共建的安全治理格局,切实保障广大中小学、幼儿园的安全稳定。这不仅蕴含着我国政府安全治理理念的提升,而且表达着政府负责的社会管理格局向主体多元化治理格局的转变。

　　传统的安全管理模式重在事后应急处置,管理层面过于粗糙,缺乏"过程意识"。新时期社会安全风险的多样化和复杂性,使单一的安全管理力量的整合不足以有效应对现实风险,客观上需要多元主体的协作共治。社会安全协同治理的基本理念,强调通过发挥"国家-社会-市场-学校"等多元主体的积极性来实现齐抓共建,有效调动和利用多元主体的社会资源,在安全治理中实现资源、信息、能力的有效共享和整合,构建安全治理协同机制,提升社会安全维护能力。幼儿园安全问题的解决必须坚持多元治理的思路,认识到学校安全工作是一个多元主体交叉的系统工程,不仅需要幼儿园落实安全管理主体责任、构建校内安全保障体系,还需要政府负责、社会协同参与,以综合施策、全面防控幼儿园安全风险。因此,应充分调动和发挥政府、社会、家庭各方面作用,形成广泛参与的学生安全保护网络,组织动员各方面力量共同参与学生安全保护,营造"人人关心安全、人人重视安全、人人参与安全"的社会安全文化,加强组织领导和协调配合,形成系统的预防、管控与处置学校安全风险的长效机制,实现共建共治共享的目标。

4. 从幼儿园安全问题治理手段看:教育与信息技术要深度融合

　　习近平总书记在 2015 年党的十八届五中全会第二次全体会议上强调:"要加强对各种风险源的调查研判,提高动态监测、实时预警能力,推进风险防控工作科学化、精细化,对各种可能的风险及其原因都要心中有数、对症下药、综合施策,出手及时有力,力争把风险化解在源头,不让小风险演化为大风险,不让个别风险演化为综合风险,不让局部风险演化为区域性或系统性风险,不让经济风险演化为社会政治风险,不让国际风险演化为国内风险。"精细化理念融入社会治理的各个领域与环节。所谓社会治理精细化,是指在绩效目标指引下,通过机构部门的科学设置、管理流程重构来推动"粗放式"社会治理思维和方式的转换,实现社会治理各方管理框架的标准化、执行的细节化。随着社会治理精细化理念的进一步深化,精细化治理更加强调通过工具-技术理性来提高效率,优化流程再造。

　　社会精细化治理对治理工具的专业化和科学化提出了新的要求。而当前网络信息技术的普及,正好为信息化建设引领社会治理精细化创新提供了条件。党的十九大报告提出,要推动互联网、大数据、人工智能和实体经济深度融合,并明确提出建设"智慧社会"。智慧社会是以宽带通信、移动互联网、物联网、量子计算、大数据、人工智能、地址定位、虚拟现实等技术为支撑的全新社会形态。智慧社会和精细化治理的碰撞,将现代网络信息技术和社会化治理深度融合,也推进了教育与信息技术的深度融合,有利于提高学校安全治理的智能化和专业化水平。

　　社会安全风险治理智慧转型的本质是实现社会安全风险治理的精细化。作为一种计策和谋略,智慧策略之"智慧性",主要表现为依托物联网、大数据、云计算等现代信息技术,通过信息资源共享平台,以社会公众对社会安全的个性化需求为导向,收集、监测、整合与社会安全风险有关的数据与信息,实现社会安全风险精细化决策的一种现代风险治理理念和治理形态。2019 年 3 月,教育部办公厅印发《2019 年教育信息化和网络安全工作要点》中明确指出:"加快推动教育信息化转段升级,积极推进'互联网＋教育',坚持高质量发展,以教育信息化支撑和引领教育现代化。"这对促进信息技术与教学管理相结合和各级各类学校开展数字校园、智慧校园建设起到了引领作用,为构建未来教育新形态规划了蓝图。幼儿园安全问题治理智慧转型的关键在于通过网络信息技术实现准确化、科技化、便捷化的全覆盖式安全管理。运用大数据思维和技术对幼儿园安全数据进行搜集、存储和分析，可以帮助幼儿园管理者及时诊断安全风险，及时排查安全隐患。借助信息系统、物联网技术还可以实现幼儿园安全风险的动态实时监控、数据搜集和分析，建立安全风险预警和风险评估机制，提高安全风险的预测、预判、预控的能力。当然，在大数据时代，技术手段并不能颠覆人类在社会决策中的主体性作用，但是借助于信息网络技术，可使社会治理的视野更加立体，更具空间性和动态性。信息技术作为新时代社会治理的有效手段，能使信息及时、便捷、公开、准确地传播给受众方，解决了社会治理中信息不对称的问题，推动了多元主体在信息领域的互动交流。

1.1.3 幼儿园安全管理的新要求

在当前幼儿园安全问题频发的背景下，做好幼儿园安全工作关系到幼儿的身心健康和亿万家庭的幸福。教书育人，是学校工作的核心。确保学生安全，是学校办学的底线。有效防范幼儿园安全风险，已成为幼儿园管理工作的重中之重。2019 年 7 月，李克强总理就基础教育改革发展作出重要批示，批示指出：切实加强校园安全防范各项工作，营造阳光安全、家长放心的校园环境，让孩子们健康成长。

幼儿园应当是孩子平安健康成长的温馨乐园。2001 年，教育部颁布的《幼儿园教育指导纲要（试行）》中明确指出："幼儿园必须把保护幼儿的生命安全和促进幼儿的健康放在工作的首位。"保护幼儿的生命安全是由幼儿年龄特点和身心发展水平决定的。幼儿期是一个稚嫩的、脆弱的、需要成人精心照顾和保护的时期，也是一个对外界一切新鲜事物充满了好奇和渴望的时期。幼儿生长发育的速度迅速，大肌肉的迅速发展使幼儿具有爱玩好动的特性，但神经系统和运动系统发育不完善，即使有时已经察觉到危险但因未能及时反应和有效控制而导致意外发生；幼儿的认知能力尚处于启蒙阶段，思维和行为活动带有明显的随意性，生活经验的缺乏使学前儿童对特定情境中的潜在危机预见不足，对周围环境中潜在的不安全因素的认识和判断力差；幼儿身体的各个器官和系统尚处于不断发育的过程中，自我保护能力不足，其机体组织比较柔嫩，发育不够完善，机体易受损伤，易感染各种疾病。总之，幼儿身体未发育完善的生理特点和喜欢探索、好奇心强的心理特点决定了他们缺乏自我保护和安全防范的意识与能力。

促进幼儿的健康要求成人尽到保护义务的同时，还要避免过度保护。教育部基础教育司德育与校外安全处负责人表示，要进一步增强责任感和紧迫感，把学生的身心健康放在教育工作的首位，将提高学生安全意识和自我防护能力作为素质教育的重要内容，着力提高学校安全教育的针对性与实效性，努力构建科学、合理、有效的教育体系。《3～6 岁儿童学习与发展指南》指出："发育良好的身体、愉快的情绪、强健的体质、协调的动作、良好的生活习惯和基本生活能力是幼儿身心健康的重要标志，也是其他领域学习与发展的基础。"促进幼儿身心健康发展，应是在成人的指导下帮助幼儿认知生活中的危险，丰富幼儿的生活常识和经验，使其掌握自我保护的技能，并通过各种体育活动强健幼儿体质，促进幼儿身体机能的协调发展。

目前部分幼儿园由于安全压力过大，怕发生事故取消了户外活动中有风险的教学项目，或缩短了户外活动的时间，甚至担心出事故而取消校外活动等做法显然不利于幼儿的健康成长。幼儿园安全风险应当防范，孩子的健康体魄更要培养，不然孩子很可能变成温室里的花朵，将来会缺乏竞争力。总之，幼儿的生命安全和身体健康是其生存的基本条件，是幼儿的幸福之源，只有幼儿的基本生存需要得到满足，才能尽情地游戏、生活和学习。正如联合国教科文组织强调的现代教育的四根支柱:学会认知,学会做事,学会共生,学会生存,孩子必须掌握通向生活的通行证。

学校安全工作直接关系着学生安危、家庭幸福和社会稳定。安全工作是全面贯彻党的教育方针,保障幼儿健康成长,全面发展的前提和基础。保障在校学生的人身安全是维护学生的合法权益,保障学校教育教学正常秩序的重要方面。近年来,各级政府、教育部门和学校大力推进学校及周边安全治理,取得了显著成效,学校安全形势总体稳定。2017 年 4 月 12 日,李克强总理在国务院常务会议上强调:"安全是办学办园的底线,要给全社会尤其是家长们一颗'定心丸'。"但是,由于受到各种因素影响,学校安全工作形势仍然严峻。不少中小学、幼儿园未实现封闭式管理,未配齐保安人员及安全防护装备;校园欺凌与暴力事件时有发生;少数校车逾期未报废或逾期未检验;"黑校车"和农用车辆接送农村中小学生、幼儿上下学的问题仍然突出;校车伤害事故、虐童、性侵、砍伤儿童等恶性安全事件使幼儿园的安全问题持续升温,学校安全工作仍是基层教育部门和学校面临的难点任务,也是人民群众和媒体舆论最为关注的教育热点问题之一。

为加强和改进学校安全工作,规范幼儿园安全工作的有序开展,我国相关部门陆续颁布并实施了一系列的政策法规。

2006 年,全国人大常委会修订《中华人民共和国义务教育法》,首次把中小学安全工作以法律的形式确定下来;同年,教育部为了加强中小学、幼儿园的安全管理,保障在园幼儿人身和财产安全,联合卫生部、交通部、质检总局等十部委制定并颁布《中小学幼儿园安全管理办法》,详细规定了幼儿园安全管理工作的内容,构建了中小学、幼儿园的安全工作保障体系。其中明确指出:"学校应当遵守有关安全工作的法律、法规和规章,建立健全校内各项安全管理制度和安全应急机制,及时消除隐患,预防发生事故。"

2010 年,《国家中长期教育改革和发展规划纲要(2010—2020 年)》和《国务院关于当前发展学前教育的若干意见》等文件相继出台,部署了学前教育发展的重点任务,明确指出要"加强师生安全教育和学校安全管理"。《国家中长期教育改革和发展规划纲要(2010—2020 年)》颁布之后,关于幼儿园安全的政策更为密集,并且开始注重从体制机制上建立安全工作的长效机制,切实体现了以人为本、保障学生权利的理念。2010 年 9 月,卫生部和教育部联合制定并颁布了《托儿所幼儿园卫生保健管理办法》,旨在提高托儿所、幼儿园卫生保健工作水平,预防和减少疾病发生,为幼儿卫生保健工作提供了依据。

2012 年,国务院常务会议通过并公布了《校车安全管理条例》,切实加强了校车安全管理,保障了乘坐校车学生的人身安全。

2013 年和 2014 年,教育部先后出台《中小学校岗位安全工作指南》和《义务教育学校管理标准(试行)》等文件,进一步分解细化学校安全管理职责,构建了学校安全管理的长效机制。2014 年,教育部印发了《中小学幼儿园应急疏散演练指南》,对中小学校的安全工作提出了更具体化、可操作化的要求。

2015 年,教育部与公安部联合印发了《关于加强中小学幼儿园消防安全管理工作的意见》《中小学幼儿园安全防范工作规范(试行)》,进一步加强了中小学幼儿园消防安全管理工作,切实提升了中小学、幼儿园安全防范水平。2015 年以来,中共中央办公厅、国务院办公厅制定下发了《关于加强社会治安防控体系建设的意见》《关于完善矛盾纠纷多元化解机制的意见》《健全落实社会治安综合治理领导责任制规定》等文件。

2016年12月,为落实党中央、国务院关于保障学校安全的总体要求,国务院教育督导委员会办公室印发了《中小学(幼儿园)安全工作专项督导暂行办法》,这是促进地方政府及相关职能部门和学校建立科学化、规范化、制度化的安全保障体系和运行机制,提高学校安全风险防控能力的指导性文件。该文件强调学校要"建立健全及落实安全教育、日常管理、体育运动、校外活动、公共安全事件、校车安全、食品安全、卫生防疫、自然灾害风险评估和预防情况",要求加强上级部门的督导责任,落实安全责任。

2017年2月,全国安全工作会议中又提出做好校园安全工作的"一二三四"项要求,即:坚持提高运用法治思维和法制方式解决校园安全问题的能力;完善校园安全风险管控机制和校园周边综合治理机制,优化学校安全环境;突出防溺水事故、交通安全、学生欺凌与暴力三项治理,有效降低安全事故发生;抓好"防、查、教、督"四项常规,做好日常管理工作。2017年4月,国务院办公厅发布了《关于加强中小学幼儿园安全风险防控体系建设的意见》(国办发〔2017〕35号),明确了学校安全风险防控的总体要求,提出了学校安全风险防控体系建设的指导思想、基本原则和工作目标,目的是加快形成党委领导、政府负责、社会协同、公众参与、法治保障,科学系统、全面规范、职责明确的学校安全风险预防、管控与处置体系,切实维护师生人身安全,保障校园平安有序,促进社会和谐稳定。《关于加强中小学幼儿园安全风险防控体系建设的意见》的出台,对于健全学校安全风险防控体系,提高学校安全管理的规范化、制度化和系统化水平具有重要意义,对于制定专门的学校安全方面的法律或者行政法规也具有重要的推动作用。

2019年2月,教育部、国家市场监督管理总局、国家卫生健康委员会等部门制定了《学校食品安全与营养健康管理规定》,并自2019年4月1日起施行。《学校食品安全与营养健康管理规定》明确了教育、市场监管和卫生健康等部门职责,细化了学校主体责任的具体要求,要求学校食品安全实行校长(园长)负责制,中小学、幼儿园应当建立集中用餐陪餐制度,学校食堂应当建立食品安全追溯体系。2019年6月,教育部印发《幼儿园责任督学挂牌督导办法》,要求责任督学参照《中小学校责任督学挂牌督导规程》对幼儿园实施督导,每月不得少于1次;发生危及幼儿园安全的重大突发事件或重大事故,责任督学必须第一时间赶赴现场,及时督促处理并报告上级督导部门。

综上所述,党中央和国务院高度重视幼儿园安全工作,特别是党的十八大以来,国家公安部、教育部、卫健委等部门协调联动,密集出台了一系列政策法规,对幼儿园安全工作做出了重大的决策部署,明确要求加强校园"人防、物防、技防"建设,健全督导巡查与责任追究机制等,形成了维护学校安全的整体合力。《校车安全管理条例》《中小学幼儿园应急疏散演练指南》《关于加强中小学幼儿园消防安全管理工作的意见》《关于加强中小学幼儿园安全风险防控体系建设的意见》《幼儿园责任督学挂牌督导办法》等一系列政策"组合拳",从源头上预防,从根本上治理,从制度上发力,从突出问题突破,推动幼儿园安全工作取得了新进展、新成效,也为打造平安校园提出了新的要求。

1.2　信息化在幼儿园安全管理中的发展

在幼儿园安全风险防控的新形势、新特点和新要求下,如何通过信息技术手段把幼儿园建设成为最阳光、最安全的地方,成为社会关注的焦点。

1.2.1 幼儿园安全管理的发展历程

1. 传统校园安全工作面临新挑战

近些年,危害校园安全、侵害学生人身和财产的案件日益突出,校园安全问题成为社会关注的热点、中央强调的重点、教育管理部门要求的难点,也是学校管理的痛点。孩子的生命安全是办学的底线,尽管校园安全工作在预防、应对、处置等多个方面取得了较大进步,但随着社会转型发展和人民生活水平的提高,传统的校园安全工作面临新挑战。

伴随着新媒体和互联网的兴起,学校围墙的作用逐步"消亡",校园面临的安全保卫工作形势日益严峻。传统的以"人防"和"物防"为主的安全防范手段和措施,已经难以适应学校的发展和变化。传统幼儿园安防模式无法快捷精准开展幼儿园日常安防事务,校园安全不能保证,社会风险和危机逐渐渗透到校园,学生往往成为各种风险、危机的受害对象,具体表现在以下几个方面。

一是安全防控模式落后。单纯依靠各种规章制度的刚性管理,实践中很多地方和学校在安全管理制度方面存在着制度制定不合理、制度缺乏监督、执行不到位等状况,没有真正把安全管理制度落到实处,难以保证幼儿园安全管理工作效率,面对恶性暴力伤害事件的新威胁,学校往往不能有效应对。此外,政府负责调控、学校落实上报的校园安全防控模式,由于政府缺乏对每一所幼儿园实际情况的了解,安全部署往往缺乏针对性和指导力,直接影响校园安防的实际效果,且在发生事故时,由于缺乏应有的资源调配和使用,难以形成多方合力,不能有效控制事态发展。

二是安全防控方式单一。传统的安全管理仍以经验管理为主,很多幼儿园安全工作领导小组形同虚设,责任和目标不够明确清晰,存在人员配备不足、人员安全培训不足、安全防范意识较低、设施设备安巡检查不到位等问题。在日常安全风险防控中,对安全隐患的巡检排查和整治主要凭借相关人员个人经验,难以做到面面俱到,不留死角。而传统幼儿园安全教育过多注重教师、家长的教和保护,在内容安排上忽视幼儿安全教育的整体性和系统性;在教学手段选择上,忽视幼儿的情感和真实情景的带入,使幼儿园安全教育在提升幼儿自我保护能力和防范技能上效果不够理想。

三是安全防控投入有限。尽管诸多幼儿园管理者能够清醒地认识到安全隐患的危害性和安全防控的重要性,但是重教育、轻安全,重人员死伤、轻负面影响,重事后应急、轻事前防控等观念仍然存在。在物防和技防建设上,幼儿园用于安防建设经费有限,设施设备采购维修、防护栏建设、食堂卫生环境改善、监控点设置等方面存在资金缺口,采购中容易以次充好,且用于联网视频、报警数据等技防建设的投入也低,缺乏对所属学校报警数据、校车运营、监控设备运维状态的全面联网检测和动态的研判预警,使学校无法推动事后被动处置向事前主动预防转变。特别是针对校门口恐怖暴力、校内楼梯踩踏、校车交通事故、虐童等群体安全事件,缺乏智能预警,难以防范。

2. 幼儿园安全管理信息化需求迫切

目前,双亲就业家庭与日俱增,幼儿入园年龄普遍提前,家长基于对幼儿安全成长的关注,对幼儿园的安保要求日益提高。随着人们对安全感的需求增加,家长和社会把安全责任扔向学校,导致学校陷入"安全责任明显大于防范能力"的境地,而校园安全风险防范能力有限,担负安全风险管理责任能力欠缺;一旦发生校园事故,学校则被视为最大的责任方,"孩子的安全牵动千家万户,校园安全问题让学校如履薄冰"。调查发现,在校园安全事件的责任追究上,41.4%的家长认为学校一定有责任,其中有34.4%的家长认为学校应该负全部责任。这就不难理解安全为何始终是悬在校长头上的"达摩克利斯之剑"了。

传统的安全管理中,学生的考勤人工输入、人员出入门卫人为判断、统计数据纸制报表、通知公告口头传达或文件传送,个别幼儿园虽然实现了数字化校园管理,但仅能实现学生档案信息单机存储、单机指纹考勤、报表单机系统汇总等数字存储功能,视频、报警、门禁、应急指挥、消防等安全防范系统尚未融合,各系统之间独立不互通,难以形成校园安全防御网络。幼儿园园区内大量分布在操场、教室、走廊、食堂等易发生安全事故的场所的视频监控设备,需要人时刻坐在计算机前观察各个画面,当看到安全隐患时再做出相应的处理。然而,由于幼儿行为的不确定性和不可预知性较高,人工同时观察多个画面的精力有限,往往不能及时地发现园区内幼儿的安全隐患行为,或是遗漏某些难以用肉眼发现的异常行为,从而无法确保幼儿在园区内的安全。一旦发生校园安全事故,对事件的及时处理和应对,也是很多学校面临的难题。

幼儿园安全管理工作需要关口前移,重在预防,也需要安全事故责任追究和处理依法进行,同时,视频监控为主的各类"技防"手段越来越多地应用到校园,在安全风险的事前、事中和事后都发挥着重要作用。随着近年来国家对校园安全的关注及人工智能、大数据等信息技术在教育行业应用的日益广泛,创建和开发智慧幼儿园已成为当今社会发展背景下幼儿园的一个必然趋势。智慧幼儿园与时下如火如荼的物联网技术密不可分。智慧幼儿园的首要目标正是通过物联网技术,连接校园网中的各个物件。因此,从技术层面来说,智慧幼儿园的建设一定涉及运用移动互联和物联网技术、大数据与云计算、社交网络、空间定位技术,以及二维码、视频监控、出入口控制、智慧楼宇等环境感知技术和设备。相比于传统模型下的幼儿园,智慧幼儿园融合时下热门的人工智能技术,利用先进的感知、协同、控制等前沿的信息化手段,把学校里分散的、各自为政的信息化系统和资源整合为一个具有高度感知能力、协同能力和服务能力的有机整体,为学校的科教运作、校园管理和公众服务等提供强有力的智能支撑。

智慧幼儿园安全系统作为智慧幼儿园建设中最基础、最重要的组成部分,将校园安防系统融合到校务管理中,以保护幼儿的生命安全和身体健康为首要任务,维护校园正常的教学和生活秩序。智慧幼儿园安全系统运用信息化手段针对传统安全管理方式存在的标准难统一、问题难记录、数据难汇总、历史难留痕、薄弱难分析等问题给出有效的解决方式,并通过智能化感知设备、大数据资源、多元化协同治理主体等资源的合理配置运行,打造智能、便捷、安全的校园环境,实现平安校园业务管理的人性化、智慧化、透明化和效能化,保证幼儿安全、健康、快乐成长。

1.2.2 信息技术在幼儿园安全管理中的应用前景

从最开始的人防、物防,再到技防,校园安防系统建设的根本出发点是保证校园的安全。随着全国范围内"平安校园"建设的全面推进及人工智能、大数据等信息技术在教育行业应用的日益广泛,从前端的精工摄像机、智能分析系统、可视化管理平台再到存储,"三防"建设的不断完善使得平安校园中的各项需求不断得到满足,校园管理更加智能、校园生活更加便捷、校园安全更有保障的智慧校园系统已经成为现实。

1. 信息技术应用于幼儿园安全管理的必要性

2012 年教育部发布的《教育信息化十年发展规划(2011—2020 年)》明确指出:"以教育信息化带动教育现代化,破解制约我国教育发展的难题,促进教育的创新与变革,是加快从教育大国向教育强国迈进的重大战略抉择。"全国教育信息化工作会议重点部署了"教育信息化"工作,不断推进信息技术与教育管理的深度融合。随着物联网、云计算和新一代移动网络技术等兴起和快速发展,教育信息化建设在完善和扩展校园数字化建设基础上进入智能化时代。以物联化、集成化、智能化为主要技术路线,以服务创新为导向,对校园内的教学、科研和管理有关的所有信息资源进行整合、集成和全面的数字化;通过顶层设计、组织和业务再造,将智慧导入校园各个系统、过程和基础设施中,构建统一的用户管理、资源管理和权限管理,实现校园应用系统间的互通互联,最终实现教育信息化、决策科学化和管理规范化的智慧校园时代已然开启。

幼儿园对安全管理信息化的认识和实践也在不断摸索和深化,抓住以物联网和云计算为重点的新一代信息技术革命的机遇,检查融合创新的理念,深入推进幼儿园安全管理的信息化应用势在必行。信息化更多应用于幼儿园安全管理是非常必要的,信息化是提高安防水平的重要途径和必然选择。这是因为幼儿园安全管理的活动中存在数据量庞大、环节众多、数据需要追溯、统计分析、挖掘和预测等需求。凭借领先的信息技术(包括移动互联网、云计算、大数据技术、物联网等)架构安防数据服务平台,构建集人防、物防、技防于一体的校园治安防控体系,可以将教育主管部门、教育监管部门、幼儿园园长、教师、家长、孩子相连接,通过移动端内的幼教管理和沟通工具,帮助教育监管部门实现信息化管控辖区内幼儿园,帮助幼儿园园长与教师实现智能化安全管理和高效安全教育,帮助家长跨时空时时掌握幼儿在园的学习生活动态;可以将入侵监测、视频监控、应急指挥系统、消防系统等集成融合,对人的不安全行为、物的不安全状态、环境的不安全条件进行有效监控和预警,实现幼儿园安全管理数据信息的采集、处理和分析,通过系统间的有序协作和智能联动将人员的被动监控变为系统的主动处理;通过学校视频监控报警系统与公安机关监控平台联网,逐步建立完善网上网下联动处置机制,大大增强对校园内突发事件的响应和处理速度,有效提升校园安全风险防控的精准性;将可能对幼儿园儿童身心健康和生命安全造成影响的各种不安全因素和风险隐患全面纳入防控范畴,科学预防、系统应对、不留死角,切实提高幼儿园安全管理水平。

总之,信息技术应用于幼儿园安全防控建设,有利于提高幼儿园安全防范能力,及时发现、有效处置各类事端的能力;有利于推动幼儿园安全管理的精细化、科学化,精准分析、排查影响校园安全稳定的因素;有利于深化幼儿园安全教育,加强安全应急演练和急救知识的普及,及时处理各类突发事件。

2. 信息技术应用于幼儿园安全管理的前景展望

随着社会信息化水平的提高和教育信息化的深入推进,幼儿园信息化越来越受到教育主管部门和幼儿园的重视。如何实现智能联动、物物联动、平台集成、信息共享、全员参与模式,有效地将人防、物防、技防结合,实现安全管理中的数据采集、信息挖掘和分析决策,构建高效、便捷、安全、智能的校园安全风险防控体系,将是未来幼儿园安全管理发展的方向。信息化技术的运用,可以解决幼儿园安全网格化管理和实时化监管等一系列问题,如校园人脸识别、人脸考勤、周界预警、AI 预警、食品安全、校车安全等。在平安校园建设中,信息技术发挥着难以替代的作用,目前可以从以下几个方面逐步推广实行。

1)视频监控系统全面覆盖

采用先进的高清监控、人工智能技术,对幼儿的上下学家长接送、幼儿乘坐的校车、幼儿园大门口、园区周界、门卫室、园内出入口、操场、游乐场、教室、午休室、办公室、厨房、医务室、监控室、教学楼走廊等关键地点和区域进行全方位、全天候的高清视频监控覆盖,建立24小时安全隐患实时监控及风险预警机制,视频监控系统、电子报警系统和人工巡逻监测结合联动,形成上下联通、动态分享、动态管理、动态监管的全方位校内环境监测网络,及时排查处理隐患,从容应对各类突发事件,最大限度地减少安全事故。通过建立全方位覆盖的安防监控系统,时时记录幼儿园各角落的影像,为打造平安校园、优化育人环境、提升教学质量筑造了一道校园"安全墙"。如人流量监控报警系统的接入,能够呈现出固定时间点内人流量的集中情况,通过AI人脸识别技术可以计算人数密集区的数量,一旦超出承载能力就可预警,相关人员疏导处理,及时排除安全隐患。

2)门禁管控系统安全便捷

基于深度学习的人脸识别技术和智能卡平台为核心的门禁管控系统,可以对出入人员一律采取智能刷脸管理。通过人脸识别系统自动捕捉进出人员面部信息,对接送幼儿上下学的家长身份进行核验和进行进出信息记录,并将进出消息推送给老师,从而提升接送效率和接送安全。学生进出校门人脸识别技术自动识别学生信息,并将学生进出校门信息直接传到家长手机上,避免学生走失及学生拥挤打卡踩踏风险的发生。针对进出人员和车辆,门禁管控系统的智能访客功能可以代替过去由保安人工查看身份证件、登记、记录离开时间等一系列烦琐程序,前来学校造访的人员只需拿着证件,在电子识别器上轻轻一按,访客信息就能瞬间获得,并出具访客单,大幅度加快访客登记及离开流程,有效杜绝闲杂人等进入学校。铺设人脸识别闸机,将陌生人员进行物理性隔离,来访人员若想进入学校必须通过智能访客终端通知被访人,经被访人同意后方可进入,确保校园的安全有序。

3)联网监管系统长效健全

幼儿园重要点位视频资源、报警资源,如校车、校门口、门卫室、监控室、厨房、医务室等接入教育局/教育集团,实现教育局端对所属区域幼儿园的视频联网监管和督导,实现视频监控报警系统与公安机关监控平台的联网,加强园内紧急事件的应急联动。例如,教育局对幼儿园大门口及周边重点接入监管,对学校安全防护的第一道防线加大监控,能及时发现处置校外不法人员;幼儿园医务室重点接入,可以对辖区的幼儿园疾病防控具有更好的预警监管作用。报警系统是一种主动防御式系统,采用的紧急报警设备,可以在紧急情况下实现第一时间报警求助,并联动安全现场周边监控点录像,实现警情的迅速传递和全面监控,为师生安全保驾护航。如幼儿园监控摄像头识别陌生人,还可以将图片识别系统与公安嫌犯资料库联网,从而判断来人自身是否具有威胁,在遇到突发情况还可以一键启动报警;如利用AI可追溯食品来源、监督食品加工、均衡营养食品等,全方位保证幼儿园食品卫生安全。

4)家校共育系统透明互信

采用高清网络摄像机的远程图像云监控系统作为教学管理辅助,为学校和家长搭建了一个开放互动的平台,并通过和家长签署信息保密协议,对家长获取开放视频设置相关权限,以保证信息的独立性和私密性,避免涉及保密和敏感信息的不利传递。幼儿园定时开放公共区域实时视频,通过移动互联网,使得老师、家长能够随时随地掌握监控点内孩子的情况,对监控点的视频进行实时预览,并可以实现视频(音频)的录制、回放,家长在家、在办公室甚至出差在外都可随时观看孩子在幼儿园的生活情况。通过平安校园网络平台,家长可以与老师在线进行交流互动,老师可以通过电脑群发短信或私信给家长,家长通过手机及时接收学校动态信息等,真正实现家园间畅通便捷的沟通、分享和互动,实现学校教育和家庭教育的融合。

5)数据采集及处理系统功能丰富

建立安全信息管理数据库,能快速完成学生信息采集、报送表单的填写、安全隐患信息标记、日常维护信息录入等工作,及时、全面、准确录入和维护相关数据信息,自动汇总收集表单,自动统计表单数据,减轻各岗位登统数据的烦琐工作,把教师们从繁重的事务中解脱出来,将更多的时间用于一日活动的保教工作中,提升日常安全管理效能;安全信息数据的记录达到上百万条,人工来查询,其工作量烦琐且耗时间,采用信息系统来查询、统计,计算机瞬间即可计算完成;内置的数据可视化分析表格,可在线对表单统计数据进行可视化分析,自动生成统计数据的可视化分析报告,在幼儿园接受上级教育、卫生、公安、消防等部门的检查、督导和指导时,可定时将数据传送到上级部门,极大地方便和简化了数据的汇总和上报工作,有利于幼儿园与上级部门信息沟通和安全应急联动机制的实现。后期数据的采集还可向农药残留检测、校园水质检测、空气检测等板块拓展,将数据实时回传幼儿园管理端及家长端,一旦数据偏离正常区间,手机端即刻预警,从而进一步防范危险情况的发生、发展。

6)物联预警系统智慧感知

校园内全面铺展物联消防、空气质量等传感设备,当烟雾、温度、可燃气体或空气质量超标时,设备向系统发送预警信息,并由系统直接转至值班室保安和相关安全责任人;校园门口设置全自动防冲撞柱,一旦发生车辆冲撞等突发事件,在启动一键报警的同时,升降柱瞬间升起,将危险有效隔离在区域之外;学校围墙周界设置红外对射装置,对翻越围墙等异常情况准确预警,并结合周边监控视频自动进行行为分析,可按事态情况向公安机关和基层治理"四个平台"推送信息,第一时间对可疑人员实施干预。

综上所述,搭建安全管理信息化平台能有效加强幼儿园风险管控,通过教育监管部门综合管理平台的信息流转,能极大强化教育主管部门的技术手段监管,并建立幼儿园办园行为常态监测机制,让幼儿园上级主管部门能及时了解幼儿园办园行为和基本运行情况,幼儿园也能便捷地按上级要求报送相关数据,还能有效进行风险源识别、分级汇报,全面降低风险,遏制事故发生。

1.2.3 信息技术在幼儿园安全管理中的主要作用

利用互联网、物联网、云服务、大数据、人工智能等信息化技术优势,可以实现安全教育、安全防控、安全应急与园所设施设备的整体融合,建构面向幼儿园全员、全过程、全覆盖的安全防护网,变传统式、被动式的校园安全管理为网格化、信息化、平台化、移动化的幼儿园安全综合防控体系,帮助幼儿园建设和实现"平安校园"。

按照安全管理信息化的不同服务主体,可以从教育监管层面、幼儿园层面、家长和学生层面进行划分,主要作用体现在以下几个方面。

1.从教育监管层面看

第一,为教育监管部门提供更直观的数据分析。教育监管部门通过与学校建立关联,可实时查看辖区下学校的信息以及学生和家长的数据,通过建立教育监管部门综合管理平台,可以将辖区内所有校园智能硬件、手机客户端及学校后台上报的各类数据汇总到云平台,为教育监管部门提供各类数据汇总及分析。

第二,为教育监管部门提供更便捷的园务管理。汇总辖区内幼儿园的分布、开办形式、营业执照等基本信息,对幼儿园上报的危险源进行统计分析,显示幼儿园安全自查提交的危险源和自主上报的危险源,并对辖区内幼儿园所有校车的行车轨迹、车牌号、司机信息等基本运行信息进行监管。

第三,有利于教育监管部门端口信息中心建设。教育监管部门可对辖区下的幼儿园园长或老师下发正式通知文件,并可发布党建内容、师德教育等,还可发送投票通知或活动报名通知;教育部门可下发安全检查清单给幼儿园,幼儿园根据检查清单对园所进行检查并在园丁端录入检查结果,提交上报到教育监管部门。

2.从幼儿园层面看

第一,提升幼儿园综合管理效率。通过建设科学高效的幼儿园安全管理信息化体系,幼儿园安全管理人员可以实时查看学校监控视频,对突发事件远程应急指挥,完成安全工作情况电子化记录,实现隐患排查、整改流程的监管,同时进行安全知识的普及,进一步提升幼儿园各项业务管理、决策支持、监测评价和公共服务水平。

第二,加强幼儿园安全技术保障。充分运用信息技术为学前教育提供安全保障,推动园所、家长及职能部门信息互联互通,落实园所安全监控体系建设,实现对幼儿基本健康数据、成长数据等指标的有效监测和记录;智能云监控可以随时随地查看并及时将异常情况上报,智能化巡防便于发现隐患随手上报,及时处置,自动形成表单;如遇危急情况,可一键报警,实时通知领导和公安机关,为幼儿身心健康提供保障。

第三,助力幼儿园安全教育实施。搭设安全教育信息化平台,教师和学生登录平台或手机即可浏览学习安全知识和技能,平台存储丰富的安全教育素材和安全防范教育方案,能有效提升教师日常安全管理、应急管理和安全教育的核心防控能力,为提高教师日常安全管理和保育教育技能提供更多的学习机会。

3.从家长和学生层面看

第一,培养家长的家庭安全教育素养。通过在线教育和现代远程教育,积极做好幼儿家长的安全教育宣传工作,搭设家园网络交流协作平台,提供标准、专业规范的安全知识体系和多元化学习渠道,为家长学习科学育儿和安全教育知识提供更多的机会。

第二,掌握孩子在幼儿园的安全信息。借助信息技术,通过移动端内的幼教管理和沟通工具,为家长智能推送幼儿安全进校和离校考勤信息、幼儿园教育信息、幼儿的学习与成长信息,帮助家长跨时空实时掌握幼儿在园的学习生活动态;平台帮助家长和老师、家长和家长之间进行沟通与互动,了解更多的育儿知识、疾病预防知识,达到"家园共育"效果。

第三,提升学生安全应急素养。信息化手段帮助幼儿园多途径开展安全教育,有利于整合安全课堂、安全主题班会、安全讲座等安全教育资源,开展趣味安全游戏等丰富多彩的安全教育活动;对学生体质进行测评、提供个性化的健康安全配方,帮助学生制订健康成长计划,帮助学生树立安全意识、掌握安全知识、养成安全习惯。

1.3 幼儿园安全管理信息化的基本内容

1.3.1 幼儿园安全管理信息化的基本概念

1. 依托智慧校园的概念提出

智慧校园是学校教育信息化的纵深发展,幼儿园安全管理信息化就是在建设智慧平安校园的核心理念下提出的。"智慧"一词由来已久,多指人类的智谋才能,对事情能迅速、灵活、正确地理解和解决的能力。而技术发展日新月异,使许多事物拥有了"聪明才智",智慧校园作为教育信息化发展的新焦点,表达的就是校园信息化技术初步具备了类似人类的感知能力、通信能力、交流能力、处理和存储能力、决策能力。

智慧校园的提出缘于"智慧地球",2008 年 IBM 总裁兼首席执行官在题为"智慧地球:下一代领导议程"的演讲中首次提出了"智慧地球"的理念。2009 年,美国总统对这一理念给予积极回应,得到美国各界的高度关注,并引起全世界的轰动。2010 年,在信息化"十二五"规划中,浙江大学提出了建设智慧校园的计划。至此之后,国内不少的学者提出了智慧校园的概念以及其建设框架,智慧校园的出现引起了教育业内的广泛关注,认为它将成为学校教育信息化纵深发展的有力推手。

智慧校园的核心理念是围绕校园实际场景和用户个性化需求,构建以人为本智能化的教育生态系统,提供人与人、人与校园、人与物、物与物的和谐共处、节约高效的泛在网络和管理智慧。其价值在于通过信息化技术与教育管理活动的深度融合,为广大师生提供便捷的信息化服务,为管理人员提供高效的信息化手段,为决策领导提供科学的决策依据,从而实现绿色节能、平安和谐、科学决策、服务便捷的校园综合服务环境。例如,通过物联网的感知层感知校园学习和工作环境的状态,通过无线和移动接入增强无处不在的通信和联网能力,通过云计算、云存储和大数据技术增强对事物的处理能力。智慧校园的关键特征就是"智慧",包括泛在接入(任何时间、任何地点都可以连接到网络)、智能感知(通过传感器以及物联网可以采集到各种信号并通过数据融合提供给后台,类似于人的神经系统)、个性化配置(通过设置满足用户个人的特殊需求)、双向互动(用户可以实时、主动和动态地操控系统)、海量数据支持(依据数据挖掘和建模技术,实现趋势分析、预测、智能推理、快速反应与应对)、开放学习环境(让有效学习在真实情境和虚拟情境中能得以发生)。

从技术视角来看,智慧校园是以服务创新为导向,以物联化、集成化、智能化为主要技术路线,将自动数据采集、智能信息处理作为技术手段,通过数据的挖掘和分析,达到教学智慧化、管理智能化。例如,在教学管理中,可以通过对学生的性格取向、兴趣偏好等个体特征和学习时间、空间等学习情境等信息综合评价采集,并进行分类、统计、汇总、挖掘,智能分析学生学习诊断报告,为学生深入认识自己和教师改进教学效果提供依据。在教学管理上,可以通过射频识别(radio frequency identification,RFID)采集学生上下校车以及进出校门时间、校车行驶路径状况等信息,对数据进行分析处理,若发现异常情况,通过智能终端发送报警。

从发展轨迹来看,智慧校园是在原来数字校园基础上升级发展的,是比数字校园功能更强、性能更高、安全性更好、智能化程度更高的系统。两者既有联系又有区别。数字校园建立在网络和信息化基础上,以数字化的手段提高教学和管理效率,其核心内容是"数字化",交流的对象是人,各系统之间独立不互通;智慧校园则以物联网和云计算为技术基础,强调对教学、科研、校园生活和管理全过程的数据采集、智能处理,为管理者和各个角色按需提供智能化的分析数据,系统实现了互联互通的智能化网络格局,其核心内容是"智能化",交流的对象从"人"拓展到"人与人""物与物""人与物"。

2.教育信息化 2.0 视域下的安全管理概念

教育信息化是信息与信息技术在教育、教学领域和教育、教学部门的普遍应用与推广。为实现教育信息化的转型升级,教育部在 2018 年 2 月 1 日正式颁布的《教育部 2018 年工作要点》中明确指出,要启动教育信息化 2.0 行动计划。《教育信息化 2.0 行动计划》重要关键词是"智能",基本目标是将人工智能化融入整个学校生态系统,推进学校各项管理进入智能化新时代。

教育信息化 2.0 是整个教育生态的重构,通过颠覆性地改变传统的教育模式和方法,最终致力于实现教育的现代化。教育信息化 2.0 的价值取向不仅是技术的更新与应用,更多的是促进技术同教育更好地融合,重塑教育的生态系统,进而推动教育现代化。联合国教科文组织的 A.M.姆博在其所著的《探索未来》一书中指出,"当前教育的主要问题是学校跟不上现代社会高速发展所提出的各种需求,教育与劳动界未能紧密联系",可见,技术、社会与学校是三个彼此影响的因素。从教育信息化的角度来看,互联网技术催生了长达 20 多年的数字校园的发展,学校经历了以信息技术与课程整合为主轴的数字信息时代,当前在大数据、云计算、人工智能等新兴媒体与技术的驱动下,正转向以新技术融合与创新为主轴的智能教育时代,其中,智慧校园作为数字校园的高阶版本也正向"人工智能+"校园演进。

教育信息化 2.0 是政府层面关于教育信息化的顶层设计,全方位、系统性地提出了学校信息化建设的明确目标和设计蓝图,强调建构以人本服务为目标,以大数据采集和应用为基础,以人工智能为途径,以生态系统构建为核心的教育信息化新业态,为智慧校园的发展和演进提出了一种更高阶、动态、系统化存在状态。也可以说,智慧校园的进阶路径就是以人工智能为基础的智能化的校园工作、学习、生活和家校连接一体化环境,接近人的智能形态,为师生提供个性化的支持与服务。人工智能作为主体技术,其在其他领域的成就,为其和教育领域的融合提供了条件。教育领域的 AI 相关技术,正与"大数据+学习分析+人机交互+计算机视觉"等相互融合,综合影响着教育教学的方方面面。《教育信息化 2.0 行动计划》中明确要求通过实施教育信息化 2.0 行动计划,未来四年基本实现"三全、两高、一大"的发展目标,其中,"三全"即"教学应用覆盖全体教师、学习应用覆盖全体适龄学生、数字校园建设覆盖全体学校"。因此,幼儿园安全管理信息化的定义应当以更智能、更生态、更人本的样态出现,不应是碎片化的、不连续的、缺少系统观的,而应系统考虑幼儿园中的应用场景进行统筹规划与设计。

紧密结合《关于加强中小学幼儿园安全风险防控体系建设的意见》《教育信息化 2.0 行动计划》等文件,综合考虑教育信息化的发展趋势和幼儿园安全管理的具体业务需求,本书认为幼儿园安全管理信息化是以保障师幼的生命安全和身体健康为目的,运用云计算、大数据、互联网、物联网和人工智能等先进信息技术,将智能设备、人、云平台互联互通,围绕校园安全所涉及的安全教育、安全管理、安全应急等核心工作,构建人人联防、物物联动的全新校园安全防控体系,形成环环相扣、紧密配合的智能化、全方位、一体化、开放性的动态安防生态系统。

1.3.2　幼儿园安全管理信息化的技术支撑

平安校园建设既是构建和谐社会的时代诉求,也是维护师幼切身利益和实现现代幼儿园创新发展的基本前提。幼儿园如何借助现代信息技术完成安全防控工作由人防、物防向技防为主的现代化转型,实现教育信息化与平安校园建设的深度融合,进而增强校园治理的前瞻化、智能化和科学化水平,就成为一个重要而紧迫的时代课题。

1.信息化技术供给现状

经过多年的信息化建设,大多数幼儿园都逐渐认识到了科学技术在平安校园建设中的重要作用,并积极采取了相应行动。截至目前,幼儿园信息化硬件建设基本完善,大部分幼儿园的基本防护区域都安装了安全防护网、消防设备和监控摄像设备,也有部分幼儿园在安全防控应用系统建设中引入了智能安保系统,建立了一套基于硬盘储存的安全防控系统,使学前教育领域信息化取得了长足的进步,推进了平安校园的治理。随着云计算、泛在网络以及无线通信等信息技术的兴起和应用,平安校园建设持续推进,然而,基础性信息平台不健全、信息共享机制不通畅、信息安防建设不到位以及管理者信息意识与素养欠缺等因素也正阻碍着这一转型的最终实现。目前,幼儿园安全管理信息化建设存在以下问题。

第一,基础信息平台不健全。智慧平安校园建设的基本前提是拥有可供分析的海量数据,这使得数据资源建设成为安稳工作数据化和智能化的首要举措。但是,由于缺乏基于大数据的安保理念,幼儿园传统的教育信息化服务平台较为封闭陈旧、功能单一,缺乏信息化集中应用和展示平台。各自独立的应用系统缺乏协同工作,更不具备提供个性化信息服务的能力,导致在数据兼容、数据质量和智能化要求方面不能很好地满足大数据环境下的性能要求。

第二,信息共享机制不畅通。目前,幼儿园信息化建设中基本按照"按需、逐个独立"的方式完成,缺乏硬件管理,每个应用系统开发,都单独配置硬件资源,无法根据应用系统特点对硬件资源进行有效的调配和统一管理,造成了硬件孤岛问题;缺乏应用集成,不同系统采用不同的开发技术,没有统一的应用接口,应用系统越来越多,无法有效地统一管理,造成了应用孤岛的问题;辖区内不同幼儿园、幼儿园内部管理部门系统及数据各自独立,没有统一的信息标准,无法实现信息的共建共享,造成了信息孤岛的问题。

第三,信息安防建设不到位。由于资金短缺、招投标体制存在缺陷等原因,不少幼儿园原有的安保设施或系统较为陈旧落后,安保设施设备尚属于一些低档的、兼容性差的、智能程度低的器材或系统,升级换代滞后,安防系统的整体功能不能有效发挥。建成的安保系统稳定性差,误报和漏报率高,难以达到实时监控、报警、查证和调动的最优效果,其后果是对突发性事件的应急处理停留在疲于应付和事后被动响应的低水平状态,无法满足保障校园安全的实际需要,难以适应安防工作智能化发展的时代要求。

第四,管理者信息意识与素养欠缺。大数据的运用在推动校园安防建设创新发展的同时,也带来了数据泄露、盗用和滥用的风险,维护管理数据的安全,关乎幼儿的切身利益和幼儿园的稳定发展。部分幼儿园管理者数据素养欠缺,不能基于各类数据做出科学决策,难以驱动安防创新发展;而信息意识不足让很多幼儿园管理者在管理上不注重安保数据的监管,对数据的保密在思想上不重视,导致幼儿园安保信息的泄密、盗取或滥用等行为的出现,给幼儿园造成不可挽回的损失。

因此,在信息化时代,幼儿园除了要继续沿用传统的有效措施外,如认识上高度重视平安校园建设、建立健全管理体制和规章制度、依托地方政府整治校园周边环境、多途径开展法制和安全教育,还应紧扣时代脉搏和科技发展潮流,从协同治理角度探索建设基于现代信息技术驱动的幼儿园智慧平安校园。

2. 信息化技术的应用需求

第一，一站式服务需求。现有的信息化应用为幼儿园提供的信息服务不够全面，原有模式是按照管理信息化系统和教学信息化系统的分类来投资和组织的，其"技术导向"的思维模式，在实施过程中表现出明显的"重建设、轻应用"偏向，不仅导致教育信息化投资效率不高，而且对促进教育改革、推动学习方式变革、提高教育质量影响不利。因此，需要实现业务的整合贯通，通过信息门户，提供面向师生和家长的一站式服务。

第二，标准化需求。在信息化建设过程中，业务系统由各个部门主导完成，各部门独立建设、独立维护，没有形成统一管理，缺少统一的技术体系标准及详细的整体建设规划，主要满足当期的、局部的需求，有的甚至造成系统的重复建设，不利幼儿园信息化的长期发展，造成了严重的资源浪费。因此，需要通过统一的标准和体系建设，进行长远的规划。

第三，开放性需求。幼儿园信息化应用系统的开发平台、数据库和运行环境千差万别，没有形成一个统一的考虑。随着校园网上应用和资源越来越多，应用缺乏有效的组织和管理，技术升级存在风险，从而也带来了业务系统维护成本不断增加的问题。因此，数字化校园应是一个开放性的平台，提供面向学校未来需求的变化和扩展，通过开放性的平台进行持续改进，并能够实现更加方便的系统维护。

第四，数据共享需求。由于数据缺乏标准，现有的系统无法提供相互数据交换的功能，这使得某些数据需要跨部门使用时，还依赖于手工的传递或通过电子邮件等方式半手工的传递。这种低效率的信息共享方式无法满足各部门及时获取其他部门信息的需求，同时也无法进行跨业务部门的业务流程系统建设。因此，需要建立数据共享机制及规范，实现校园数据的共建共享、协同发展。

3. 幼儿园安全管理信息化的技术支撑

信息技术在安全管理中的运用打破了传统校园安防中防护设备独立运行的局面。在万物互联的时代，搭借移动办公和系统集成模式，嵌入云计算、大数据、物联网、人工智能等信息化手段，可以实现各类应用优势和资源的系统集成。幼儿园安全管理信息化架构，通过有效整合各类安防系统，形成事前预防、事发预警、事中应急和事后处理的安全闭环管理，有利于实现对幼儿园的全过程、全方位、全时段的安全监测和防护。

1）基于安全防控体系的基础数据库：大数据技术

大数据是以容量大、类型多、存取速度快、应用价值高为主要特征的数据集合，正快速发展为对数量巨大、来源分散、格式多样的数据进行采集、存储和关联分析，从中发现新知识、创造新价值、提升新能力的新一代信息技术和服务业态。大数据技术主要包括文件存储技术、数据库技术、数据分析技术和数据可视化技术，其中最核心的是数据分析技术。大数据运用日趋成熟的云计算技术从浩瀚的互联网信息海洋中获得有价值的信息进行信息归纳、检索、整合，找到关联并实现预测，为互联网信息处理提供软件基础。

安全防控体系建设的基本前提是拥有可供分析的海量数据，这就要求安防人员掌握数据定位、采集、清洗、存储、分析、解读以及决策能力等数据技术，经过正确的处理流程，把数据和信息转化为帮助决策的知识。一方面，采集和存储相关数据资源，形成资源可观的大数据平台和数据存储中心，包括自然灾害、社会安全、卫生健康、意外伤害、心理安全等不同类型的安防基础数据库；另一方面，建立智能感知的数据中心和综合信息服务平台，以搜索引擎技术和数据挖掘引擎技术为核心,完善安保数据的动态采集和实时更新机制,实现对大数据的智能处理。例如,充分利用微型传感器、RFID、摄像头、GPS 等感应技术对校园环境状态、仪器设备运行情况以及师生学习生活状况进行全方位感知。

2)基于安全防控体系的云服务平台:云计算技术

云计算以网络为基础,按照用户的需求,提供数据信息和软硬件资源,实现不同设备间的应用共享。其可以分为 SaaS(软件即服务)、PaaS(平台即服务)、IaaS(基础设施即服务)三个层次,IaaS 层的主要特点是虚拟化技术,PaaS 层的主要特点是分布式存储和并行技术,SaaS 层是各个行业基于云平台开发的应用。云计算重点是通过网络,将许多计算机整合成一个具有强大计算能力的系统,让用户在节省投资、维护、管理、沟通费用的同时,轻松享用云服务。云计算应用主要基于其云平台,能实现学校、教育机构和个人信息的处理,并提供软件服务、平台服务和基础设施服务等。

在平安校园安防体系构建中,借助云计算技术,可以实现"云""网""端"的协同建设和融合应用,形成数据安全储存和流通的通道。"云"就是指云计算平台,教育监管部门、幼儿园管理者、教职工等人员,根据各自权限在同一平台上进行安全管理等一系列业务。"网"是指互联网、校园网、物联网、移动通信网络的"四网融合",是"云"与"端"之间数据传输的渠道,使人与人、人与物、物与物之间的信息和数据融会贯通。"端"既包括个人的计算机、智能手机、智能手表等通信工具和可穿戴设备,也包括安全防控所使用的各类智能设备等。

3)基于安全防控体系的智能感知:物联网技术

物联网是指在物理世界的实体中,通过部署具有一定感知能力、计算能力和执行能力的各种信息传感设备(红外感应器、全球定位系统、无线射频识别、激光扫描器等),利用网络设施实现信息传输、协同和处理,从而实现广域或大范围的人与人、人与物、物与物之间信息交换需求的互联网络。物联网的体系结构有三层,包括感知层、网络层和应用层。感知层技术主要通过传感器技术、射频识别、图像识别以及各种智能终端的采集软件等技术,实现信息的采集;传输层技术主要通过 Zigbee、蓝牙、WiFi 以及 5G 等无线传输网,实现信息的传递;应用层主要通过架构在云上的各种数据分析系统,实现信息的存储、处理和决策。

物联网技术主要利用各种信息传感设备感知物体温度、湿度、运动状态等行为的变化,实现现实物品的智能化识别、定位、跟踪、监控和管理,以及信息的互联与共享。在幼儿园安防系统中,物联网技术可以广泛运用于网络视频监控、感应门禁控制、幼儿精确定位、身份识别安全接送等系统的建设。如幼儿精准定位系统即利用 RFID 读写器、RFID 射频标签、终端设备、系统软件和终端软件,通过远距离、非接触式采集信息,在人员移动状态下实现目标精确跟踪。同时,在关键区域可以设定阈值,当人员数量超过阈值时,系统会发出疏散警报。

4)基于网络智慧校园的技术服务形态:人工智能

人工智能(AI)是研究通过计算机程序来模拟、延伸和扩展人类智能的技术科学。人工智能包括感知智能、认知智能和计算智能。人工智能在 20 世纪 50 年代产生初期,主要进行计算智能的研究,逐步发展成对机器的认知智能和感知智能的研究。随着机器感知智能的发展,图形和图像识别技术、语音识别、肢体动作识别技术逐步走向成熟,机器具备了更强的交互能力,可以有效地感知声音、图像、动作、文字等外部信息,从而实现人机交互;而认知智能的发展,使机器具有了知识搜索、推理和决策的能力,可以精准识别用户需求,为用户提供智能化服务。

目前,AI 技术被重点用于幼儿园技防建设,主要涉及视频监控系统、门禁控制系统、考勤系统等。AI视频深度学习算法智慧监控,实现了对监控图像的定位、传输、识别、跟踪、预警,在人脸识别布控、行为分析预警、周界防范、车辆管理、智能预警播报等安全防范系统构建中发挥着不可替代的作用。如在校园监控视频中应用AI智能分析技术,让监控迈入了主动预警时代,通过先进的视频智能分析,可以迅速地筛选出需要信息,发现险情在预警平台上进行重点监控,联动风险地图,同时智能语音播报提示。

综上所述,大数据、云计算、物联网、人工智能等为基于网络的智慧校园构建奠定了坚实的技术基础。

1.3.3 幼儿园安全管理信息化的内容

目前,依托大数据、物联网技术搭建校园安防应用云服务平台,借助物联集成、互联共享、数字量化等信息化功能,应用安全动态感知与大数据分析技术,从幼儿园安全防控、安全应急、安全教育着手,可以实现安防体系的科学架构,能有效解决幼儿园安全管理中责任不清、体系不明、人手不足、数据不全、手段单一等问题。建立全员参与、全面覆盖的网格化安全防护体系,能将人防、物防、技防有机结合,消除校园安全中人的不安全行为、物的不安全状态、环境的不利条件、管理的缺陷,有效提升幼儿园安全教育效果、安全监管能力、安全事故预警与应对实效。幼儿园安全管理信息化具体内容包括安全防控模块、安全应急模块、安全教育模块、安全数据模块。

1. 安全防控模块及其功能

国务院发布的《教育系统安全风险分级管控和隐患排查治理建设指南》要求落实构建双重预防机制,安全防控模块包括安全风险分级管控和隐患排查治理两个系统,以实现校园安全网格化管理和实时化监管。安全风险分级管控系统是以风险辨识和管控为基础,从源头上辨识风险、绘制风险分布图,分级管控风险,把风险控制在隐患形成之前,解决校园安全风险的辨识、评估、分级、管控、公告全过程的信息系统;隐患排查治理是以隐患排查和治理为手段,排查风险管控过程中出现的缺失、漏洞和风险控制失效环节,把隐患消灭在事故发生之前,解决事故隐患的按计划巡检及自查上报、处理、验收、台账的规范化闭环管理。

双重预防系统通过大数据可以精准辨识、评估、分级风险,根据"重大风险点、较大风险点、一般风险点、低风险点"生成红、橙、黄、蓝四色安全风险地图,直观展示安全风险情况和态势。使用手机端App即可以实现日常安全巡检和隐患排查功能,自动生成风险管控清单和排查清单。定时定岗定责的排查治理,实时监控安全巡检任务完成进度,让每个风险点的控制措施得到有效落实,使风险点处于"受控"状态。共同纵深预防,实现"全覆盖、无死角、无空挡"和"零隐患、零伤害"的平安校园目标。

(1)标准化管控。制定统一规格的排查清单,通过手机拍照、录音、录像等多种方式描述隐患,生成的文档、图片、语音、视频等文件数据可以上传到幼儿园搭建的智能化安全管理云平台上进行存储、处理和传输,对排除出的隐患要制表列出清单,建立安全巡查和隐患管理台账,并配合风险分级管控,落实整改责任、措施,从而实现日常巡检定标准、定内容、定人、定时、定点,隐患排查按类归档、审核提交、及时整改、储存入库。

(2)信息化排查。利用云眼监控、视频分析预警等信息化手段,实时掌控幼儿园安全动态,发现隐患通过手机及时上报安全平台,实现应急处置的全天候、全方位、标准化响应。隐患上报后,系统对隐患的处理流程进行跟踪,及时提醒负责人及责任领导。安全数据自动留存档案储存在云平台,为责任人安全考核提供依据。这样可让安全管理职责更清晰,层层落实可查可看,各级领导随时随地掌握校园安全动态。

2.安全应急模块及其功能

安全应急模块是由应急预案和应急演练两个系统搭建的集感知、预警、报警、应急能力为一体的应急管理体系。应急预案是针对可能发生的事故,为迅速、有序地开展应急行动而预先制定的行动方案;应急演练是以事先制定的安全事故应急预案为依据,对实际突发安全事件应急救援过程的模拟。

安全应急体系由智能电子应急预案和应急演练、远程应急指挥等几个子系统构成,具有实时查看、远程指挥、移动化、易操控的特点,让安全隐患第一时间发现、第一时间处置。

(1)电子化应急预案。幼儿园应急预案既包括涵盖隐患分析、处置原则、组织结构、预防预警、紧急响应、保障措施等要素的综合预案,也包括地震、火灾、拥挤踩踏、食物中毒、学生突发疾病及校园防恐防暴等专项应急预案,是指导幼儿园开展应急疏散演练的标准。基于移动互联网、物联网搭建智能化安全管理云平台,幼儿园应按照自己实际情况制定每园一案的应急疏散演练标准,将各类应急事件预案的责任分工、应急处置流程等编辑到平台数据库,做到流程清晰、任务具体、职责明确、引导科学,按规定程序有效推进。具体步骤如图1-1所示。

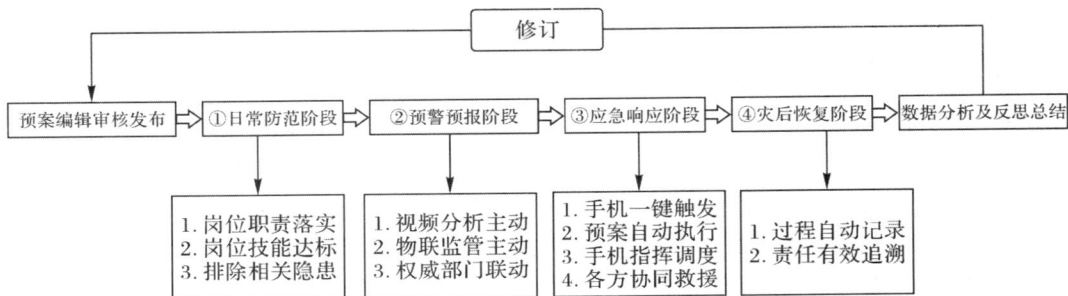

图1-1 应急预案电子化流程

(2)程序化应急演练。地震演练、防火防灾演练等实战性演练,能提升学生的安全防范意识,教会学生逃生自救的技能,加强学生对突发事件的应急能力,从而减少事故的伤亡率。基于移动互联网、物联网搭建智能化安全管理云平台,手机客户端软件、语音终端、视频监控、报警系统等设施设备对接联动,辅助应急通信录、应急线路图、应急现场直播等为幼儿园安全应急演练及实战提供有力的技术支持。手机 App 一键启动预案,即时进入事件处理程序,现场态势实时掌控,智能灵活任务控制发布,实现便捷查看现场真实情况、实时指挥通知相关人员、应急喊话、事后汇总上报,以便师生及时自救逃生。

(3)远程应急指挥。校园整体建筑进行 3D 建模,通过点位标注,各类视频监控、出入控制、入侵报警等设施设备均能链接联动,在云平台显示屏显示。同时,各类校园突发事件预案处置流程录入后台,并与应急广播、监控指挥中心联网,一旦发生突发事件,即可快速反应、高效应对、迅速管控,最大限度地降低安全事故危害。

3.安全教育模块及其功能

面对各类突发事件的风险防范,要做好源头治理,防患于未然,必须通过安全教育提高师幼的安全意识和自我防护能力。安全教育的主要内容包括预防和应对社会安全、公共卫生、意外伤害、自然灾害、网络信息安全及影响学生安全的其他事故或事件六个模块。借助信息化技术,针对安全教育六大模块内容构建安全教育资源库,将相关的图文、音频、视频等资料整合到安全教育资源管理云平台,将智能广播、信息发布、消息提醒、安全教育课件、安全题库、安全测试等整合对接,实现安全教育多通道、多方式、多终端的有效传播,从而全方位、多角度、常态化普及安全应急知识,帮助幼儿、家长、教师、保安等增强安全意识和安全技能,提高应急处置能力。

(1)平台资源丰富。将安全教育资源整合到云平台,构建日常安全提醒类、安全课程资源类、安全文化宣传类、安全题库测评类四位一体的安全教育体系,构建安全每日提醒、高危风险提醒、突发应急预警、教材资源配备、安全主题策划、课前安全教育、安全广播播报、安全文明标语、安全知识海报、安全知识测验、安全能力测评、安全知识竞赛等模块单元,从而提供标准、专业、规范的安全体系。

(2)手段灵活多样。云平台形式各样的安全教育资源内容,可以通过学校白板、显示大屏进行投放展示,通过广播播报、手机浏览学习等方式推送,通过平台还可定期组织安全教育考试测评、安全随堂监控、安全实景体验等活动,充分保证教育安全信息的全覆盖,实现安全教育的常态化。

4. 安全数据模块及其功能

安全数据包括幼儿园安全防控、安全应急、安全教育工作中的数据采集、数据处理、数据分析。通过信息化和物联网手段,可以将智能化物联设备与校园安全监测相关软件对接,对涉及的安全数据进行采集和逐级汇总,并通过大数据分析形成区域安全态势图,直观展现安全风险情况与态势,为安全管理部门决策者提供数据依据,实现幼儿园安全的可视化。信息化平台还可以将数据实时存储归档,建立数据库,保证数据来源的真实可靠。同时,对教育管理部门和各类幼儿园形成的数据进行互联互通,构建垂直、实时监管体系,并通过标准化、规范化、制度化工作要求形成安全工作量化考核指标和安全工作考核评价机制。此外,与公安、消防、卫生等安全相关部门形成横向联动,做到联防联动。

(1)安全大数据服务。针对安全工作的过程数据进行抽取分析,包含风险种类识别、风险趋势预判、隐患分析识别、安全态势感知等,提供幼儿园及区域安全形势报告及各类专题分析报告,为幼儿园及教育局安全工作决策提供数据支撑。

(2)安全数据台账。通过对安全教育、安全管理、安全应急、安全考核等安全工作数据进行采集,建立安全数据台账并实时归档,最终形成自动数据汇总与分析机制,让数据说话。基于对数据台账的分析,可以对幼儿园内安全风险进行专项分析,提供各类分析报表与图表,提供综合性治理手段与方法。

1.4　幼儿园安全管理信息化体系框架

1.4.1　幼儿园安全管理信息化体系框架介绍

1. 设计思路

利用互联网、物联网、云服务、大数据、人工智能等信息化技术优势,以双重预防机制为基础,以事前预防、事发预警、事中应急和事后处理的安全闭环管理为设计理念,围绕涉及幼儿园安全的安全防控、安全应急、安全教育、安全数据核心任务,对幼儿园各类安全数据采集、汇总、分析,联通硬件、软件和服务平台,有效地把人防、物防、技防相结合,构建智能联动、物物联动、全员参与的幼儿园安全管理信息化体系,有效推动形成幼儿园风险防控"标准化、制度化、智能化、专业化"的新格局,铸就"全域、全时、全程、全员"的360度安全防护体系,让幼儿园更安全更阳光。

幼儿园安全管理信息化体系,凭借领先的信息技术,将教育主管部门、教育监管部门、幼儿园园长、教师、家长、孩子相连接,以智能广播、云眼监控、视频分析、隐患管理、AI预警、访客管理、周界报警、安全教育、应急演练等为抓手,智能联动所有人员,形成物物联动、人人参与、全面防控、系统应对的全新校园安全防控体系。体系框架的设计应该针对教育主管单位和幼儿园分别采取不同的安防功能点,既能帮助监管部门实现信息化管控辖区内幼儿园,又能帮助幼儿园健全完善自身安全管理工作,提高校园安全管理水平,保障师生安全。

因此,幼儿园安全管理信息化框架基本设计可以依托幼儿园端和教育局端两个基本模块,教育局端应用模块服务于辖区主管教育部门实时动态监管和应急即时干预的需要,实现通过信息云平台掌握区域安全动态、查看辖区幼儿园安全工作情况、发布安全工作通知及文件、对突发事件远程指挥调度等功能;幼儿园端应用模块服务于幼儿园安全管理工作,通过安全防控、安全应急、安全教育和安全数据任务模块的支撑,实现学校监控实时查看、突发事件远程应急指挥、安全工作电子化记录、安全教育立体化展开、隐患排查跟踪提醒等功能,打造全方位、智能化、开放性的幼儿园动态安防生态圈。

2.设计原则

1)以平台为框架

在符合教育部和行业标准的体系指导下,建设幼儿园的智慧平安校园数据标准,以智慧平安校园平台为框架,无缝集成幼儿园已建和新建的业务应用系统,促进数据利用的最大化。同时,把数据交换集成、用户管理、统一身份认证、业务数据整合、信息资源展示等都融合起来,以标准、数据、应用、用户作为重点要素对主线进行规划和建设。

2)全面规划和分步实施的原则

在充分保障幼儿园现有投资(业务系统、服务器设备等)下,制定智慧平安校园的信息标准,建设智慧平安校园基础平台,以及各系统之间的接口标准与规范,为今后业务系统的建设与整合打下基础。

3)先进性原则

系统设计采用先进的智慧平安校园理念、先进技术和先进的系统工程方法,建设一个可持续发展的、具有先进性和开放性的智慧平安校园。

4)扩展性原则

系统架构设计合理,既考虑对于未来的发展,又充分考虑今后扩展的要求。同时,还包括与其他应用系统之间的互联以及系统的扩容能力等,在满足现有系统互联的前提下,能够很好地适应未来信息系统增长的需要。

5)系统安全性原则

在系统软件设计与建设中,充分考虑系统的安全,包括数据安全、网络安全、传输安全、管理安全等。

1.4.2 幼儿园安全管理信息化体系架构

1.总体规划

现代化信息技术的应用为幼儿园平安校园建设走向前瞻化、现代化和智能化提供了技术支撑和良好契机。幼儿园不仅需要整合优化现有的平安校园建设系统,还要根据智慧校园发展要求,积极探索和主动构建符合自身实际的数据驱动安保的智能系统。系统应当集数据采集、存储、共享和分析为一体,幼儿园安全管理领导小组通过动员各部门采集和存储相关安全数据资源,构建大数据平台和系统,以便采集到覆盖面更广、颗粒度更细的安保数据;搭建智能感知平台和信息服务平台,可以通过感知技术对校园环境状态、设施设备运行情况、师生的行为状况进行全方位感知,完善安保数据的动态采集和实施更新机制;通过对数据的定位、采集、清晰、存储、分析、解读,按照信息化的正确处理流程,最终把数据转化为帮助管理者决策的知识。据此,整体性规划幼儿园安全管理信息化体系,从下到上包括感知终端层、基础设施层、云计算平台层、应用层。幼儿园安全管理信息化体系架构如图1-2所示。

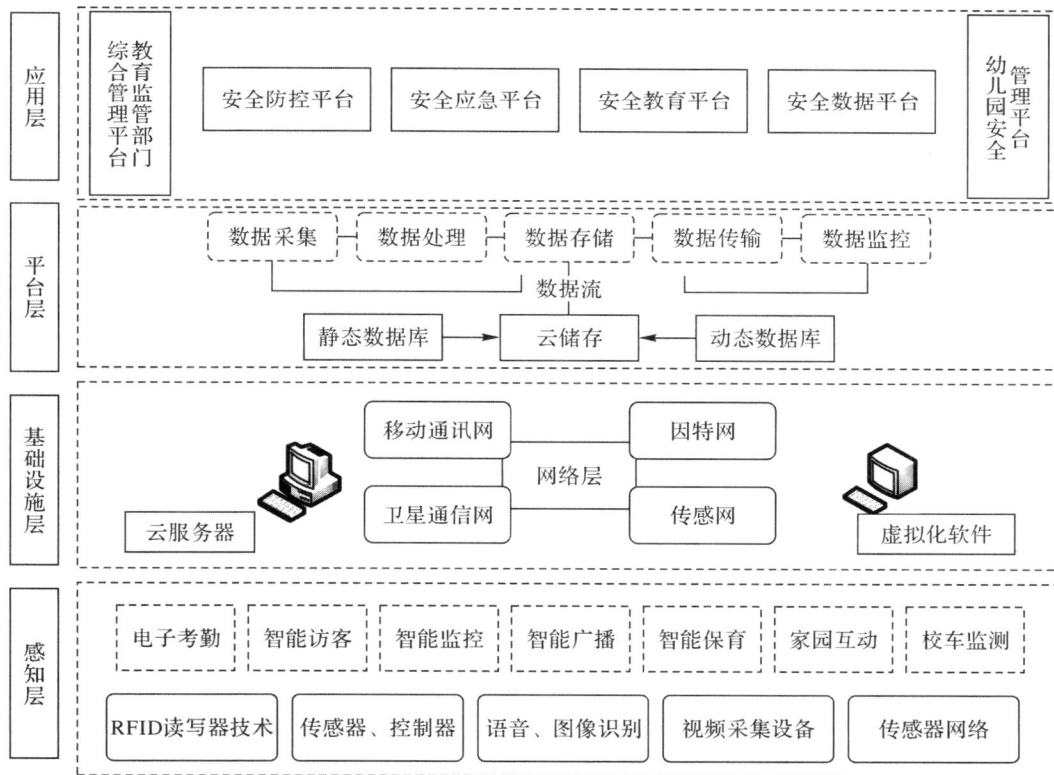

图1-2 幼儿园安全管理信息化体系架构图

智慧平安校园感知层主要包括传感器与智能终端,传感器主要完成校园环境、设施设备数据采集,智能终端主要完成教师和幼儿行为数据等的采集。

智慧平安校园基础设施层主要包括服务器和虚拟化软件等设备,主要功能是构建智慧平安校园数据计算的中心。

　　智慧平安校园云计算平台层主要包括云存储、并行计算以及数据挖掘等中间件,主要负责大数据存储、处理和智能分析。

　　智慧平安校园应用层包括各类业务系统。安全防控平台、安全应急平台、安全教育平台、安全数据平台是其重点建设内容。

2. 系统简介

　　幼儿园安全管理信息化体系主要由两个平台组成:教育监管部门综合管理平台和智慧化平安幼儿园云平台。参考范例见表1-1。

表1-1　幼儿园安全管理信息化平台

功能模块	二级模块	功能描述
教育监管部门综合管理平台	园所管理	展示辖区内园所、学生、老师的总体情况
	安全档案	园所信息、教职工信息、幼儿信息等
	数据台账	安全隐患,安全巡查,通知任务统计
	任务布置	通知公告上传下达,安全检查及时通知
	智慧监管	远程监管,大数据分析,辅助决策
智慧化平安幼儿园云平台	电子考勤	智能门禁,人脸识别闸机
	智能访客	访客登记,出入认证
	智能监控	智能云监控,通过手机实时查看监控视频
	智能广播	即时喊话,智能控制,智能播报
	智能管控	智能巡查,隐患排查
	移动应急	一键应急管理、应急指挥
	智能保育	智能晨检、营养膳食配餐、阳光厨房等
	校车监测	上车信息通,校车超员、漏下车预警,校车监控、巡视
	家园互动	家园沟通、通知系统、安全教育等

　　1)教育监管部门综合管理平台

　　①园所管理系统。教育监管部门可查看各辖区内幼儿园园所的总体情况,掌握园所位置分布、各类园所数量、学位比、生师比等;可查看辖区内幼儿园幼儿情况,对幼儿数据进行分析,区域对比幼儿数量,关注留守儿童占比,查看幼儿月出勤率、幼儿园月传染病率等;可查看辖区内幼儿园教职工情况,查看教职工学历状况、年龄段占比、持证情况等。获得的大数据分析后,可作为教育监管部门加强管理的参考和管理层决策的依据。

　　②安全档案系统。建立安全信息电子档案库,汇总辖区内幼儿园分布情况和基本信息,如各种资质、负责人、地址、开办形式等信息,方便对园所情况进行汇总;汇总辖区内所有幼儿的基础档案情况,查看幼儿出勤情况(显示出勤率、病假率、事假率、未登记率),显示幼儿出勤趋势图,并对辖区内上报的幼儿园日常三检数据和病假数据汇总分析,显示实时发病率走势图,方便教育监管部门对幼儿的各类情况进行了解;汇总辖区内幼儿园园长、教师及职工、校车司

机等的基础档案情况,方便教育监管部门对在编人员的各类情况进行了解。

③数据台账系统。构建专业实用的安全台账应用:安全隐患统计,汇总辖区内幼儿园安全检查提交的危险源和上报的危险源,隐患上报数据自动分类汇总和分析;安全巡查统计,自动生成值岗巡查波段图,便于负责人查看;通知任务统计,分配任务后,可以查看对辖区内幼儿园的任务分配情况。通过数据采集,形成数据汇总和分析机制,用数据来说话,辅助学校对校园安全事件及风险隐患的发生及演变情况做科学的判断处理。

④任务布置系统。提供教育局端到幼儿园端通知、任务上传下达的信息化通道。教育监管部门可通过该功能将公文对辖区内园所进行下发,同时可查看园所接收情况;幼儿园可通过该功能上报公文数据,方便园所第一时间获取政府公文或通知,任务在线反馈方便快捷。教育监管部门可发送安全检查要求和检查清单给幼儿园,幼儿园通过 App 查看检查清单并按要求对园所进行检查,检查完后在 App 录入检查结果后提交到教育监管部门,教育监管部门可查看检查结果,并可打印出来作为线下复查的依据。通过该功能,任务完成情况、完成效果一目了然。

⑤智慧监管系统。教育监管部门可在各下属园内所有幼儿园食堂、班级、公共活动区域等重点点位安装摄像头,同时可直接调看幼儿园视频,对辖区内幼儿园进行日常检查、隐患排查、隐患处理的智能化监管,并监督工作执行情况的处理效果。此外,还能基于幼儿园提供的大量与安全相关的真实数据为分析基础,提供给辖区内幼儿园各类分析报表与图表,针对其重点、薄弱点项目进行分析,提供综合性治理手段与方法,充分利用数据台账的数据分析与决策辅助功能。

2)智慧化平安幼儿园云平台

①电子考勤系统。铺设人脸识别闸机,确保师生高效、安全进出及通行。在接送幼儿通过园所门口设置的人脸识别闸机时,只需要进行人脸识别便可,不需要任何辅助设备,实现人脸识别签到抓拍照片及控制人员通行一体化管理。系统可以有效防止未授权人员随意进入受控区域,确保内部安全;通过拍照功能,可以多角度抓拍多张考勤照片,并推送考勤信息和照片至手机 App 和后台;也可以辅助人证核验及人脸识别设备,通过人证比对、人脸识别,确保入园儿童、接送家长身份的正确。身份未识别时,即时通过系统向保安人员、家长、班级老师报警提醒。

②智能访客系统。专为访客登记制定,集成先进的身份识别查验功能(包括二代身份证、IC 访问卡、指纹、摄像、扫描等)和人脸识别功能。系统可快速登记和快速查验访客信息,可对接公安系统对比身份证信息,可打印访问凭证、管理查询访问记录等。访客必须通过身份识别开启门禁进入园区。通过区域通道口或重点区域(厨房、食堂、电气室、机房等)监控设备识别来访人员,与授权区域进行实时比对,若进入非授权区域,则启动报警模块。

③智能监控系统。智能监控系统是传统校园视频监控的完美升级,通过云接入实现智能云监控,使效能大大提升。它兼容主流监控设备、扩展云监控,可将传统监控平滑扩展至云监控,通过手机即可实现实时监控查看。校领导、安保人员、班主任可通过手机随时查看校园监控视频,便于开展安全工作。视频监控既可集成在预案、事件处置中的便捷查看,也可与应急广播、门禁联动,与公安系统对接实时报警。

④智能广播系统。安全广播系统由语音终端、分区控制设备、手机客户端软件以及安全广播云服务平台构成,并与即时消息平台、资源管理平台进行对接,实现了手机客户端对设备的

远程控制、即时喊话、广播发布、广播任务控制、预案广播任务播报、作息远程调整等功能,为安全教育、安全知识、安全通知、应急救援提供了基于移动互联网的语音终端远程控制综合解决方案,可有效满足学校的日常作息、安全广播、应急演练、应急指挥的需要。

⑤智能管控系统。智能管控系统包括安全巡查和隐患排查两个分系统。

安全巡查系统利用互联网、物联网技术,可实现巡防便捷登记、值班提醒、巡防汇总,便于定人、定时、定岗、定责地开展安全巡查工作。利用二维码自动识别巡查人员身份,手机扫一下即可完成巡查点登记,实时推送巡查任务和巡查结果。安全巡查系统为校园安保巡防提供便利,实现巡查工作的电子化、系统化、移动化和痕迹化,降低工作烦琐度,提升安保效率。

隐患排查系统围绕校园隐患提出多种排查机制,可实现全员参与的隐患发现、专人专岗的网格化排查、专业人员的专项检查等功能。通过手机拍照、录音、录像、描述等多种方式直接对安全关键点进行日常巡检,实时上报到安全平台,实现了隐患随时报;隐患上报平台后,系统立即对隐患的处理流程进行跟踪,督促相应负责人进行处理,及时提醒责任人及负责领导,对隐患跟踪提醒。

⑥移动应急系统。使用电子化应急预案将人、物、技三防进行统一整合管理,联防联动,形成一套可执行、可管控、一键应急的管理和指挥系统。通过与广播、监控、手机等进行联动,一键启动预案,即时进入事件处理程序,指挥组通过手机对现场人员远程喊话,并对现场态势实时掌控。平台中辅助的应急通信录、应急线路图、应急现场直播等多种技术手段为学校安全应急演练及实战提供了有力的技术支持。

⑦智能保育系统。晨检系统由一款搭配考勤机使用的便携式体温测量设备以及软件系统组成,只需对准幼儿额头或脖颈轻轻一按,幼儿的测温数据即可上传至后台,生成检测幼儿的体温数据,及时发现健康异常的幼儿,提早检测预防,关注幼儿健康状态。

膳食配餐系统可实现专业、智能、操作简单的膳食配餐,轻松完成带量食谱制定,自动生成营养分析报告、就餐人数统计等各类报表。

明厨亮灶系统利用前端监控,在食堂粗加工、切配、烹饪、面点加工制作、备餐、餐饮具清洗间、库房、餐厅等八个重要区域安装监控摄像头,将各摄像头实时采集的视频图像数据汇总传输到管理平台,实现对厨房的集中管理。

⑧校车监测系统。以校车行驶的电子地图为基础,建立集视频监控、行车轨迹、偏轨超速报警、校车刷卡数据上传等应用为一体的安防应用平台,从多个维度对校车的安保工作进行管理。平台集安防信息查询、定位、管理、分析为一体,充分考虑教育监管部门事先预防、事中应急、事后取证的应用需求,实现对突发事件的快速响应和处置,有效降低校车意外事故发生的风险。

⑨家园互动系统。家长通过平台家长端,随时随地掌握幼儿在校动态,与老师和其他家长进行沟通与互动;同时,通过平台可了解更多的育儿知识、疾病预防知识。可见家长端功能众多,通过一个 App 即可完成孩子成长过程中的知识获取和成长管理,并有效和幼儿园进行沟通。

第2章

幼儿园安全数据采集

2.1 幼儿园安全数据的类型

幼儿园安全管理信息化是现代风险治理理念下,运用云计算、大数据、物联网、人工智能等信息化手段,搭借移动化办公和系统集成模式,整合各类安防系统,转变幼儿园的传统业务流程、管理方式和组织方式,全过程、全方位提升幼儿园安全管理的监测和防护效率的动态安防生态系统。数据是指以文本、数字、图像、音频、软件、算法、动态模拟、模型等为表现形式,对特定环境下事物运动状态和方式等信息进行记录,并用于计算机存储、表达和传递的符号记录。幼儿园安全数据是指在幼儿园安全管理信息化过程中,用于承载与幼儿园安全相关信息的数据,对幼儿园一日生活中,幼儿园内的人、物、环、管等的运动状态和方式等进行记录、存储、表达和传递的符号。

2.1.1 静态幼儿园安全数据

静态幼儿园安全数据是指在幼儿园的运行过程中主要作为控制或参考用的数据,它们在很长的一段时间内不会变化,一般不会随着幼儿园的各类运转而改变。在幼儿园日常管理过程中,与幼儿园安全管理相关的静态数据主要包括园所信息、教职工信息、幼儿信息、班级信息、物资信息和文档信息等。

1. 园所信息

园所信息是指反映幼儿园整体状况的数据信息,通过园所信息,可以快速了解幼儿园整体情况。当有幼儿园安全事故发生时,可以根据园所信息,快速做出反应。幼儿园园所信息主要包括幼儿园的名称、地址、资质证照、负责人、开办形式、招生师资情况等。幼儿园名称、地址、负责人、开办形式在幼儿园开办时已确定,只需在信息化管理平台中录入即可。幼儿园的招生师资情况需要根据每学期的实际情况进行录入,并及时进行更新。幼儿园资质证照是指在各种管理规定中要求幼儿园持有的所有资质证照。

根据幼儿园规范办园行为督导检查,在幼儿园办园证照检查时需要检查幼儿园是否有以下证照:房屋安全鉴定证、卫生许可证、消防验收合格意见书、托幼机构卫生评价报告等。《托儿所幼儿园卫生保健管理办法》(卫生部、教育部第 76 号令)规定:"新设立的托幼机构,招生前应当取得县级以上地方人民政府卫生行政部门指定的医疗卫生机构出具的符合《托儿所幼儿园卫生保健工作规范》的卫生评价报告。""托幼机构应当根据规模、接收儿童数量等设立相应的卫生室或者保健室,具体负责卫生保健工作。卫生室应为符合医疗机构基本标准,取得卫生行政部门颁发的医疗机构执业许可证。"

幼儿园的办园形式指公办园或民办园。师资情况指幼儿园设置的岗位及每个岗位教职工的人数，教职工总体数量和质量等。招生情况指每学年幼儿园内幼儿总数目以及变动情况。

2. 教职工信息

教职工信息是指幼儿园内所有教职工的总体数据信息和个人基本数据信息。幼儿园教职工包括幼儿园园长、副园长、班主任、配班教师、保育员、炊事员及其他类型员工。总体信息是指幼儿园教师的总体数据，如总体数量，男教师和女教师的总体数量，不同职称级别、不同学历、拥有各类资格证书的教师的总体数量等。个人基本数据信息包括每个教职工的姓名、性别、出生年月、家庭住址、从业时间及年限、职务、最高学历学位、持有资格证书情况以及地方政府主管部门要求教职人员必须持有的证照等的基本信息及其相关证明文件。

示范性幼儿园和乡镇中心幼儿园园长应具备幼儿师范学校（含职业学校幼教专业）毕业及其以上学历，有五年以上幼儿教育工作经历，并具有小学、幼儿园高级教师职务。其他幼儿园园长应具备幼儿师范学校（合职业学校幼教专业）毕业及以上学历，或高中毕业并获得幼儿园教师专业考试合格证书，有一定幼儿教育工作经历，并具有小学、幼儿园一级教师职务。任何园长都应该获得幼儿园园长岗位培训合格证书。

根据《中华人民共和国教师法》和《教师资格条例》中的规定，中国公民在各级各类学校和其他教育机构中从事教育教学工作，应该取得教师资格。根据这一规定，幼儿园教师上岗必须持有教师资格证。因此，幼儿园教师的基本信息中应该提供相应的教师资格证书。

托幼机构应当聘用符合国家规定的卫生保健人员。卫生保健人员包括医师、护士和保健员。在卫生室工作的医师应当取得卫生行政部门颁发的医师执业证书，护士应当取得护士执业证书。托幼机构工作人员上岗前必须经县级以上人民政府卫生行政部门指定的医疗卫生机构进行健康检查，取得托幼机构工作人员健康合格证后方可上岗。托幼机构工作人员的健康合格证书有效期为一年，为此所有幼儿园中的从业人员应每年提供当年的健康合格证书。

3. 幼儿信息

幼儿信息是指所有幼儿的基础档案数据信息，包括总体数据和幼儿基本数据信息。总体数据有幼儿园幼儿总数、班级幼儿数量、性别比例等。幼儿基本数据信息包括幼儿的姓名、性别、出生年月、籍贯、家庭住址、所在班级、照片、家族病史、过敏状况以及家长基本信息等。家长基本信息包括家长姓名、与幼儿的关系、联系方式、紧急联系人、照片等。

4. 班级信息

幼儿班级信息指幼儿园内以班级为单位的班级相关数据信息，具体有班级名称、班级教师配置情况、班级教室号及位置、班级教学活动和游戏活动以及社区活动安排情况等。

5. 物资信息

幼儿园的物资信息包括五种，即幼儿园户外活动区域物资信息、班级物资信息、厨房物资信息、活动区物资信息、基础设施设备信息等。

1）幼儿园户外活动区域物资信息

幼儿园的户外活动设施及设备有过浮桥、滑梯、秋千、滑梯组合、跷跷板、淘气堡等大型娱乐设施，这些娱乐设施都是幼儿非常热爱的户外活动器械，但是这些设施设备若出现安全隐患，将对幼儿造成非常严重的身体损伤。幼儿每天都要进行两小时以上的户外活动，这些设施设备的使用频率较高，除了定期进行检查和维护外，还应该在使用过程中随时发现存在的安全隐患,并进行报备登记,由专业人员进行维修,同时建立户外活动设施设备维护、维修登记数据库。登记数据包括检查及维修设备的具体名称、位置、维修原因、维修方法、维修结果、维修人员、维修时间等。

2)班级物资信息

幼儿园内每个班级的基本物资有茶杯、茶具、电视机、影碟机、消毒柜、毛巾架、扫把、垃圾篓、拖斗、桌子、椅子、空调、钢琴、钢琴凳、床、窗帘、灯、玩具盒、钟表、书柜、录音机、黑板、电视柜、毛巾等。班级物资信息应该以班级为单位建立班级物资登记表,登记表中应标明每种物资的品名及数量。每一天由专人对班级所属物资进行检查、清点和整理,并定期进行清洁及消毒,将检查出来的破损情况进行登记,对物资的清洁及消毒进行备注。

3)厨房物资信息

厨房物资包括厨房用的设施和设备,对于厨房的设施设备应建立厨房设施设备物资登记表或厨房设施设备数据库。基本数据包括每件设备的名称、品牌、型号、购入时间、购买价格等,并按照规定对设备进行定期的检查及维修维护。

厨房除了设施设备外,还有每日食材等的采买工作,因此,应建立厨房日常采买物资的基本数据库,对采买人员、采购地点、采购产品及采购数量进行登记。

4)活动区物资信息

幼儿园内都建有各类活动室或活动区域,如美工室、构建区、棋类区、图书区、益智区等,每一个区域都有相应的物资,因此,应建立每一个活动区域物资基本数据,定期对物资进行检查,同时对物资的破损情况进行登记备案和维修,并将维修过程及结果上传平台。

5)基础设施设备信息

幼儿园的基础设施主要包括暖气、天然气、消防、电路等基础设施和设备,需要对这些设施和设备进行定期检查和维护,确保日常的安全使用。同时,对每次的检查维修情况应该进行备案登记,建立设施设备维修数据库。数据库内的信息应包括检查及维修设备的具体名称、位置、维修原因、维修方法、维修结果、维修人员、维修时间等。

6. 文档信息

幼儿园安全管理信息化所包含的文档信息内容主要包括:①由上级主管部门下发的政府公文或通知,可包括党建内容、师德教育等;②幼儿园内部根据上级主管部门的规定制定的各类幼儿园的规章制度、规程、行为规范、条例等;③幼儿园向上级主管部门上报的各种文档信息;④幼儿举办各类活动时对外发布的文本类宣传推广信息、拍摄的照片、录制的音频和视频资料等;⑤各类活动方案、活动计划等。

文档信息包括文本文档、图片信息、视频文档和音频文档等。每一种文档都可通过不同的格式来呈现,如文本文档信息,有 TXT、DOC、XLS、PPT、DOCX、XLSX、PPTX 等格式;图片信息有 JPG、PNG、PDF、TIFF、SWF 等格式;视频类文档信息的格式有 FLV、RMVB、MP4、MVB 等;音频类文档信息的常见格式有 WMA 和 MP3 等。

2.1.2 动态幼儿园安全数据

1. 行为数据

行为数据包括隐式用户行为数据和显式用户行为数据。隐式用户行为数据和显式用户行为数据是相对而言的,其主要区别在于该数据的产生是用户有意的还是无意的。显式用户行为数据为用户有意产生的数据,隐式用户行为数据为用户无意产生的数据。显式用户行为数据,如豆瓣的评分数据、淘宝购物的好评等,这样的数据一般由用户编号、物品编号和一个表示用户对物品喜好程度的评分组成。隐式用户行为数据,如用户点击网页记录、用户签到数据、刷卡数据等。隐式用户行为数据中,用户在某物品上产生的数据不一定是主动产生的,表示的并不一定是用户的偏好,只是用户对物品产生行为的次数。隐式用户行为数据可以提供很多侧面信息,对隐式行为数据的研究已经有很多应用,如分析用户信用卡刷卡消费数据,可以帮助商家准确定位用户,提高收益。

在幼儿园安全管理信息化平台中,行为数据是指平台用户使用平台并浏览平台信息时,在操作过程中留下的海量信息。从这些数据中可以得到用户的行为特征,并可对用户的行为特征进行分析,以了解用户的使用时间、使用时长、关注焦点等。在幼儿园安全管理信息化平台中的行为数据包括幼儿园管理者的行为数据、教师的行为数据和家长的行为数据。通过管理者的行为数据可以得到管理者浏览园内各种资讯的内容和时间,监测管理者对园内的各种事件及事物掌握了解的程度。教师的行为数据可以反映教师对幼儿园各类信息的关注度及关注点,同时也可以监测教师一日工作的完成情况。家长的行为数据可以体现家长对幼儿的关注程度,了解这些可以帮助管理者进一步改善管理平台,并改进家园合作的方式和方法,进而进一步加强幼儿园安全管理。

2. 交互数据

交互信息系统是对已收集的幼儿、教师与家长信息进行分析,并与外界交互信息的接口。交互数据指身份确认交互数据。身份确认交互数据的目的是确认身份,可采用某种设备收集幼儿园幼儿、家长及教师的指纹数据、声音数据、人脸数据等,将这些交互数据录入交互信息系统,采用人工智能声音识别技术、视觉识别技术、指纹识别技术等将来人的声音、指纹以及人脸进行扫描分析,并与系统中已经采集的数据进行比对,以确认来人身份。

3. 物联网控制中心数据

1) 监控数据

采用先进的高清监控和人工智能技术,对幼儿在上下学时的家长接送情况、幼儿校车乘坐情况进行视频监控。同时还包括对幼儿园大门口、园区周界、门卫室、园内出入口、操场、游乐场、教室、午休室、办公室、厨房、医务室、监控室、教学楼走廊等进行全方位、全天候的高清视频监控覆盖,并结合人脸识别,最大限度地减少各种安全隐患,加强幼儿园自身安全管理需求。

幼儿园幼儿在上下学时的接送,可采用以人脸识别技术为核心的家长刷脸接送,对接送家长的身份进行核验,并进行信息记录,将进出消息推送给老师,提升接送效率和确保接送安全。

对于幼儿园重要点位的视频资源、报警资源,如校车、校门口、门卫室、监控室、厨房、医务室等视频资源可与教育局网络连接,实现教育局端对所属区域幼儿园的视频联网监管和督导,加强园内紧急事件的应急联动。对于家长比较关心的幼儿在园状况,可以搭建开放互动平台,家长可通过互联网,随时看到孩子在幼儿园的生活情况,无论是学习、休息还是游戏的场景,以充分满足家长的关爱之心。

2) 考勤数据

考勤数据包括教师的考勤数据和幼儿的考勤数据,包括出勤人员、病假人员、事假人员以及未登记人员,进而统计出勤率、病假率、事假率、未登记率,显示教师与幼儿出勤趋势图。根据考勤数据对未到人员进行追踪,可进一步确认幼儿园幼儿及教职工的安全。

3)传感数据

传感数据是由感知设备或传感设备(如小米手环)感受、测量及传输的数据。感知设备或传感设备可以包括一个或多个传感器。这些感知设备或传感设备实时和动态地在物联网中收集大量的实时传感数据资源,用于数据分析。

在幼儿园安全管理中,采用感知设备可以动态监测幼儿每天在园的身体状况,并通过物联网技术将这些传感数据传送至幼儿基本数据库。幼儿园保健人员通过自己的终端入口进入数据库,就可以监控整个幼儿园所有幼儿的身体数据,一旦发现一些幼儿的身体数据异常,便可以随时采取措施。

2.2　幼儿园安全数据的采集手段

数据采集又称为数据获取,是指对系统外部的数字、文字、图像、音频、视频、软件、算法、动态模拟、模型等任何以数字化形式存在的、能够描述事物信息的符号记录进行搜集、收集,并输入到系统内部的一个过程。幼儿园信息化安全数据采集是指将与幼儿园安全相关的数据通过某种方式输入到幼儿园安全管理信息化系统中,进而便于上层管理部门及幼儿园管理人员和其他相关老师随时查看幼儿园的安全状况,并采取相应预案。

数据的收集、搜集和输入的过程可由人工进行,也可由智能设备进行。根据数据采集设备的不同,可将数据采集分为人工采集和智能采集。

2.2.1　幼儿园安全数据智能采集

数据智能采集以计算机和通信技术为基础,使用自动识别技术进行自动数据采集,主要包括信息自动识别过程和计算机自动输入过程。自动识别技术的使用,可对大量数据信息进行及时、准确地采集和处理。现行的自动识别技术主要有条形码技术、磁条(卡)技术、IC卡识别技术、声音识别技术、视觉识别技术、光学字符识别技术等。

1. 条形码技术

条形码技术是对激光条形码技术进行自动识别并转换成信息的技术,它以通信技术、光电技术和计算机技术为支撑,是输入和识别数据的重要方法。激光条形码是由具有一定规律的空和条构成的图形标示符。这些空和条构成的图形标示符中存在一定的数据信息,通过激光条形码识别技术将其转变为二进制信息。条形码技术不仅提高了数据的输入速度和质量,而且具有保密性强、信息量大、防伪性强和可靠性高等优点。激光条形码技术可用于对幼儿园各类物资的管理,就如超市一样,对超市内所有的商品进行编码,并利用条形码技术对物资进行识别和计算机输入存储。条形码技术也可用于人员管理,包括教师、幼儿和其他人员。例如,对园内人员进行编码,可将每个人的编码印制于园服上,通过扫码可反映幼儿姓名、照片和所在班级等相关信息。通过条形码技术的应用,还可以实现对物资的智能管理,对园内各类物资进行编码,并将条码贴于对应物资上,扫码即可获得物资相关所有信息,具体包括对园内固定资产信息的存储,对物资的流动过程进行记录,对消耗性物资的消耗情况进行统计等。

目前的条形码识别技术有基于激光视觉的条形码识别方法、基于 Canny 算子和模糊 C 均值聚类的激光条形码识别方法、基于多特征融合的激光条形码识别方法和基于机器视觉的激光条形码识别方法。

(1)激光视觉条形码识别。激光视觉条形码识别方法是指通过高清摄像头采集激光条形码,采用激光测距方法确定激光条码的位置,对激光条码做预处理,根据处理结果完成激光条形码的识别。激光视觉的条形码识别方法、识别过程较简单,得到的识别结果误差较大,存在识别结果准确率低的问题。

(2)Canny 算子和模糊 C 均值聚类的激光条形码识别。Canny 算子和模糊 C 均值聚类的激光条形码识别方法是对激光条形码作灰度变化处理,利用模糊 C 均值聚类方法完成激光条形码的区域分割、特征提取和二值化,叠加划分得到的子区域,提高激光条形码的边缘连续性,然后通过 Canny 算子完成激光条形码的识别。该方法识别所用的时间较长,存在识别效率低的问题。

(3)多特征融合的激光条形码识别。基于多特征融合的激光条形码识别方法采用 Kmeans 算法提取激光条形码中的感兴趣区域,根据提取结果分割激光条形码,得到颜色、纹理等特征,通过遗传算法获得激光条形码的特征集合,利用支持向量机的判别模型结合激光条形码的特征完成激光条形码的识别。该方法得到的识别结果与实际结果之间的误差较大,存在识别结果准确率低的问题。

(4)机器视觉激光条形码识别。机器视觉系统是通过硬件和软件共同作用完成工作的。该系统通过摄像机获取激光条形码的图像信号,依据 AD 转换用数字信号描述激光条形码的图像信号,并将其传送到图像处理系统中,提取激光条形码的特征,在设定判别准则的基础上得到判断结果,完成激光条形码的识别。光源、摄像机以及图像采集卡会影响机器视觉激光条形码识别效果,进而影响所采集数据的应用效果和质量,因此在进行硬件配备时,要选择合适的照明设备、摄像机和图像采集卡。

2.磁条(卡)技术

磁条(卡)技术是使用磁卡上面的磁条作为信息存储装置,采用磁识别技术对磁条上的信息进行感应,并形成相应脉冲数字信号,然后通过计算机技术对此脉冲数字进行信号接收、量化处理,然后再进行译码,解译成计算机可识读的语言,并传输给计算机。20 世纪 60 年代,美国、日本等发达国家就已经开始将这种技术普遍应用于信用卡中,在 20 世纪 80 年代,磁条技术广泛应用于交通卡、社保卡、会员卡和储值卡等。因为磁条卡技术的保密性能较差,容易被复制,且当磁条卡受压、被折、长时间磕碰、暴晒、高温,或是磁条划伤弄脏,或是刷卡器有污物,或是老化等,都会干扰刷卡过程中的数据传输,因此,随着技术的发展,磁条(卡)技术正在被逐步淘汰。

3.IC 卡识别技术

IC 卡(Integrated Circuit Card),也称为集成电路卡。根据封装外形的不同,IC 卡有卡片形式,也有纽扣和其他饰物等特殊形状。IC 卡是继磁卡之后出现的又一种信息载体,IC 卡是通过卡里的集成电路存储信息,磁卡是通过卡内的磁力记录信息,IC 卡的成本一般比磁卡高,但保密性更好。例如,现在广泛应用的公交卡、地铁卡、门禁钥匙扣、芯片银行卡等,都是 IC 卡。常见的 IC 卡采用射频技术或采用支持 IC 卡的读卡器进行通信。

采用射频技术的 IC 卡为非接触式 IC 卡,它采用电磁波进行信号传输,在刷卡系统内有接收和发送电磁波感应的装置,在通信时不需要与实体接触就能进行数据通信,可对带有标签的事物进行识别和数据的采集。射频技术一般的感应距离在 1 米以内,主要用于公交、电信、银行、车场管理等领域,主要的功能包括安全认证、电子钱包、数据储存等。常用的门禁卡、二代身份证属于安全认证的应用,而银行卡、地铁卡等则是利用电子钱包功能。接触式 IC 卡是通过与实体的接触点进行数据交换。接触式 IC 卡与非接触式 IC 卡可组合到一张卡片中,称为双界面卡,二者可进行独立操作,但可以共用 CPU 和存储空间。

4. 声音识别技术

声音识别技术是将人类语言转化为计算机可识别语言的技术,通过这项技术可以实现人机语音交互。通过声音识别技术,人们可以不用键盘输入,直接通过语音控制系统,系统会对人们输入的语言进行识别,并根据识别的内容进行相应的操作。例如,手机微信、QQ 等 App 中的语音输入功能,或是现在小米手机的"小爱同学"等。人工键盘输入容易出错且输入效率较低,声音识别技术的应用可大大提升系统的反应效率,实现了人机交流的灵活性及高效性。目前,语音识别技术的应用领域非常广泛,包括声控智能家电、声控语音搜索系统以及声控智能玩具等。

5. 视觉识别技术

视觉识别技术是指利用机器或计算机来模拟人类的视觉系统,配合其内部自带的智能识别装置,对扫描到的信息进行读取并识别信息的技术。其主要工作过程是通过提取被摄取目标的图像特征并与预先存储在数据库中的特征集进行对比或者对测量现场的目标信息进行数字化处理,将识别出来的结果上传给控制系统,进而发出相应的动作指令。目前广泛应用的人工智能人脸识别系统就是基于这一技术,它主要是对人脸的关键部位进行识别,识别基础是实际采集并存储于设备上的人脸上的表情数据。视觉识别技术灵敏,响应速度快,噪音低,抗电磁干扰能力强,使用方便灵活。随着视觉识别技术的发展和逐步成熟,其应用范围越加广泛,典型的应用领域包括:图像识别及检测领域的应用,视觉定位领域的应用,物体尺寸测量领域的应用和物体空间位置定位领域的应用等。

在幼儿园信息化安全管理过程中,视觉识别系统可用微信小程序作为用户交互入口,用户进入系统后,利用手机的摄像机功能注册人脸数据,将人脸数据注册至人脸识别系统,用于幼儿的考勤登记以及家长的身份确认等。

6. 光学字符识别技术

光学字符识别技术简称为 OCR,英文全称 optical character recognition。它是指用电子设备检查纸上打印的字符,通过检测暗、亮的模式确定其形状,然后用字符识别方法将形状翻译成计算机文字的过程。光学字符识别技术可将图片、PDF 文件和扫描文件中的文字识别出来,变成可编辑的 Word 文档,从而减少手动输入所耗费的时间。目前衡量一个 OCR 系统性能好坏的主要指标有拒识率、误识率、识别速度、用户界面的友好性,以及产品的稳定性、易用性及可行性等。目前市面上有许多 OCR 识别的软件或手机 App,如快手、CS 全能扫描王等。幼儿园管理者、教师或其他工作人员可根据自己的需要下载安装软件,将工作中遇到的图片或是 PDF 格式的文字转成可编辑文档。

2.2.2 幼儿园安全数据人工采集

1.人工采集的概念

相对于数据智能采集过程中数据的自动识别、采集和输入,人工采集包括数据的人工识别、人工收集和人工输入等三个过程。即数据采集人员首先对于幼儿园安全数据进行识别,并通过一定的方法收集相应的数据,最后将自己得到的数据手动录入计算机系统。在计算机初步使用阶段,通常以人工信息采集的方法为主,随着科学技术的不断发展,智能数据采集技术应用越来越广泛,人工采集方法将会作为一种辅助采集方法。在幼儿园安全管理领域,幼儿园安全动态数据中的行为数据、交互数据以及物联网控制中心数据通常以智能采集为主,而静态数据信息等需要通过人工采集来进行。人工采集的数据为某个时间点上的瞬时值,也可是某段时间内的一个特征值,通常隔一段时间对相同点的数据进行重复采集,采集间隔的时间称为采集周期。

2.人工采集的主体

幼儿园安全数据人工采集的主体是幼儿园各类活动的管理人员和负责人,包括幼儿园园长、副园长、保育人员、卫生保健人员、炊事员和其他工作人员等。所有人员根据自己所在的岗位以及对应的岗位职责,完成岗位职责范围内的数据采集工作。

3.人工采集的过程

人工数据收集的方法有直接观察法和调查法。

1)直接观察法

直接观察法是指调查人员亲临现场对调查单位的调查项目进行清点、测定、计量,并加以登记,是直接收集第一手资料的调查方法。例如,为了了解幼儿身体协调能力发展数据,教师在幼儿进行户外活动时,对研究对象的活动状况进行观察和记录,根据观察和分析的结果对幼儿身体协调能力进行测评,并最终将评测结果录入系统。直接观察法能够保证所搜集的调查资料的准确性,但需要大量的人力、物力、财力和时间,且有些数据根本不能用直接观察法进行测量。例如,对幼儿历史状况,包括家长家族遗传病史,或药物、食物过敏状况,以及幼儿的基本家庭状况等资料,无法通过直接观察法来获得。

根据观察的公开性,观察法可分为公开观察法和隐蔽观察法。公开观察法是指向外界包括被观察者公开本次观察调查的时间、地点甚至可包括观察的内容,被调查者能意识到有人在观察和记录自己的言行。隐蔽观察法是指被调查者意识不到自己的行为已被观察和记录。依然以幼儿身体平衡能力发展状况数据采集的过程为例,采集人员可进行公开观察,要求所有幼儿完成规定动作,并且对幼儿的完成情况进行观察与记录;观察人员也可以进行隐蔽的观察和记录,在幼儿进行户外活动时,在不告知幼儿的情况下进行相关数据的观察和记录。公开观察通常会引起被观察者的注意,不同幼儿由于本身心理素质的不同,会对这种观察做出本能反应,因此,观察者所获得的数据和资料可能并非正常状态下的实际情况。采用隐蔽观察时,被观察者常常是在自己放松的状态下进行活动,不受外界因素的干扰,通常展现出的是他的正常水平,观察者获得的数据比较客观真实。

2)调查法

调查法是有目的、有计划,系统地搜集有关研究对象社会现实状况或历史状况材料的方法。它是研究性学习中进行专题研究时最常用的研究方法,是一种最基本的研究方法。调查法是对历史研究法、观察研究法以及谈话法、问卷法、个案研究法、测验或实验等研究方法的综合运用。

在采用调查法对相关专题进行调查时,首先需要通过已有的资料信息拟订调查计划、调查方案、调查内容等;其次是根据调查方案计划进行实际调查;最后对调查搜集到的大量资料进行分析、综合、比较、归纳,以发现存在的问题,探索规律,得到解决方案等。

调查法有全面调查法、典型调查法、抽样调查法等。

(1)全面调查法。全面调查又可称为普查,是指对一定的调查总体范围内的所有对象进行逐个调查的方法,以准确地了解总体情况。全面调查时的调查总体范围是相对的,可以有不同的总体,如全国普查、全省普查、全县普查或某行业系统普查等。但是,由于普查工作量很大,需要耗费大量的人力、物力、财力,调查周期较长,因此这种方法只在较小的范围内进行。在幼儿园相关数据的调查中,可以在某一区域范围内进行普遍调查,这一区域范围包括区域内的所有幼儿园、所有幼儿及幼儿家长等。进行全面调查的范围也可以是一个幼儿园,可以对幼儿园内所有的运动器械进行调查,包括室内运动器材和户外各类运动器械,通过调研来了解幼儿园所有运动器械上可能存在的危险源。

(2)典型调查法。典型调查法是指在对调查对象进行初步分析的基础上,根据调查的目的和要求,有意识地选取具有代表性的对象做深入细致的调查,进而推导出一般结论的方法。该种调查法较为细致,适用于对新情况、新问题的调研。典型调查法与普遍调查法相比,具有省时、省力的优点,但也有不够准确的缺点。典型调查法的准确度主要跟所选择的调研对象的代表性具有很大的关系。

当调查的样本太大,且调查者又对总体情况比较了解,能准确地选择有代表性对象时,可采用典型调查法。为了确保典型调查的数据具有可靠性,在进行典型调查的过程中要注意以下问题:第一,正确地选择典型。可将典型划分为三种类型,分别是先进典型、中间典型和后进典型。在确定调研对象时,应该根据调研内容和目的来确定应该选择哪种典型。具体可按如下原则来选择:如本次调研目的是探索事物的一般情况,或是其发展的一般性规律,则应选择中间典型;如本次调研目的是总结推广先进经验,则应选择先进典型;如本次调研目的是为了帮助后进单位总结经验,就应选择后进典型。第二,选择典型案例时,注意点和面的结合。所谓典型是指在同类事物中具有代表性的部分或单位和在普遍中具有特殊性的部分和单位。在运用典型调查法时,代表性的部分和单位可以代表普遍情况,而选择特殊情况的目的是为了对一般情况进行补充。因此,在选用典型调查法进行实物调查时,需要对调研结论的适用性做出说明。第三,定性分析与定量分析相结合。通过定性分析,找出事物的本质和发展规律,同时又通过定量分析,使分析更全面,最终提高分析的科学性和准确性。

(3)抽样调查法。抽样调查法就是从调研对象总体中抽取若干个具有代表性的个体组成样本,对样本进行调研,然后根据调查结果推断总体特征的方法。从调查对象总体中抽取样本的技术,称为抽样技术。抽样技术的优劣将直接影响样本的代表性,影响调研结果的可靠性。根据抽取技术的不同,可将抽样调研划分为随机抽样和非随机抽样。

随机抽样的主要特征是从母体中任意抽取样本,每一样本有相等的机会,这样事件发生的概率是相等的。因此,可以根据调研的样本空间的结果来推断母体的情况。随机抽样又可以分为四种具体方法,即简单随机抽样、等距随机抽样、类型随机抽样和整群随机抽样。

非随机抽样是指市场调查人员在选取样本时并不是随机选取,而是确定某个标准,然后根据标准选取样本数。在这种情况下,每个样本被选择的机会并不是相等的。非随机抽样也可以分为三种具体的方法,即就便抽样(随意抽样)、判断抽样和配额抽样等。

在抽取了调查样本之后,便可对这些样本进行调查。在具体的调查过程中,可以采用问卷调查法、谈话法、电话调查法和邮寄调查等方法进行。问卷调查法是指采用问卷对被调查对象进行调查,调查问卷由调查者根据调查目的和需求进行设计,其中包含一系列问题、备选答案以及说明等。采用问卷调查法可在较短的时间内调查多个被访者,不仅节省人力、财力和时间,而且有利于进行后期的数据分析。问卷调查的缺点在于调查的广度和深度不足。因此,在采用问卷调查法进行调查时,同时需要采用其他的一些方法作为补充调查。谈话法是指市场调查人员与被调查人员进行面对面谈话,面对面谈话的形式可有座谈会和一对一谈话法。谈话法的特点是灵活度高,可以根据被调查者当时的情况改变调查方案,调查一些事先未准备的问题,可用来弥补问卷调查表漏掉或者是无法调查到的一些问题。当无法接触到被调查者时,可以采用电话调查的方法来进行。电话调查不仅信息收集速度快,比问卷调查灵活,而且还节省人力、物力、财力和时间。邮寄调查是指调查人员将事先设计好的调查表通过邮寄的方式发放给被调查者,请他们按要求填好后寄回的方法。邮寄调查法的调查范围比较广,成本低,且被调查者有充分的时间考虑,因此获得的数据比较真实可靠。但是,邮寄调查法问卷回收的时间比较长,且回收率比较低,因此它也不适合作为主要的调查方法,一般可用于辅助调查。

2.3 幼儿园安全数据的采集内容

2.3.1 幼儿园岗位设置

2012 年,教育部、中央编办、财政部、人力资源社会保障部联合下发的《关于加强幼儿园教师队伍建设的意见》(教师〔2012〕11 号)中明确指出:"国家出台幼儿园教师配备标准,满足正常教育教学需求。各地结合实际合理确定公办幼儿园教职工编制,具备条件的省(区、市)可制定公办幼儿园教职工编制标准,严禁挤占、挪用幼儿园教职工编制。"2013 年 1 月,教育部印发《幼儿园教职工配备标准(暂行)》(教师〔2013〕1 号),为幼儿园教师配备提供了依据,进一步规范了各类幼儿园的用人行为。其中明确规定,幼儿园教职工包括专任教师、保育员、卫生保健人员、行政人员、教辅人员、工勤人员。幼儿园保教人员包括专任教师和保育员。幼儿园应当按照服务类型、教职工与幼儿以及保教人员与幼儿的一定比例配备教职工,满足保教工作的基本需要。

根据《幼儿园教职工配备标准(暂行)》,6 个班以下的幼儿园设 1 名园长,6~9 个班的幼儿园不超过 2 名园长,10 个班及以上的幼儿园可设 3 名园长。幼儿园采用园长负责制,由幼儿园园长负责幼儿园的具体工作。

幼儿园应根据服务类型、幼儿年龄和班级规模配备数量适宜的专任教师和保育员,使每位幼儿在一日生活、游戏和学习中都能得到成人适当的照顾、帮助和指导。全日制幼儿园每班配备 2 名专任教师和 1 名保育员,或配备 3 名专任教师;半日制幼儿园每班配备 2 名专任教师,有条件的可配备 1 名保育员。寄宿制幼儿园至少应在全日制幼儿园基础上每班增配 1 名专任教师和1名保育员。单班学前教育机构,如村学前教育教学点、幼儿班等,一般应配备2名专任教师,有条件的可配备1名保育员。这2名专任教师分别为班主任教师和配班教师。根据幼儿园教师的配备标准,全日制幼儿园、半日制幼儿园、寄宿制幼儿园等至少都应该给每个班级配备1名保育员。

根据《托儿所幼儿园卫生保健管理办法》(卫生部、教育部第76号令),托幼机构的法定代表人或者负责人是本机构卫生保健工作的第一责任人。托幼机构应当根据规模、接收儿童数量等设立相应的卫生室或者保健室,具体负责卫生保健工作。托幼机构卫生保健人员应当对机构内的工作人员进行卫生知识宣传教育、疾病预防、卫生消毒、膳食营养、食品卫生、饮用水卫生等方面的具体指导。保健室不得开展诊疗活动,其配置应当符合保健室设置基本要求。托幼机构应当聘用符合国家规定的卫生保健人员。卫生保健人员包括医师、护士和保健员。托幼机构聘用卫生保健人员应当按照收托150名儿童至少设1名专职卫生保健人员的比例配备卫生保健人员。收托150名以下儿童的,应当配备专职或者兼职卫生保健人员。在保健室工作的保健员应当具有高中以上学历,经过卫生保健专业知识培训,具有托幼机构卫生保健基础知识,掌握卫生消毒、传染病管理和营养膳食管理等技能。托幼机构卫生保健人员应当定期接受当地妇幼保健机构组织的卫生保健专业知识培训。

幼儿园应根据餐点提供的实际需要和就餐幼儿人数配备适宜的炊事人员。每日三餐一点的幼儿园每40~45名幼儿配1名专职炊事员;少于三餐一点的幼儿园酌减;在园幼儿人数少于40名的供餐幼儿园(班)应配备1名专职炊事员。

综上所述,根据各类文件中对幼儿园岗位设置的要求以及在实际幼儿园岗位设置的调查,一般幼儿园内设置的岗位有园长、教师、保育员、卫生保健人员、炊事人员以及其他工勤人员等。

2.3.2 幼儿园岗位安全责任及安全数据采集内容

在幼儿园安全管理的过程中,幼儿园园长作为第一责任人,负责幼儿园所有安全工作。幼儿园应该设置幼儿园安全工作领导小组,制定幼儿园的各项规章制度、预警和突发事件应急预案,切实保证幼儿园安全工作所需要的人、财、物并做合理配置。在幼儿园的安全管理工作中,幼儿园应实行"一岗双责"制度,各岗位工作人员不仅要完成自己的工作岗位职责,同时也要完成对应的岗位安全责任。同时,幼儿园工作人员根据所在的岗位特征及岗位职责,负责所在幼儿园管理过程中的相应安全数据的采集工作。

1. 园长

幼儿园园长作为第一责任人,负责幼儿园所有安全工作。作为园长,要贯彻落实国家有关幼儿园安全工作的法律法规和上级对学校安全工作的部署。定期组织召开学校安全工作领导小组会议,研究学校目前的安全工作现状和存在问题,并制订安全工作计划。

幼儿园园长作为整个幼儿园的负责人,负责整个幼儿园的整体工作,对幼儿园的整体信息比较了解,需要收集幼儿园的园所信息,包括幼儿园的名称、地址、各种资质证照等,并将这些静态数据录入幼儿园管理系统。在日常工作中,幼儿园园长需要将上级主管部门下发的政府公文或通知,包括党建、师德教育等方面的内容上传至信息化安全管理系统。同时根据上级主管部门的各项要求,以及幼儿园的实际情况制定园所制度、规程、行为规范、条例以及其他要向上级主管部门上报的各种文档信息等文本类的数据。当幼儿园发生安全事故时,园长需要根据幼儿园安全事故应急预案,依照程序联系相应部门和人员对本次事故中的受伤人员和受损事物进行处理。与此同时,将幼儿园发生的安全事故信息及时上传至幼儿园安全管理网络平台,视安全事故的情节及严重程度决定是否需要上报上级主管部门并进行备案。

2.副园长

副园长全面协助园长工作,分管行政、业务政治思想等各项工作。在幼儿园日常管理工作中,副园长应加强师德建设,并做好幼儿园全体教职工政治思想工作中的不稳定因素,负责幼儿园后勤工作,使幼儿园的每一位后勤职工提高警惕,排除一切安全隐患,并杜绝各类事故的发生。

幼儿园副园长负责幼儿园教职工及教学相关的具体事务。在幼儿园安全管理过程中,其负责采集幼儿园教师的考勤数据,确保在幼儿园一日活动安排过程中所有岗位的人员均能按时到岗,以确保幼儿园的安全。对幼儿园各个工作人员上报的相关数据进行检查和复核,并将检查和复核后的相关数据上传至平台。同时,副园长还应及时上传幼儿园大型活动的计划安排,审核活动中拍摄的照片、视频等资料,并将其上传至管理系统。

3.教师

幼儿园的保教人员包括专任教师和保育员。专任教师包括班主任教师和配班教师,在班级的日常及安全管理工作中,班主任教师对整个班级的管理工作负主要责任,配班教师在班主任教师的指导下完成实际工作,保育员配合专任教师完成班级的相应工作。幼儿园保教人员负责其所在班级的安全工作,包括每天做好幼儿接送环节的登记工作,检查幼儿来园是否携带了危险物品;在教育活动中时刻注意幼儿的一举一动,避免幼儿在教育活动中或是游戏活动中受伤。在班级日常工作中,可能会有幼儿生病的现象,需要家长将药品送至学校,并由保教人员帮助幼儿服用药物,在这个过程中,保教人员要做好药品的管理及服用工作。保教人员还负责教室门窗、插座、电器等设施的安全检查工作,幼儿离园之后教室的紫外线消毒工作。

幼儿园保教教师主要采集的安全数据内容包括班级内幼儿的个人相关信息及每日考勤状况,对无故未到园的幼儿进行追踪,确认缘由并做记录。采集并录入幼儿的个人档案信息表。在幼儿的一日活动中观察其在园表现状况,注意幼儿在园的异常现象,并能及及时进行反应,与卫生保健人员取得联系,对幼儿的特殊情况及时查明原因并做处理。同时,保教人员需要采集并录入班级内的所有物资信息,按照规定按时对所有物资进行检查,并对存在的安全隐患及时报修和备案,以防发生安全事故。

4.卫生保健人员

幼儿园应当为幼儿及教职工建立健康档案,收集所有工作人员的健康合格证、儿童入园(所)健康检查表、儿童健康检查表或手册、儿童转园(所)健康证明等的数据信息。幼儿园应检查并记录每日卫生保健工作数据信息,如出勤、晨午检及全日健康观察、膳食管理、卫生消毒、营养性疾病、常见病、传染病、伤害和健康教育等,并定期对儿童出勤、健康检查、膳食营养、常见病和传染病等进行统计分析,将统计分析的数据及结果录入系统。

5.炊事员

作为炊事人员,应严格执行营养卫生要求,把好食物验收关,在食物制作环节做好无沙、无尘、无杂质、食具餐具消毒、熟食加盖、生疏分开等工作,严格把控工作环节。搞好厨房的清洁卫生,保持厨房干净整洁,定期擦洗。每日制作食物时,检查是否按照规定食谱提供饭菜,是否严格按照操作规程进行操作。作为幼儿园的炊事人员,应该将幼儿园三餐一点进行留样,确保发生食物中毒等不安全事件时的应急处理。

6.其他工作人员

(1)财务人员。作为幼儿园的财务工作人员,应严格执行现金管理制度,做到日清月结,手续齐备,库存现金不得超过银行规定限额,数目清楚,不得以工作之便牟取私利。认真履行监督职能,发现问题及时处理并向有关领导反映,坚持勤俭办园的方针,精打细算,定期向领导汇报财政开支情况,合理安排经费,计划开支。严格财务纪律,不挪用公款,以身作则,办事公道,坚持原则。每月及时统计幼儿出勤天数及职工出勤天数,计算幼儿伙食费并及时编制工资表;及时收结幼儿各项费用,按时发工资;坚持原则,手续健全,发票必须有经手人、验收人、领导签名方能报销。

(2)门卫。幼儿园门卫应值守幼儿园出入口,在幼儿园门口的监控或智能采集设备的帮助下,查验出入人员的证件,办理登记手续,禁止无关人员进入。对人员、出入车辆及携带或装运的物品进行查验,防止幼儿园财物流失及违禁物品流入。指挥、疏导出入车辆,维护出入口的正常秩序。及时发现不法行为人,截获赃物,做好安全防范工作。协助幼儿园做好来访人员接待等工作。门卫人员还应该对幼儿园出入监控及身份监测设备进行检查,将设备的破损情况上报后勤管理人员,并进行及时维修。

(3)校车司机。校车司机必须遵守《中华人民共和国道路交通安全法》及有关交通安全管理的规章规则。出车前要例行检查车辆的水、电、油及其他性能是否正常,发现不正常时,要立即加补或调查。出车回来要检查存油量,发现油量不足,应立即加油。司机发现所驾驶的车辆有故障时要立即检修,不会检修的,应立即报告幼儿园,并提出具体的维修意见,并对本次校车存在的问题及维修状况在安全管理平台上进行备案。下车前检查车内是否有孩子和物品的遗漏,随后锁好车门并将钥匙交到指定地点。对车辆的各种证件的有效性经常检查,证件齐全才能出车。

(4)水电气暖消防等设备的管理及维修人员。负责对园所及办公区域的水电暖、玩具、家具及各种设备设施进行维修;负责对设备、设施进行安全检查;进行综合维修的日常工作。

2.4　幼儿园危险源

安全是相对的,危险是绝对的,风险是可以避免的。做好幼儿园安全防控工作,首先要找到危险源,在哪些场所、哪些环节、会出现哪些方面的安全问题,及时发现和识别安全隐患及其危害程度,然后评估危险源控制措施的有效性,并针对偏离因素采取针对性安全措施,设置必要的安全设施,降低风险等级,使风险处于受控状态。

2.4.1　危险源的基本概念

1.危险源的定义

危险源,即危险的源头、源点,是指可能造成人员伤害、疾病财产损失、环境破坏或其组合的根源或状态。危险源应由三个要素构成:潜在危险性、存在条件和触发因素。危险源的潜在危险性是指一旦触发事故,可能带来的危害程度或损失大小,或者说危险源可能释放的能量强度或危险物质量的大小。危险源的存在条件是指危险源所处的物理、化学状态和约束条件状态,如物质的压力、温度、化学稳定性,盛装压力容器的坚固性,周围环境障碍物等情况。触发因素虽然不属于危险源的固有属性,但它是危险源转化为事故的外因,而且每一类型的危险源都有相应的敏感触发因素。如易燃、易爆物质,热能是其敏感的触发因素,又如压力容器,压力升高是其敏感触发因素。因此,一定的危险源总是与相应的触发因素相关联的。在触发因素的作用下,危险源转化为危险状态,继而转化为事故。

2. 危险源的分类

按照事故发生致因理论,把危险源划分为第一类危险源和第二类危险源。

第一类危险源是根源类危险源,是直接引起人员伤亡、财产损失和环境恶化的能量或危险物质(如机械能、热能、电能、化学能、核能、生物能等),也称固有型危险源。根据能量意外释放论,能量或危险物质的意外释放,是伤亡事故发生的物理本质。也可以说作用于人体的过量的能量或干扰人体与外界能量交换的危险物质是造成人员伤害的直接原因。于是,实际工作中往往把产生能量的能力源或拥有能量的能力载体看作第一类危险源来处理。为了防止第一类危险源导致事故,必须采取措施约束、限制能量或危险物质,控制危险源。

第二类危险源是状态类危险源,是指可能控制能量、有害物质意外释放的措施失效的状态。它是系统从安全状态向危险状态转化的条件,是使系统能量意外释放的触发原因,也称为触发型危险源。在生产和生活过程中,人们为了利用能量,就会让能量按照人们的意图在系统中流动、转换和做功,能量物质是受到约束或限制的,以防止能量意外释放。实际上,绝对可靠安全的措施是不存在的,在许多因素的复杂作用下,约束、限制能量的控制措施可能失效。因此,从系统安全的观点来考察,把导致物质或限制能量措施破坏或失效的各种不安全因素称作第二类危险源。

3. 危险源的相关概念辨析

(1)危险源与隐患。隐患,字义是隐蔽、隐藏的祸患。它是指伴随着现实风险,发生事故的概率较大的、失控的危险源。隐患一般包括人(人的不安全行为)、物(物的不安全状态)、环(环境的不安全因素)、管(安全管理缺陷)等4个方面。它实质是有危险的、不安全的一种状态、行为或者缺陷,是引发事故的直接原因。如人走路不稳、路面太滑都是导致摔倒致伤的隐患。实际工作中,对事故隐患的控制管理总是与一定的危险源联系在一起,因为没有危险的隐患也就谈不上要去控制它;而对危险源的控制,实际就是消除其存在的事故隐患或防止其出现事故隐患。所以,危险源与隐患之间存在很大的联系,第二类危险源等同于事故隐患。

(2)危险源与事故。事故是指造成死亡、疾病、伤害、财产损失或其他损失的意外事件。一起事故的发生往往是两类危险源共同作用的结果。在事故的发生、发展过程中,两类危险源相互依存、相辅相成。第一类危险源在发生事故时放出的能量是导致人员伤害或财物损坏的能量主体,决定事故后果的严重程度,是事故发生的前提;第二类危险源的出现破坏了对第一类危险源的控制,使能量或危险物质意外释放,是第一类危险源导致事故的必要条件。因此,第二类危险源的出现决定了事故发生的可能性,通常从"人的不安全行为、环境的不安全因素、物的不安全状态、管理的缺陷"4个基本要素分析事故的形成原因。

(3)危险源与风险。危险源定义为"可能造成人员伤害、疾病财产损失、环境破坏或其组合的根源或状态"。风险定义为"某一特定危险情况发生的可能性和后果的组合"。危险源是潜在危险性状态的描述,是风险的载体,如果没有触发条件,是不会发生事故的。风险是指潜在危险性转化成事故的程度的描述,是危险源的属性,是事故发生可能性与严重性的乘积。风险管控就是开展危险源辨识、风险评估以及采取风险控制措施策划与实施的全过程,而从源头上和系统上辨识危险源,排查事故隐患,则是风险管控的基础。因此,控制风险的首要任务是辨识危险源,控制和减少事故发生的可能性,减弱事故后果。

(4)危险源、隐患与事故之间的逻辑关系。危险源失控会演变成事故隐患,事故隐患得不到治理就会发生量变到质变的过程,质变到一定程度,就会发生事故(财产损失或人员伤亡)。危险源、隐患与事故的逻辑关系如图2-1所示。

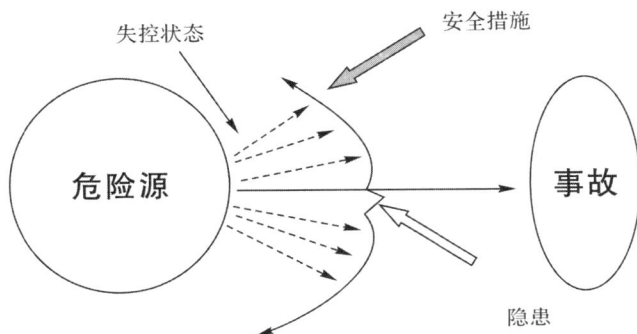

图2-1　危险源、隐患与事故逻辑关系图

2.4.2　危险源的识别、评价及管控

1.危险源识别

危险源识别就是从组织的活动中识别出存在的危险源,并确定其可能导致的事故类别和特性的过程。一般而言,危险源在没有触发之前是潜在的,常不被人们所发现和重视。危险源辨识就是发现、辨识系统中危险源的工作,它是危险源控制的基础,只有辨识了危险源后才能有的放矢地考虑如何采取措施控制危险源,从而使系统在规定的性能、时间和成本范围内达到最佳的安全程度。这也是我们探讨危险源辨识的根本目的。

2.危险源识别的作用

通过对危险源的辨识,可以使安全风险治理更有目的性和针对性。结合现代风险治理理念,进行网格化的安全检查,能有效地避免危险源转化为生产隐患,使事故消灭在萌芽状态,达到防患于未然的目的;而对安全风险等级的判定,则更有利于把握安全风险治理的重点和关键环节,及时发现和识别安全隐患及其危害程度,评估危险源控制措施的有效性,针对偏离因素采取针对性安全措施,设置必要的安全设施,降低风险等级,使风险处于受控状态。

3.危险源识别的方法

(1)询问和交流。结合危险源评价与控制相关的法律法规要求,选取对组织内某项工作具有经验的访谈人,就作业环境中可能存在的危险与相关人员进行访谈交流,从而可以初步分析出工作中存在的第一、二类危险源。

(2)现场观察。组织相关专业人员根据危险源辨识提示表,对工作环境进行现场观察,针对现场情况查找可能存在的危险源,从"潜在危险、谁会受到伤害、伤害如何发生"三个方面来识别危险源。从事现场观察的人员,要求具有完备的安全知识和掌握了完善的安全法规、标准。

(3)头脑风暴。首先,由相关工作负责人、技术人员、有实际操作经验的作业人员及安全技术人员组成危险源辨识团队;其次,针对划定的区域、工序和每个操作步骤,团队成员充分拓展思路,畅所欲言,从头到尾提出假定推测性问题,如"假如……会发生什么情况",在这期间对提出的问题只作记录,不做置疑;最后,讨论、回答这些问题,并评估其影响及现有控制措施,团队达成一致,并结合专业安全检查表进一步补充识别。

(4)工作安全分析。工作安全分析(job safety analysis,JSA)是目前欧美企业在安全管理中使用最普遍的一种作业安全分析与控制的管理工具。JSA 是把一项作业分成几个步骤,识别每个步骤中可能发生的问题与危险,进而找到控制危险的措施,从而减少甚至消除事故发生的工具。其具体包括以下几个步骤:①界定作业岗位;②列出各岗位作业工序清单;③逐步分解作业活动;④分析每一步骤可能产生的危害;⑤评审现有防范措施的有效性;⑥提出改善意见。

(5)安全检查表。安全检查表(safety checklist analysis,SCA)是依据相关的标准、规范,对工程、系统中已知的危险类别、设计缺陷以及与设备、操作、管理有关的潜在危险性和有害性进行判别检查。为了避免检查项目遗漏,事先把检查对象分割成若干系统,以打分的形式,将检查项目列表,这种表就称为安全检查表。它是系统安全工程的一种最基础、最简便、广泛应用的系统危险性评价方法。其具体包括以下几个步骤:①划分作业活动;②确定检查项目;③现场检查、评分;④定性地得出辨识与评价结果。

4.风险评价的方法

(1)作业条件危险性评价法。作业条件危险性评价法,又称格雷厄姆法(LEC 法),是一种对作业危险性的半定量评价方法,用与系统风险率有关的三种因素指标值之积来评价系统人员伤亡风险的大小,并将所得作业条件危险性数值与规定的作业条件危险性等级相比较,从而确定作业条件的危险程度。此方法将作业条件的危险性作为因变量(D),事故或危险事件发生的可能性(L)、暴露于危险环境的频率(E)及危险严重程度(C)作为自变量,确定了它们之间的函数式 $D=L \times E \times C$。风险值 D 越大,事件越严重。如表 2-1 所示。

表 2-1 风险评价表

D 值	危险程度	危险程度
＞320	极其危险,不能继续作业	重要危险源
(160,320]	高度危险,需立即整改	
(70,160]	显著危险,需要整改	
(20,70]	一般危险,要注意	一般危险源
≤20	稍有危险,可以接受	

作业条件危险性评价法是根据实际经验给出 3 个自变量的各种不同情况的分数值,采取对所评价的对象根据情况进行"打分"的办法,然后根据公式计算出其危险性分数值,再按危险性分数值划分的危险程度等级表,查出其危险程度的一种评价方法。这是一种简单易行地评价作业条件危险性的方法。

（2）作业风险评估分析法。作业风险评估分析法（task risk analysis，TRA），就是识别出每个作业活动可能存在的危害，并判定这种危害可能产生的后果及产生这种后果的可能性，二者相乘，得出所确定危害的风险。然后进行风险分级，根据不同级别的风险，采取相应的风险控制措施。

风险的数学表达式为：$R = L \times S$。其中：R 代表风险值；L 代表发生伤害的可能性；S 代表发生伤害后果的严重程度。常运用风险矩阵评估表和风险分级评估表进行风险评估，如表 2-2 和 2-3 所示。

表 2-2 风险矩阵评价表

可能性 L	严重性 S				
	1	2	3	4	5
1	1	2	3	4	5
2	2	4	6	8	10
3	3	6	9	12	15
4	4	8	12	16	20
5	5	10	15	20	25

表 2-3 风险分级评价表

风险度	风险等级	风险控制措施	实施期限
20～25	Ⅰ级，巨大风险	采取措施降低危害前，不能继续作业，对改进措施进行评估	立刻
15～16	Ⅱ级，重大风险	采取紧急措施降低风险，建立运行控制程序，定期检查、测量及评估	立即或近期整改
9～12	Ⅲ级，中等风险	可考虑建立目标和操作规程，加强培训和沟通	2年内治理
4～8	Ⅳ级，一般风险	可考虑建立操作规程、作业指导书，但需定期检查	有条件、有经费是治理的前提
<4	Ⅴ级，低风险	无须采用控制措施，但需保存记录	

5.风险防控的基本流程

风险防控的基本过程包括危险源识别、风险评估和风险管控，整个过程是一个动态的、循环的、系统的、完整的过程。具体包括以下步骤。

（1）危险源辨识的前期准备。此阶段工作主要是为危险源辨识的顺利开展打好基础。具体工作包括成立危险源辨识小组并进行培训，调查了解和收集资料，查明分析对象可能出现的危险性，确定安全评价方法。

（2）危险源识别工作。此阶段的工作任务主要是辨识确定的作业单元或工作任务会发生什么事故。具体工作包括明确事故类型，考虑在危险源存在的"正常、异常、紧急"三种状态和"过去、现在、将来"三种时态下会发生什么事故。

（3）风险分析。此阶段的工作任务主要是分析确定的作业单元或工作任务在什么因素触发下会发生事故，主要从人的不安全行为、物的不安全状态、环境的不安全条件和管理的缺陷四个方面明确事故的触发因素。

（4）确定危险源风险程度、级别。此阶段的主要工作任务是确定所分析的作业单元或工作任务的风险程度及级别。具体工作是对危险源进行风险评估，根据评估结果判断风险是否可以接受；可以接受的，要继续监督，定期评估；不可接受的，需要制定控制措施。

（5）制定风险控制措施。此阶段的主要工作任务是根据分析、评估出来的风险，制定出相应的安全措施对策。安全措施对策主要包括安全技术、安全管理对策和制定事故应急预案。

（6）评审措施计划的可行性。此阶段的主要工作任务是对制定的风险控制措施进行经济性、可行性分析。在评审时，要明确在现有的安全控制措施下，风险是否可以有效控制，采用制定的改进措施时，所需成本是多少，能降低多少风险等级。

（7）风险控制措施计划实施阶段。此阶段的主要工作任务是通过宣传、培训，使各级人员掌握制定的风险控制措施，以便在各自岗位中应用。

风险防控的基本流程如图 2-2 所示。

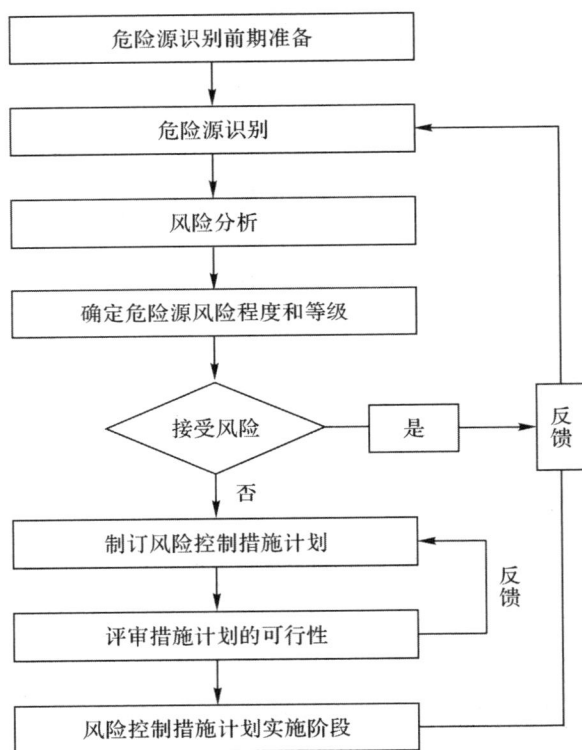

图 2-2　风险防控流程图

2.4.3　幼儿园危险源识别、评价及管控应用指南

1. 幼儿园安全双重预防体系建设

1）背景与意义

为深入贯彻落实党中央、国务院关于建立安全风险分级管控和隐患排查治理双重预防机制的重大决策部署，强化安全发展理念，创新安全管理模式，确保校园安全稳定，各省市结合

《国务院办公厅关于加强中小学幼儿园安全风险防控体系建设的意见》,要求教育系统加强学校安全风险分级管控与隐患排查治理双重预防机制建设。多地出台意见要求各学校成立风险辨识评估专项工作领导小组,制定本单位安全风险辨识与评估工作方案,并提出教育部门应当指导学校建立安全事故处置预案,健全学校安全事故的报告、处置和部门协调机制。只有坚持统筹协调、综合施策、以人为本、全面防控的原则,突出问题导向、目标导向、效果导向,精准发力,建立科学系统、切实有效的学校安全双重预防机制,才能营造良好的教育环境和社会环境,为学生健康成长、全面发展提供保障。

风险分级管控与隐患排查治理体系,目的就是要实现事故的双重预防机制,通过"管风险"和"治隐患"构筑预防事故的两道防线。管风险,是以危险源辨识和管控为基础,从源头上辨识风险、分级管控风险,把风险控制在隐患形成之前。治隐患是以隐患排查和治理为手段,排查风险管控过程中出现的缺失、漏洞和风险控制失效环节,把隐患消灭在事故发生之前。

学校安全风险分级管控和隐患排查治理体系是幼儿园安全管理标准化建设的核心内容,基于安全事故发生的机理,从源头上系统辨识风险,分级分类管控风险,有利于促使幼儿园形成常态化的安全工作机制,切实提升幼儿园安全风险预控能力。学校安全风险分级管控和隐患排查治理体系既实现了幼儿园在事故预防中安全主体责任的有效落实,引导幼儿园安全管理水平向现代安全管理水平迈进,做到了"提前预防、关口前移"向"纵深防御"推进;又满足了当前安全监管及幼儿园安全现状的实际需要,在幼儿园落实主体责任基础上强化落实教育部门的督导和监管责任,构建形成点、线、面有机结合的网格化安全治理模式。

2)技术支撑

幼儿园安全管理是一个系统工程,要健全学校安全双重预防机制的网络管理与服务系统,有效衔接和聚合各方面力量,积极利用互联网和信息技术,为学校提供便捷、权威的安全风险防控的专业咨询和技术支持服务。教育监管部门应当建立功能齐全的安全监管综合信息平台,实施属地、分级管控,形成全省幼儿园安全监管"一张网",与幼儿园及各部门实现互联互通、信息共享,最终实现幼儿园安全的系统治理、综合治理、依法治理和源头治理有序结合,形成幼儿园全员负责、全岗位覆盖、全过程控制、持续改进提升的双重预防体系工作机制。

第一,实施危险源信息化管控。以"智慧型平安校园"平台建设为突破口,在信息化平台中建立风险管控分系统,幼儿园利用该系统将排查出来的危险源全部录入到该系统中,实现对危险源在线监测或者视频监控,督促幼儿园时时刻刻盯紧危险源,一旦发现异常立即处置,确保危险源万无一失。当地政府及有关部门通过互联网监控手段,随时掌握幼儿园对危险源的管控情况,一旦报警提示出现异常,责令幼儿园立即处置并反馈情况,使危险源始终处于动态监控之中。

第二,加强事故隐患信息化管理。在"智慧型平安校园"信息化平台中建立隐患排查治理分系统,幼儿园利用该系统录入排查治理信息,实现隐患排查治理信息的"自查、自纠、自报",履行安全防控主体责任。当地政府及有关部门利用该系统对幼儿园隐患排查治理情况进行记录、管理、分析、处置,每一个环节做到痕迹化,实时监控隐患整改情况,对没有按期整改的重大隐患,根据工作痕迹倒查责任,问责到位,实现学校幼儿园安全管理全员、全岗位、全过程信息化管理。

2.幼儿园危险源识别、评估和管控工作流程

1)幼儿园安全风险的主要类型

幼儿园安全风险指的是幼儿园发生公共安全事件的概率。突发公共安全事件是指突然发生,造成或可能造成重大人员伤亡、财产损失及影响学校安全与稳定的突发公共安全紧急事件。根据突发公共安全事件的发生过程、性质和机理,突发公共安全事件主要分为以下几类:自然灾害类、社会安全事件类、事故灾难类、公共卫生类、网络与信息安全类、其他类。其中,自然灾害类包括水旱灾害、气象灾害、地震灾害、地质灾害、海洋灾害等;社会安全事件类包括恐怖事件、刑事袭击事件、打架斗殴等;事故灾难类包括火灾事故、溺水事故、交通事故、踩踏事故、房屋倒塌等;公共卫生类包括传染病疫情、食品安全和中毒、动物疫情等;网络与信息安全类包括信息泄露、网络谣言等。每类突发公共安全事件按其性质、严重程度、可控性和影响范围等因素,一般分为四级:Ⅰ级(重大)、Ⅱ级(较大)、Ⅲ级(一般)和Ⅳ级(低)。幼儿园安全防控至关重要的就是要认清风险,找准危险源,采取预防措施或控制措施将风险降低到可接受的限度。

2)全面落实幼儿园安全主体责任

第一,识别危险源。各类幼儿园按照有关法律法规,建立完善本单位内部安全风险分级管控和隐患排查治理制度,组织编制危险源清单,全面开展危险源识别工作。以班级、年级组为单元,发动全员、全方位、全过程排查幼儿园可能导致事故发生的危险源,包括工作学习环境、设备设施、教育教学活动、人员行为和管理体系等方面存在的安全风险。

第二,确定风险等级。幼儿园对排查出来的危险源进行分类梳理,确定安全风险类别,依照行业分级标准和相应规范,采用相应的评估判定方法确定安全风险等级。对具有爆炸、火灾、坍塌、中毒等危险场所、施工现场、校车、大型集体活动等可能造成重特大事故的危险源,都应定为Ⅰ级危险源进行重点管控,精准施策。

第三,明确管控措施。幼儿园根据风险评估的结果,从组织、制度、管理、技术、应急等方面对安全风险进行有效管控,针对风险类别和级别,明确管控层次,落实具体责任单位、责任人和具体管控措施,对责任区域明确专人负责,进行"日巡查"式的隐患排查整改。

第四,风险公告警示。幼儿园要建立完善安全风险和重大隐患公告制度,公布本单位的危险源、风险类别、风险等级、管控措施和应急措施,实施台账动态管理机制,让每名员工都了解风险点的基本情况及防范、应急对策。对存在重大安全风险和事故隐患的场所和岗位设置警示标志,强化对危险源的监测和预警。

第五,全面排查治理隐患。幼儿园要基于风险管控措施,制定切合实际的隐患排查治理制度、标准和清单,明确和细化隐患排查的事项、内容和频次。排查出的隐患能立即整改的,要立即整改;不能立即整改的,要制定隐患整改方案,按时限要求认真整改。整改完成后,组织相关人员或委托专业人员进行验收,形成全过程衔接的闭环管理,实现幼儿园隐患自查自改自报常态化。

第六,加强应急管理。幼儿园在风险评估的基础上,编制应急预案,并与当地政府及相关部门的有关应急预案相衔接。幼儿园要建立专(兼)职应急救援队伍或与邻近专职救援队签订救援协议。重点岗位要制定应急处置卡,按照相关规定组织应急演练。经常性开展从业人员岗位应急知识教育和自救互救、避险逃生技能培训,并定期组织考核。

3）全面落实教育部门监管责任

第一，实施科学预判。组织机构或专家对本辖区本系统的安全风险定期进行分析预判，有条件的可采取政府购买公共服务的方式委托第三方开展区域风险评估工作，绘制或更新区域风险和系统风险分布图，并对分析预判出的危险源，制定管控措施，落实责任，对重大风险实行动态监控。

第二，确定标杆幼儿园。标杆幼儿园是指校园安全工作达到学校安全星级标准的学校，目的是发挥标杆幼儿园的示范作用。教育监管部门要认真梳理总结幼儿园双重预防体系建设可操作、可复制经验，选择一批风险管控、隐患排查治理、信息化管理效果较好的幼儿园作为标杆，引领带动各级幼儿园加快推进双重预防体系建设。

第三，总结推广标准。对确定的标杆幼儿园，由教育监管部门系统总结幼儿园的经验做法，形成一整套可借鉴、可推广、可套用的幼儿园安全风险管控标准。教育监管部门组织有关部门和专家对标杆幼儿园的风险管控标准进行论证、评估、完善和提升。省安监局审定后，发布幼儿园安全风险管控地方标准。

第四，强化执法检查。教育监管部门要把双重预防体系建设作为经常性安全督查内容，通过专项安全督查、大排查快整治严执法检查、日常监管执法检查等形式开展双重预防体系建设执法检查，对未建立双重预防体系的，通过强有力的执法，严格的处罚，倒逼幼儿园落实双重预防体系建设主体责任。

第五，完善信息化建设。根据"智慧型平安校园"建设思路，建立完善双重预防体系信息系统，教育部门要抓紧组织辖区内各平台之间的互联互通，信息共享，督促各幼儿园应用"智慧型平安校园"信息平台上报风险分级管控和隐患排查治理信息。

第六，强化督导考核，落实监管责任。按照属地管理、"谁主管、谁负责"和"网格化、实名制监管"原则，理顺和明确各级教育部门在学校幼儿园双重预防体系建设中的属地管理、行业监管职责，形成分工负责、齐抓共管的工作机制。同时，加强督导考核，每季度对有关部门单位进行考核，考核结果纳入年终考核指标体系。

3. 幼儿园危险源识别清单

幼儿园危险源识别是构建安全风险分级管控与隐患排查治理双重预防机制的关键环节，在坚持统筹协调、综合施策、以人为本、全面防控的原则上，更需精准治理，突出问题导向、目标导向、效果导向，利用信息化手段进行危险源数据的自查、分析、上报，实现幼儿园自身及教育监管部门对辖区内幼儿园危险源情况的自动采集和统计，提升对危险源的管控。

各幼儿园要成立风险辨识评估专项工作领导小组，制定本单位安全风险辨识与评估工作方案。利用物联网、互联网、大数据等技防手段建立风险和隐患监控网络，实施属地、分级管控。围绕人的不安全行为、物的不安全状态、环境的不良因素和管理缺陷等要素，全方位、全过程排查、识别、评估危险源。采取购买服务等方式，聘请具备相应专业资质的机构对排查和预判出来的危险源进行分级，确定风险类别，并按照危险程度及可能造成后果的严重性，将风险分为重大风险、较大风险、一般风险和低风险四级，绘制风险等级电子图，编制本单位风险分级报告。根据风险类别和等级建立管控责任清单，将每个风险点的管控责任按照风险等级逐级落实到学校、岗位、人员，实施精细化、动态化、台账式管理，提升学校安全风险管控水平。

因此,幼儿园应当对危险源进行识别,列出危险源清单,并对危险源逐项进行评价,根据危险源可能出现的伤害范围、性质和时效性,从组织领导与安保队伍、人防物防技防、校门安全管理、校园周边环境、校园安全、教职员工管理、校舍安全、接送车辆安全、食堂卫生安全、学校卫生安全、教育教学活动、应急管理等方面制定消除和控制风险的管控方案和应对措施,如表2-4至表2-15所示。

表2-4 组织领导与安保队伍

一级指标	二级指标	危险源	安全风险描述	应对措施	责任部门	责任人
组织领导与安保队伍	学校安全工作领导小组	未建立学校安全工作领导小组	安全管理混乱,责任难以落实,易发生各种事故,事故发生后难以有效处置	成立以园长为组长的学校安全工作领导小组,建立安全领导小组工作制度		
		安全工作领导小组未正常开展工作		定期召开工作会议,专题研究校园安全工作		
	岗位安全职责体系	未建立学校岗位安全工作职责体系		按照"党政同责、一岗双责"要求,参照教育部中小学校岗位安全工作指南,明确每个岗位的安全工作职责		
		岗位安全工作职责落实不到位		督促每名教职工熟悉安全岗位职责,认真履行职责		
	学校安全管理制度	制度不健全		按照上级要求,结合学校实际,建立健全安全工作制度体系		
		制度不切合学校实际		制度制定广泛听取相关人员意见建议,制度执行过程根据实际情况及时修订完善,确保制度与学校实际情况一致		
		制度贯彻落实不到位		对落实不到位的工作制度进行挂牌督办,限期落实		
	安全管理机构	未按规定成立安全管理机构		根据在校生人数情况建立专兼职安全管理机构		
		专兼职安全管理人员数量达不到管理要求		按照标准充实安全管理队伍,保障工作顺利开展		
		安全管理人员履职能力不强		1.选择政治素质高,工作能力强的人员负责安全管理工作;2.对现有安全管理人员进行培训,提升工作能力		

表2-5 人防物防技防

一级指标	二级指标	危险源	安全风险描述	应对措施	责任部门	责任人
人防物防技防	校园专职保安	专职保安数量达不到规定标准	不能胜任应急处置、值班巡逻、制止违法犯罪等学校安全保卫工作	1.从保安公司聘请合格的专职保安;2.清退不合格人员;3.对在职保安加强管理和培训		
		年龄偏大,身体状况、业务素质达不到工作要求				
	监控设施	不能实现重要部位全覆盖	不能及时发现校园安全隐患;不能及时发现初始火情;不能有效强化学生行为管理,不能及时发现违法犯罪分子和违法犯罪行为;出现事故后不能有效查找线索	所有重要部位如所有出入口、教学楼楼道、财务室、微机室、操场、实验室、食堂等全部安装监控设施		
		部分设施不能正常使用		预留部分设施配件,发现有损坏的及时更换,确保正常使用		
		监控记录留存时间达不到规定要求		增加硬盘容量,延长留存时间		
		监控室值守人员责任心、业务能力不强		加强业务培训,定期检查其工作情况		
		未与公安部门实现联网		积极协调公安部门实现监控联网		
	安保器械	未安装一键式报警设施	不能有效控制犯罪分子、制止犯罪行为	积极协调公安部门安装		
		钢叉、警棍、防割手套、自卫喷雾等安保器械数量不足,性能不符合要求		定期检查,补充、更新		
	消防设施	安保人员不能熟练使用安保器械	发生火灾时不能及时有效扑救	加强训练,必要时邀请公安人员培训		
		灭火器、消防栓数量不足		增加消防设施,老的楼房没有消防栓要增加配备灭火器、灭火沙等		
		灭火器未定期充装,压力不足		及时充装填充干粉		
		消防栓缺少枪头、垫圈等配件,消防水龙带老化破损		定时检查,补充配件,更换水龙带		
		总阀门关闭等原因导致消防栓没水		查找原因整改,保持总阀门处于打开状态		
		消火设施被阻挡、消防通道不畅		清理障碍,保障设施设备及时取用,保持消防通道畅通		
		有关人员不能正确使用消防器材		加强演练培训,提升师生使用消防器材的能力		

表 2-6 校门安全管理

一级指标	二级指标	危险源	安全风险描述	应对措施	责任部门	责任人
校门安全管理	门卫值班	学生提前到校后未及时开放校门,导致学生在门外聚集	易发生外来人员暴力伤害学生事件及交通事故	1.教育学生遵守入校时间; 2.学生一旦到校,应无条件开门引导学生进入校园		
		1.正常教育教学活动期间,未及时关闭校门; 2.人员车辆出入检查登记制度执行不严格	外来人员混入学校暴力伤害师生,盗窃学校财物	1.教育教学活动期间,及时关闭校门; 2.严格执行进出人员车辆登记检查制度		
			外来车辆进入学校,易引发校内交通事故及其他安全事故			
			易燃易爆有毒有害等危险品进入学校,危及师生安全			
			学生未经允许私自离校,发生安全责任事故			
	上下学安全管理	园领导带班、教师值班、保安值班不到位,人车混行,人员拥堵,秩序混乱	易发生暴力伤害、打架斗殴及交通事故	明确教师值班安排,带班园长要按时到位做好监督		
				1.分时段放学,组织好队伍按秩序离校; 2.严格要求车辆不得与学生抢道		
		幼儿园教师和家长没有落实家园交接手续	易发生走失、诱拐及交通伤害等其他安全责任事故	严格落实家园交接手续		
		幼儿园孩子上下学时无家长或委托人员接送		1.与家长对接,要求家长按时接送孩子; 2.将家长没有接走的学生集中起来,由值班教师负责统一看管		

表2-7 校园周边环境

一级指标	二级指标	危险源	安全风险描述	应对措施	责任部门	责任人
校园周边环境	治安高危人员	校园周边存在社会闲杂人员、精神病人等治安高危人员	暴力伤害师生事件	1.加强巡逻排查,及时掌握情况,制止不法行为,根据需要向有关部门报告求援; 2.协调综治、街道、社区等部门单位进行梳理并管控,协调公安部门增加"三见警"概率		
		校园周边存在辍学、无业等不良少年	敲诈、暴力伤害学生			
	不良成长环境	校园周边有商场、集贸市场等人员密集场所	社会闲杂人员多,可能发生伤害师生事件,影响学生成长	1.加强巡逻排查,维持秩序,及时制止不法行为; 2.教育学生提高防范意识,远离不良场所; 3.及时了解情况,向有关部门汇报; 4.协调有关部门定期开展综合治理		
		校园周边有网吧、歌舞厅、夜总会、商店、成人用品店等场所	社会闲杂人员多,不文明现象,不文明行为影响学生身心健康			
		学校门口存在游商走贩,发放小广告的人员等	社会闲杂人员多,秩序混乱,易于发生治安及交通事故	1.教育学生不随意购买物品; 2.上下学时段安排保安劝离、清场		
	交通秩序	学校校门面临交通要道,周边交通环境复杂,缺少必要的减速带、警示标志等交通标示,车辆多,车速快	易发生道路交通事故	1.教育学生遵守交通法规,注意交通安全; 2.协调公安交管部门设立交通标识,加设减速设施,划定停车位;特殊时段联系交管部门派人员维持秩序; 3.加强学生上下学管理,安排值班人员和保安维持秩序,劝导家长接送学生后及时驶离; 4.设立警戒绳等给学生留出通道; 5.必要时建立志愿者队伍,引导学生安全有序过马路		
		家长接送学生车辆乱停乱放,车多人杂,停放行驶混乱,交通拥堵				
	建筑施工工地	校园周边有建筑工地,塔吊吊臂能够伸展到校区	1.流动人员多,管理难度大,易发生治安案件; 2.高空坠物伤害师生	1.教育学生远离建筑工地,注意安全; 2.协调施工单位加强人员设施管理,消除安全隐患;必要时上报主管部门帮助协调解决		

一级指标	二级指标	危险源	安全风险描述	应对措施	责任部门	责任人
校园周边环境	安全高危场所	校园周边有变电站、高压线等	发生学生触电事故	1.教育学生远离危险场所,注意安全; 2.协调权属单位,安装防护网和警示标志,高压电线外加绝缘层; 3.清除变电站周边和高压线下面的植被、树木,防止导电		
		校园周边有液化气站、加油加气站等易燃易爆场所	火灾、爆炸等事故	1.协调权属单位做好安全防护,降低环境污染; 2.上报主管部门进行治理整顿		
		校园周边存在严重污染环境(大气污染、噪声污染等)的企业	影响教育教学活动及学生身体健康			
		校园周边有水库、河流等	发生溺水事故	1.加强预防溺水教育,要求学生远离危险水域; 2.协调社区等权属单位安装防护栏、设立警示标志; 3.提醒家长加强孩子上下学监管,加强路队管理		
	学校院墙外围	院墙破损,存在土堆、草堆等杂物	院墙倒塌砸伤师生;外人进入伤害师生,盗窃学校财物	1.及时加固、修补破损院墙; 2.协调砂土堆、柴草堆权属人及时清理		

表 2 - 8　校园安全

一级指标	二级指标	危险源	安全风险描述	应对措施	责任部门	责任人
校园安全	机动车辆停放行驶管理	机动车不按规定地点停放,不按规定线路行驶,与学生争道驶	容易发生校内交通事故	1.严格禁止外来车辆进入学校; 2.加强教职工私家车校内行驶、停放管理; 3.落实校内限速 5 公里/小时的规定; 4.禁止新取得驾照教师将车辆开进学校		
		车速过快				
		新手上路,驾驶技术不熟练,突发事件处置失当				
	校内存在外来人员	园内有权属其他的单位	外来人员进去校园多,管理难度大,易引发治安等多种案件	1.向上级汇报,争取协调外迁; 2.最大限度实现有效隔离; 3 加强进出人员管理		
		园内有教职工住宅				
	体育娱乐设施	器械安装不牢固	倒塌伤害学生	明确责任人,定期检查;加强管理,加固设施		
		器械拉线不明显	绊倒学生或者划伤学生	在拉线上安装警示套管		
		器械老化、锈蚀	导致学生锻炼时受伤	明确责任人定时检查,发现问题及时上报进行更换		
		体育器械缺少防护设施	从体育设施上摔下受伤	铺防护沙或防护垫		
	教学楼等外墙	出现裂缝,墙皮、瓷砖脱落	坠落、断裂、倒塌,伤害师生	定期做好排查,及时消除隐患		
		空调外机等悬挂物时间久,锈蚀严重	坠落伤害师生	查看,视情况及时更新		
	校内建筑工地	外来施工人员情况复杂	发生治安案件、财物失窃案件	1.加强安全教育,提醒学生注意安全; 2.加强与施工方的协调,督促施工方设置警示标志,建立围挡,用警戒绳隔离,防止高空坠物; 3.加强施工人员、设施安全管理; 4.设立施工人员专用通道,有效阻隔施工区域与教学区域、学生生活区域		
		施工车辆进出频繁	发生交通等各种安全事故			
		塔吊等施工机械影响师生安全	发生高空坠物等伤害师生事故			
		工地缺少有效围挡和警示标示,学生进入施工区域	引发学生伤害事件			

一级指标	二级指标	危险源	安全风险描述	应对措施	责任部门	责任人
校园安全	假山池塘	缺少必要的隔离防护设施	发生溺水或坍塌砸伤学生事故	1.增设防护设施,加强教育; 2.校园监控覆盖此处以加强监督		
		警示标志缺失或设立不明显		1.设立醒目的警示牌,加强教育; 2.校园监控覆盖,加强监督		
		假山石头脱落		1.严格要求学生远离假山,禁止攀爬; 2.对假山上的石头进行查验,发现松动及时清除		
		池塘水较深		回填或用防护网覆盖		
	树木	因虫蛀、老化等出现枯枝,清理不及时	易断裂,高空坠落伤害学生	对枯枝等及时清理;每学期开学前要组织专人清理一次		
		树冠大	遇到大风可能倒伏砸伤师生	定时修剪,减小树冠		
		校园道路拐角处树木茂密,阻挡视线	引发道路交通事故	及时清除树枝,尤其是低处的树枝,防止阻挡车辆驾驶人视线		
		树木过高、过密	影响教室采光;强对流天气时引来雷击事故	经常修剪树木		
	板报栏、广告栏	设立时间久,锈蚀不牢固;支架轻,重心高	易倒,伤害学生	明确责任人,定期检查,及时加固		
		玻璃易碎;金属件有刺头、尖锐	张贴时会划伤学生	明确责任人,定期检查,及时更换		
		楼顶广告牌时间久,锈蚀严重	坠落伤人	经常检查,及时拆除、更新		
	旗杆	设立时间久,锈蚀不牢固	易倒,导致学生受到伤害	旗杆维修,刷油漆		
		底座老化,破损	划伤或绊倒学生	利用假期进行底座修缮		
	其他	下水道排水不通畅	汛期易导致校园积水,引发次生灾害	及时疏通排水道,汛期前要重新检查疏通一遍		
		下水道、化粪池等井盖破损缺失	1.师生掉入受伤; 2.流浪狗爬进咬伤师生	及时补充更换		
		校内有水井,缺少护栏和井盖	人员坠井受到伤害	加装护栏,井盖要用锁锁上		
		学校有多个校门	管理难度大,外来人员易混入学校	加强管理,关闭不必要的校门		

表 2 - 9　教职员工管理

一级指标	二级指标	危险源	安全风险描述	应对措施	责任部门	责任人
教职员工管理	准入管理	身体状况、业务能力、政治素质不适合任教条件人员进入学校担任教职	发生伤害学生等问题	严把教职工准入关,将不达标人员排除出教职工队伍		
	日常行为管理	未认真履行教育教学、学生管理、安全管理等岗位职责	疏于管理导致发生安全责任事故	明确教职员工岗位职责,严格落实各项管理制度		
		教育方式方法简单粗暴	发生体罚学生事件	加强教师管理,引导树立正确的教育理念,提升教师职业素养		
		师德失范,不公平对待学生	引发学生心理问题	加强师德教育,严肃查处违反师德行为		
		违法犯罪	暴力伤害学生,性侵学生等恶性事件	1.加强教师法纪教育,严厉打击违法犯罪行为; 2.一经发现,立即报警由司法部门处理		
		教职工吸烟,酒后上课	违反教师职业道德,伤害身体,引发事故	教职工在校内一律不得吸烟,不得酒后上课,遵守教师职业道德		
		患有传染性疾病或精神疾病	传染其他师生或伤害其他师生	对患病教师先安排休息,避免与学生直接接触,确有必要,调离教育岗位		
		教师对学校或上级有关政策不满,得不到有效疏导	引发群体性维权事件	加强民主管理,加强沟通交流,制定、出台、实施涉及教师切身利益政策时,做好稳定风险评估,广泛征求教师意见建议		
	教育培训	教学业务培训不够	教师不能正确履行安全工作职责,不能正确指导学生防范外来侵害	加强业务培训,提升教师职业素养		
		岗位安全职责培训不够				
		管理制度、法律法规培训不够				

表 2‑10　校舍安全

一级指标	二级指标	危险源	安全风险描述	应对措施	责任部门	责任人
校舍安全	学校房舍通用安全	危房、危墙	倒塌伤害师生	1.停用,撤离学生; 2.拆除或加固		
		使用不合标准建材		更换符合要求的建材		
		平房天棚	屋梁虫蛀,屋顶坍塌	清除天棚,或预留观察孔,随时查看屋梁		
		屋面漏雨,长期浸水,屋顶承受力降低	倒塌伤害师生	及时维修		
		天窗未封闭	1.漏雨; 2.人员攀爬到楼顶带来伤害事故	封闭并加装锁具		
		门窗和玻璃松动	易掉落,导致学生伤害	明确责任人,定期检查,及时加固		
		应急照明设施缺失或失效	发生突发事件,影响师生有序逃生	补充完善		
		应急疏散示意图缺失或错误		补充完善或修改错误		
		应急疏散通道堵塞		清理杂物,保持通道畅通		
		用电线路混乱,绝缘皮易于破损	短路,引发火灾或触电事故	1.按规定安装电路; 2.严禁私扯乱拉电线		
		楼梯狭窄	发生踩踏事故	1.加强预防踩踏教育; 2.安排教师疏导秩序; 3.装外楼梯		
		楼房窗户缺少防坠落设施	发生坠落事故	加装防坠落设施		
		吊扇、灯具、投影仪及电教设备、黑板不牢固	坠落事故,伤害学生	定期检查,及时加固		
		一楼楼梯下堆放垃圾、桌椅板凳等可燃物	引发火灾事故	及时清除		
		墙面、地面破损	扭伤、碰伤事故	及时维修		
		玻璃门,不易发现	师生撞到玻璃上受伤	玻璃门要贴上图画或提示语等,醒目		
		防盗窗,全部封闭	发生火灾时难以疏散	改进,留出逃生窗		
		照明设施不符合要求	损害学生视力	改进安装符合要求的照明设施		
		缺少避雷设施或避雷设施损坏、失效	雷击伤害	安装避雷设施,注意位置合理,经常检修		

续表

一级 指标	二级 指标	危险源	安全风险描述	应对措施	责任 部门	责任 人
校舍安全	院墙	院墙低矮，未加装铁丝网及其他防护措施，或防护措施破损	1. 外来不法人员进入校园伤害师生，盗窃财物； 2. 学生未经允许翻墙离校，发生安全责任事故	1. 加高院墙，加装铁丝网等防护措施； 2. 墙内种植蔷薇等带刺植物		
		出现裂缝、松动、墙皮脱落、倾斜等问题	发生倒塌事故，伤害师生	经常检查，及时加固		
		汛期暴雨天气，墙体受雨水浸泡，下陷、倾斜				
	厕所	屋顶漏水，墙体腐蚀严重	倒塌砸伤学生	经常检查，及时维修加固，问题严重的拆除重建		
		照明设施缺失、损坏	易伤害学生	经常检查，随时补充、维修		
		路面缺少防滑措施	学生滑倒摔伤	整修路面，增大摩擦；铺设防滑垫		
		外侧窗户大	外人攀爬进入带来伤害	安装钢筋窗棂		
		厕所卫生状况差	引发疾病	及时清理，保持卫生		
		化粪池盖板破损严重	学生坠入受伤	经常检查，及时维修更换		
	教室	桌椅破损、不牢固	碰伤学生	定期检查，加固或更换		
		使用大功率电器或蜡烛等	引发火灾事故	加强安全教育，严禁此类行为		
		幼儿园使用双层床	幼儿坠床摔伤	幼儿园不允许配备使用高低床，已使用的要及时清除		
		煤炉取暖	煤气中毒事故	疏导烟道，检查漏气点		
	办公室	未安装稳压电源	损坏微机等电器设备	安装稳压电源		
		教师未经允许使用大功率电器		严禁使用大功率电器		
		电器电源不关闭	引发火灾事故	明确要求，相互监督，相互提醒，经常检查		
		电脑多，插排多，线路乱		清理线路，核定用电负载满足要求		
		不及时锁门	财物失窃	落实责任，及时锁门		

一级指标	二级指标	危险源	安全风险描述	应对措施	责任部门	责任人
校舍安全	图书室	书架、书柜陈旧,不稳定	倒塌,砸伤师生	经常检查,及时加固或更换		
		防火、防潮、防虫措施不到位	发生火灾,书籍受潮、虫蛀、损毁	增加灭火设施、干湿度计,定时检查干湿度		
		未安装防盗门、防盗窗	图书被盗	安装防盗门、防盗窗,馆内安装红外线报警器		
	科学实验室	化学药品保管、使用不善	发生学生伤害事件	规范管理,严格使用		
		剧毒、强腐蚀等危险化学品未实行双人、双锁管理	危化物品流失,发生次生灾害事故	严格按照双人、双锁管理,严格登记危险化学品使用情况		
		实验药品存储不符合规范要求	出现化学反应,发生安全事故	严格按照规定分门别类保管化学用品		
		实验室缺少废气、废水、废渣处理设施设备	环境污染,人员伤害、中毒	补充"三废"处理设施设备,避免环境污染及人员伤害		
	微机室	门窗防盗性能差	失窃事件	更新防盗门、防盗窗		
		电路、插座等电器功率不匹配	火灾事故	更换电路,增加荷载		
		总电源或单机电源不及时关闭		明确责任,专人负责,经常检查		
		通风排气设备缺失或不足	损害学生身体健康	补充完善通风排气设备		
	财务室	无防盗报警设备、监控设施	无法及时发现隐患	安装红外线报警设备及监控设施		
		人员出入杂乱	失窃事件	加强管理,控制闲杂人员进出		
		防盗门窗、保险柜配备不符合要求		按规定配备防盗门窗、保险柜		
	过道	楼道堆放垃圾、车辆等	发生突发事件影响逃生	及时清除,保持畅通		
	其他用房	配电室周围无防护设施	易发生触电事故	安装防护设施和警示牌		
		简易餐厅、自行车棚等不牢固	坍塌事故,砸伤师生	经常检查,发现问题及时维修		

表2-11　接送车辆安全

一级指标	二级指标	危险源	安全风险描述	应对措施	责任部门	责任人
接送学生车辆安全	校车安全	车辆未按规定经过公安交管部门技术检测	发生道路交通事故,伤害乘车学生	督促车辆权属单位按规定进行检测、维护、保养,及时消除安全隐患		
		车辆未按规定进行维护保养,技术性能存在安全事故隐患				
		驾驶员未取得校车驾驶资格		建立相关档案,加强对校车驾驶人的监督,不得随意更换驾驶人		
		疲劳驾驶、违规驾驶、酒后驾驶等		联合公安交管部门加强对校车车主、司机、随车照管人员的安全教育与培训,督促校车权属单位、驾驶人、随车照管人员严格遵守《校车安全管理条例》		
		超员、超速,不按既定路线行驶				
		路况差,交通繁忙				
		遇到大雨、雪、浓雾等恶劣天气				
		随车照管人员责任心不强	学生容易失控,发生伤害事故			
	其他车辆	家长自行使用车辆接送孩子	预防道路交通事故	提醒家长遵守交通法规,注意交通安全		
		家长租用其他不符合规定的车辆集中接送学生	易引发道路交通安全事故,伤害学生	1. 向公安交管部门通报情况; 2. 提醒家长注意风险		
		幼儿园违规使用机动车辆集中接送幼儿				

表 2-12　食堂卫生安全

一级指标	二级指标	危险源	安全风险描述	应对措施	责任部门	责任人
食堂卫生安全	食堂资质	未取得餐饮服务经营许可证	违规经营,责任不清	取得资质方可开展生产经营活动		
	工作人员	未经过健康体检,无健康证明	身体健康状况不清楚,引发传染病疫情	经过有资质单位体检,取得健康证上岗		
		未经过岗前培训,无培训证	操作不规范,易于引发食品卫生事故	参加培训合格后上岗		
		非工作人员随便出入食品操作间	污染食品或引发投毒事故	加强管理,严禁非工作人员随意进入操作间		
		工作人员佩戴首饰、涂指甲油等	污染食品,引发食品卫生事故	严格管理,禁止工作人员佩戴首饰、涂指甲油		
		工作不规范,接钱的手直接取放食品		严格管理,按照规程操作		
	食堂设施安全	液化气罐未按规定定期检验,使用时离火源近,导管老化	发生火灾或爆炸事故	1.使用经过检验的燃气罐;2.液化气罐与灶头保持安全距离,尽可能移到操作间外面;3.定期检查,定期更换导管		
		燃气用毕未及时关闭	引发火灾或爆炸	严格按规程操作,及时关闭		
		用电线路混乱,私接乱拉,电器超负荷	引发火灾事故	1.按规定安装电路;2.严格禁止私扯电线		
		炊具清洗不及时,卫生条件差	污损食物,引发食品安全卫生事故,危害师生健康	及时清洗,保持清洁卫生		
		餐具器械消毒不及时,不符合要求	引发食物中毒事故	按要求配备消毒设施,及时对餐具器械进行消毒处理		
		生熟案板混用,案板不能定时消毒	交叉感染,造成食物中毒事故	1.生熟案板全部贴标签,分开使用;2.定期用蒸汽高温消毒		
		冰箱生熟食品混放	交叉感染,造成食物中毒事故	生熟食品存放要分开		
		留样冰箱非专用	留样交叉感染,留样无意义	配备专用留样冰箱		
		食堂地面湿滑	人员滑倒摔伤	及时清理,关键部位增加防滑垫等设施		
		操作间消防设施不足	不能及时消灭初始火情	按要求配足消防设施		
		压力锅炉,操作工未经专业培训,未取得上岗证	违规操作,引发重大安全事故	聘用合格的锅炉工持证上岗		
		私自改装锅炉	爆炸,引发重大安全事故	立即停止使用改装锅炉,购买经过检测的合格产品		
		锅炉房有大量纸张、纸板、木材等易燃物	引发火灾事故	禁止在锅炉房堆放大量的废纸、桌椅板凳等,可留少量引火物		
		其他人员擅自操作使用锅炉	操作失误引发重大安全事故	严禁无资质人员操作使用锅炉		

续表

一级指标	二级指标	危险源	安全风险描述	应对措施	责任部门	责任人
食堂食品安全	食品储存加工安全	原材料存在"三无"产品或已经超期变质	引发食物中毒事故	1.严格原材料采购及登记制度；2.加强原材料库存,落实先进先出原则		
		使用发芽土豆、豆角、韭菜等食材	易造成食物中毒	禁止加工发芽土豆、豆角、韭菜等食材		
		原材料未离地离墙存放	原材料变质导致食物中毒事故	严格按照离地离墙等要求存放		
		食堂门口、库房门口及下水道未按要求安装挡鼠板、挡鼠网	原材料被老鼠啃咬,引发鼠疫	全部安装挡鼠板、挡鼠网		
		留样不规范(量不足、留样未密闭、冷冻储存)	留样不能发挥应有的效能	严格按照规定留样100克以上、密闭冷藏存放48小时以上		
		蔬菜洗涤不干净,烹饪不熟烂,操作流程不规范	易造成食物中毒	加强食堂卫生管理,督促工作人员严格按照规程操作		
		操作间苍蝇多		安装纱窗,悬挂粘蝇纸等灭蝇		
	饮水安全	大桶水、自来水、自备井等水质不达标	饮用水慢性中毒	使用经卫生防疫部门检测合格的人		
		二次供水水质不达标	导致肠道传染性疾病发生	提供开水,或者要求学生自备开水		
		热水设备缺少必要的防护设施	热水烫伤学生	加强教育,加强防护,幼儿园和低龄学生饮水统一管理,专人负责		
		热水器电源插头裸露	发生触电事故	及时修理		
		饮水机清洗不及时	引发肠道疾病	责任到人,定时清洗		
		保温桶未上锁	被投毒引发事故	保温桶全部上锁		

表 2-13 学校卫生安全

一级指标	二级指标	危险源	安全风险描述	应对措施	责任部门	责任人
学校卫生安全	卫生保健机构人员配备	卫生保健人员数量不足,专业技术水平不高	不能正确履行职责,无法及时正确处理突发事件	按照要求配备数量充足的专业人员		
		必备药品储备不足		及时补充必备药品		
		卫生室药品购入渠道不规范	存在药物中毒隐患	加强药品器械采购管理		
	健康档案	未按要求开展学生健康状况调查,学生健康档案不全,体检后情况归档不及时	不了解特异体质学生,引发学生猝死等意外事件	新生入学时应健康体检,建立健全学生健康档案		
		学生健康状况调查时家长刻意隐瞒,对特异体质学生掌握不全,关注保护不够	遇特殊情况无法及时正确处置	1.深入调查排查,健全档案;2.要求家长对学生体质情况签订承诺书;3.针对特异体质学生做好看护工作,班主任、体育老师等加强看守		
	心理健康教育	取得资质的心理健康教师数量不足	心理健康教育不能正常开展;对孩子的心理问题无法及时发现	增加专职心理健康教师,鼓励教职工考取心理咨询师资格证书		
		不重视心理健康教育,活动开展少		重视心理健康教育,充分发挥心理健康教师的作用		
		学生产生心理问题得不到及时疏导	损害学生身心健康	及时排查有心理问题学生,与家长联合做好学生心理疏导工作		

表 2-14 教育教学活动

一级指标	二级指标	危险源	安全风险描述	应对措施	责任部门	责任人
教育教学活动	课堂教学	任课教师迟到或早退,无老师管理,课堂秩序混乱	易发生安全事故,发生突发事件难以有效处置,导致损失扩大	加强管理,督促教师尽职尽责		
		任课教师未及时发现课堂安全隐患,对突发事件处置不力		加强教师对课堂安全问题处置的培训		
		任课教师发现学生缺课,未及时向班主任及学校、家长通报情况,进一步了解学生去向,导致学生失管失控	发生学生走失等安全事故;失管失控,发生安全事故	认真落实家校信息沟通制度		
		学生擅自离开教室		加强任课教师的责任心		
		手工课上使用剪刀等危险器具	使用不当,引发伤害事故	1.教育学生正确使用器具;2.使用过程中严加注意,重点关注调皮学生		

续表

一级指标	二级指标	危险源	安全风险描述	应对措施	责任部门	责任人
教育教学活动	实验课	学生未按照实验规程操作,剧毒、强腐蚀等危险化学品使用不当	发生中毒、烧伤、烫伤、扎伤等事故	加强实验教学,严格要求学生按照规程操作,实验教师加强巡查		
		玻璃器皿破损	割伤、扎伤学生			
		药品、物品不按规定放置	1.伤害师生; 2.物品流失,发生次生事故	按规定放置保管,实验课老师要看管好实验室		
		班额过大,实验工位不足	人员拥挤,易发生事故	1.分批次上实验课; 2.扩大实验室容纳能力		
	户外游戏活动	教师安全意识不强,不能及时发现安全隐患	遇特殊情况无法及时处置	加强教师对课堂安全问题处置的培训		
		体育运动前准备活动不足	学生容易拉伤、扭伤	要求体育教师认真组织学生做好准备活动		
		设施器械周边堆放自行车等杂物	碰伤学生	及时清除		
		低年级学生使用高年级的设施	摔伤等	教育学生选择使用适合的设施		
		训练方法不科学,标枪、铁饼、铅球等器械使用不规范	意外损伤事件	要求体育教师按照教学大纲要求科学组织训练		
		篮球、足球等项目对抗性强	易发生碰伤、摔伤等事故	做好体育课安全教育,避免事故发生		
		活动场面积小,上课的学生多,发生拥挤		科学调度,加强教育,扩大操场面积		
		学生不按教师要求攀爬设施		加强教育、指导,加大监管看护力度		
		学生脱离教师视线,私自离开体育课活动区域	失控,引发安全事故			
	运动会	工作人员缺岗缺位,组织不够严密,入场、退场秩序乱	1.易发生踩踏、摔伤等事故; 2.突发事故难处置,损伤扩大	加强活动组织管理,确保各工作人员及时到位,认真组织,维持好秩序		
		场地、设施存在安全隐患	踩踏或摔伤	提前做好场地平整和设施检查维护工作		
		学生兴奋,难以监管,自我保护能力差	运动性伤害事件	加强教育,正确使用体育器械		
	课间课外活动	值班教师缺岗,看护不够;学生追逐打闹、大声喧哗等	人员失控,发生学生摔伤、碰伤等事故	严格落实值班制度,加强课外活动管理		
		活动场地地面不平	发生扭伤、摔伤事故	整修地面,加强值班管理,落实监管看护责任		

表 2-15 应急管理

一级指标	二级指标	危险源	安全风险描述	应对措施	责任部门	责任人
应急管理	应急预案建设	不实用,可操作性差	发生突发事件无法参照使用	加强预案建设,通过演练不断增强预案的实用性		
		预案与实际情况不符	执行困难	修改与实际情况不相符的地方		
		更新不及时	发生突发事件误导处置	及时更新修改,防止出现错误		
		内容不齐全,缺少必备的组成部分	无法使用	修订完善应急预案		
		未到上级部门进行审核备案	预案缺乏审核,结构不完善,内容不齐全	及时到上级主管部门审核备案		
	应急队伍建设	人员不足	遇到突发事件不能及时处置	扩大队伍,吸收更多的教职工参加		
		人员素质达不到规定的要求		加强训练,满足工作需要		
		队伍老龄化		扩大队伍,吸收更多的教职工参加,必要时可吸收部分家长作为志愿者参加		
	应急物资储备	物资储备不够	物资太少,不能及时处置突发事件	增加物资储备,及时购置新装备		
		物质储备存放后不便于取用	发生突发事件时取不出,耽搁事件的应对处置	放在固定地点及便于取用之处		
		物资储备地点乱,放在不同的地方	发生突发事件时找不到物资,耽搁事件的应对处置	集中存放,专人保管		
		物资保管不善,损坏严重	没法使用	安排专人负责定时检查维修保养		
	应急疏散演练	形式化严重,实效性差	达不到演练目的,不能提升师生逃生疏散水平	加强演练的实效性,逐步实现不预先通知,听到警报就主动有序撤离		
		演练时教师未到达指定的地点引导学生	可能发生踩踏、摔伤等事故	及时安排教职工到达指定地点		
		学校楼梯狭窄		安排好次序,让学生错时撤离		
		师生对演练重视不够,演练过程中不严肃认真,存在嬉笑打闹等现象	达不到演练目的,不能提升师生逃生疏散水平	加强安全教育,加强过程监督		

第3章
幼儿园信息化数据处理及安全风险评估

3.1 幼儿园危险源数据清洗

3.1.1 危险源数据清洗的概念

危险源的数据量是海量的,统计数据时不乏大量不符合要求的数据,如残缺数据、错误数据、重复数据等,这样会给后续的操作带来诸多的不便,因此,数据的清洗则显得非常重要,尤其是幼儿园的危险源数据清洗会直接影响到园长及教师的数据分析,给安全决策提供错误的信息。

对于一个家庭来说,幼儿是家长希望的承载,而对于老师来说,幼儿是家庭幸福、社会和谐的关键,所以,对于幼儿园园长来说,幼儿安全管理工作是极其重要的。下面我们一起探讨幼儿园危险源有哪些,以及如何对这些危险源采取防护措施。幼儿园危险源可以大概分为以下几类:建筑类、污染类、设备类以及其他类,其中,建筑类幼儿园危险源主要有摔伤、砸伤、碰伤、坠伤;污染类幼儿园危险源主要包括噪声污染、环境污染;设备类幼儿园危险源主要包括玩教具不符合标准、玩教具使用不当;其他类幼儿园危险源包括幼儿与幼儿之间产生矛盾引起的争执打闹,幼儿本身不小心引起的摔伤、滑倒等。

数据清洗是指删除数据文件中重复的数据、处理无效的数据、寻找并纠正错误的数据以及补充缺失的数据,是数据文件中可识别错误的最后一道程序,最终获得符合我们可以进行下一步加工的数据。数据清洗与问卷审核不同,录入后的数据清理一般是由计算机而不是人工完成。幼儿园的危险源数据清洗则是指将收集到的危险源数据利用计算机去除不符合要求或错误的数据。

由于危险源数据是面向幼儿园内某一特定主题的数据集合,它们来自多个不同的系统,数据类型众多、纷繁复杂,因此我们所获得的数据,在搜集时几乎没有经过任何处理,那么这些数据就避免不了有的是错误数据或数据之间有相互冲突,而这些错误的、有冲突的数据显然不是我们需要的,它们被称为"脏数据"。脏数据主要表现为:不正确的属性值、重复记录、拼写问题、不合法值、空值、不一致值、缩写词不同、不遵循引用完整性等。此外,在数据仓库从多数据源中抽取数据时,由于每个数据源数据库表结构的设计可能不同,当完成从多数据源到数据仓库的迁移时,同样会产生一些错误或者冗余信息。若不进行清洗,这些脏数据会对建立的数据仓库系统造成不良影响,扭曲从数据中获得的信息,影响数据仓库的运行效果。此时,为了使数据仓库系统中的数据更加准确和一致,消除重复和错误数据就变得十分重要。简单来说,数据清洗就是从数据源中转化不同格式数据,清除错误值和重复记录,即利用记录匹配或者预定义的清洗规则等,从数据中检测和消除错误数据、不一致数据和重复数据,从而提高进入数据仓库的数据的质量。在数据存储、分析、挖掘、机器学习或是可视化实现之前,做好相关的数据清洗工作意义重大,能有效提升幼儿园的危险源数据的准确性,为后续信息化操作提供强有力的保证。数据清洗由于工作量大,一般采用聚类、模糊的方式去除大部分数据,但要使最终的数据准确无误、可有效操作,将是一个反复的过程,那么选择正确的数据清洗方式也具有十分重要的意义。有效的数据清洗方法除了可以将不需要的数据清洗出来之外,还可以使得后续的工作可以更好地开展,提高工作效率。

3.1.2　危险源数据清洗的原理

随着幼儿园信息化管理的发展,越来越多的数据需要被集成来满足分析的需要,保证数据迁移集成的完整性。数据清洗往往不是单独进行的,需要和数据转换同时进行,主要用于异构数据源的集成。

数据清洗实际上就是利用统计设计方法、数据挖掘方法或预定义的数据清洗规则等方法,将脏数据转换为满足质量要求的数据。

幼儿园的危险源数据清洗按照实现方式与范围,可分为以下 4 种。

1.手工实现

通过人工检查,只要投入足够的人力、物力与财力,也能发现所有错误,但效率低下。在海量数据的情况下,手工操作实现危险源数据清洗几乎是不可能的。

2.信息化处理

这种方法使用比较普遍,也是需要重点掌握的。例如,采用 EXCEL、SQL 数据库等方法,通过计算机来自行处理危险源数据的脏数据,保证数据的准确性。

3.大数据应用分析

此种方法是通过大数据的概率统计与分析处理数据的,如 Hadoop 是以一种可靠、高效、可伸缩的方式进行数据处理的;高性能计算与通信(high performance computing and communications,HPCC)具有支持太位级网络传输性能,开发千兆比特网络技术,扩展研究和教育机构及网络连接能力;Storm 是自由的开源软件,一个分布式的、容错的实时计算系统;Apache Drill 可实现海量数据集的分析处理,包括分析抓取 Web 文档、跟踪安装在 Android Market 上的应用程序数据、分析垃圾邮件、分析分布式构建系统上的测试结果等;Pentaho BI 平台构建于服务器、引擎和组件的基础之上;等等。这些提供了系统的 J2EE 服务器、安全、portal、工作流、规则引擎、图表、协作、内容管理、数据集成、分析和建模功能。

4.与特定应用领域无关的数据清洗

此类操作主要集中在清洗重复记录上。

在以上 4 种方法中,后两种具有某种通用性以及较大的实用性,引起了越来越多的关注,将成为今后发展的趋势。但是不管哪种方法,都由 3 个阶段组成:数据分析、定义;搜索、识别错误;修正错误。

第一阶段:数据分析、定义。尽管已有一些数据分析工具,但目前数据清洗仍以人工分析为主,在分析过程中,通常会把错误类型分为两大类:单数据源与多数据源,并将它们又各自分为结构级错误与记录级错误,这种分类方法非常适合于解决数据仓库中的数据清洗问题。

第二阶段:搜索、识别错误。有两种基本的思路用于识别错误:一种是发掘数据中存在的模式,然后利用这些模式清洗数据;另一种是基于数据的,根据预定义的清洗规则,查找不匹配的记录。相比较而言,后者会用的更多。

第三阶段:修正错误。某些特定领域能够根据发现的错误模式,编制程序或借助外部标准文件、数据字典在一定程度上来修正错误,如对于数值字段,有时能根据数理统计知识自动修正,但经常须编制复杂的程序或者借助人工干预完成。

在幼儿园的危险源数据库领域中,数据清洗一般是指第四类:与特定应用领域无关的数据清洗。

数据清洗路径如图3-1所示。

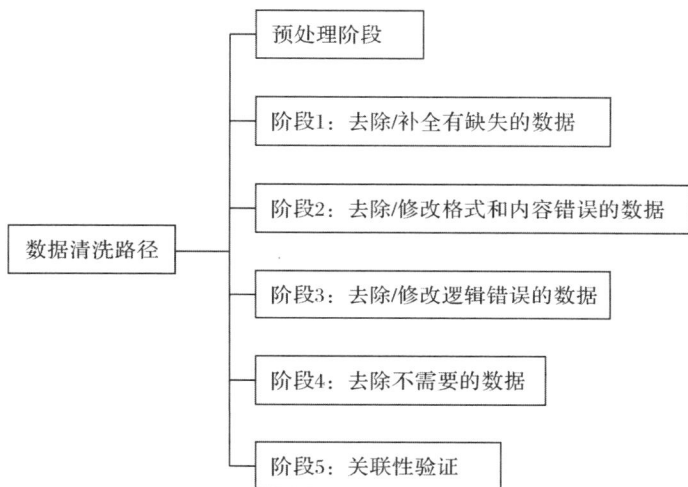

图3-1 数据清洗路径

3.1.3 危险源数据清洗的类型

1. 残缺数据

这一类数据主要是一些应该有的信息缺失,它们产生的原因是数据仓库中的数据来源广泛且没有足够的针对性,这就容易导致一些本应该有的信息缺失了。如幼儿园的一些潜在危险可能会被忽略,其中包括幼儿与同伴之间产生的吵架与纠纷可能会导致幼儿在身体或心理上形成危险以及幼儿日常生活的环境所含有的危险等,对于这一类数据,要将缺失的数据过滤出来,然后按缺失的内容分别写入不同 Excel 文件向下一步的操作者提交,并且要求在规定的时间内补全,补全后才写入数据仓库进行下一步的操作。

2. 错误数据

这一类数据主要是在输入数据的过程中产生的一些基础错误,它们产生的主要原因是获得数据源的幼儿园软件系统不够健全,没有相关的错误信息提示,导致在接收并输入危险源数据后没有进行任何处理就直接写入了仓库。比如,幼儿的年龄输成全角数字字符、幼儿的姓名后面有一个回车操作、日期格式不正确、日期越界、中英文字符错误等。这一类数据也要分类,对类似于全角字符、数据前后有不可见字符的问题,只能通过写 SQL 语句的方式找出来,可以使用数据库函数把数据转换成不同的格式,直至将错误的数据纠正过来使得能以查询结果的形式直接导出或是存放到另一个字段中去。例如,日期格式不正确或者日期越界这类错误会导致 ETL (extract-transform-load 的缩写,用来描述将数据从来源端经过萃取(extract)、转置(transform)、加载(load)至目的端的过程)运行失败,这就要求园内负责信息的管理人员在系统修正之后抽取。

3. 重复数据

重复记录的清洗是数据清洗过程中最关键的问题,每一条园中的危险源数据信息,数据库或数据仓库中应该有且只有一条与之对应的记录。但在对多个数据进行集成时,由于实际数据中可能存在数据输入错误、格式错误、拼写存在差异等各种问题,导致数据库管理系统(database management system,DBMS)不能正确地识别出标识同一危险源数据的多条记录。

这些重复的危险源记录称作"相似重复记录"。相似重复记录是一种常见多记录型脏数据,它的存在将造成以下问题。

第一,损害信息的一致性。多条相似重复记录在数据库中以不同的主键来标识,危险源数据的信息可能互为补充,但存在冗余,甚至互相矛盾的问题。当危险源数据发生状态改变时,管理员会更新这些相似重复记录中的某个"代表记录",而其余的记录往往得不到同步更新,这样会更进一步损害信息的一致性。

第二,资源浪费。相似重复的危险源数据记录不仅会造成数据库中的数据多余,浪费存储空间,更坏的情况是可能使识别更加困难。例如,幼儿园为了保持与家长的联系,经常会分发给家长一些关于幼儿园或幼儿的资料,如果信息系统中的家长数据存在相似重复记录,则有些资料会找不到"接收人",而有些家长会因为收到多份重复资料而抱怨。

解决相似重复记录问题就是要对危险源数据集合中的记录进行对象识别,即根据记录所包含的各种描述信息来确定与之相对应的现实实体。如果数据记录具有这样的属性集(或者属性),它能唯一标识实体,这时只要对两个记录集在该属性集上作等值连接,就可以完成对象识别过程。如果不存在这样的属性集,而且数据中可能还存在各种各样的错误时,则需要精确的记录匹配技术,如使用跨平台的 MySQL 数据库中,使用函数或自定义方法来实现。

检测和消除重复记录的问题是数据清洗和数据质量领域研究的主要问题之一,其核心就是匹配与合并问题。匹配与合并问题一直是数据集成的重点和难点,危险源数据记录的匹配和合并的完整性和准确性是非常重要的。不完整、不准确和不可靠的危险源数据匹配会影响从危险源数据集中抽取数据的正确性,建立错误的数据挖掘模型,会使得应用于数据仓库前端的幼儿园决策支持系统产生不准确的分析结果和决策,导致幼儿园对危险源数据的管理出现错误,影响信息服务的质量。例如,对危险源数据有着错误的认识会导致决策失败,对某个幼儿的安全没有充分的认识可能会导致安全隐患随时发生。

重复记录清洗的基本过程一般有以下几个步骤。

1)预处理

首先,选择属性。选择用于危险源数据记录匹配的属性。由于数据集中记录的属性很多,因此在进行记录匹配时需要进行属性选择,选择能代表记录特征的属性,这需要数据清洗人员对危险源数据本身的含义有深入的了解。目前还没有统一的算法来进行属性选择,但可根据经验或一些原则进行参考。以下三类属性不适合作为特征属性,只能作为匹配时的参考:冗余属性、值缺失严重的属性以及重复值太多的属性,例如,对于性别字段,有许多记录包含相同的信息而不是重复记录。

其次,给属性分配权值。根据危险源数据属性在决定两条记录相似性中重要程度的不同,为每个属性分配不同的权重。

危险源数据属性的权重表明一个属性在决定两条记录相似性中的重要程度。由于记录中不同属性对反映记录特征的贡献是不平均的,因此在衡量两条记录的相似度时,不同的属性应赋予不同的权重,重要程度大的,分配给它的权重就大。如姓名属性显然要比性别属性的权重要高,因为姓名比性别更能反映一条记录的特征。例如,在进行危险源数据资料的数据清洗中,根据属性选择得出的属性有危险源数据名称、危险源数据来源、危险源数据伤害等,此时可以考虑给危险源数据名称属性赋予0.5的权重、赋予危险源数据来源属性的权重为0.3、赋予危险源数据伤害属性的权重为0.2,而记录中其他属性的权重都赋值为0,所有属性权重的和等于1。

2)重复记录检测

该阶段要解决的问题包括危险源数据字段匹配问题和记录匹配问题,其中字段匹配问题是核心。

3)数据库级的重复数据聚类

该阶段是在数据库级中应用检测重复危险源数据记录的算法以减少危险源数据记录比较的范围,从而对整个数据集中的重复记录进行聚类。

检测重复记录的最好方法是每条记录都和数据集中其他所有的记录逐个进行匹配比较,该方法的计算复杂度是 $N(N-1)/2$(N 为数据集中的记录条数)。在进行记录匹配操作之前,通常需要采取某种方法将潜在的可能重复记录调整到某个相邻的位置空间,从而对于特定的记录可以将记录匹配对象限制在一定的范围之内。一般采取生成排序关键字对危险源数据集排序的方法,抽取记录属性的一个子集序列或属性值的子串,为数据集中每条记录计算键值。根据该排序关键字将整个危险源数据集进行排序,这种方法对排序关键字有一定的依赖性,当选取的排序关键字不恰当或者其中包含错误时,很可能使潜在的可能重相较远面不能在邻近的范围内进行匹配比较。

4)冲突处理

该阶段是根据一定的规则合并或者删除检测出的同一重复危险源数据记录,只保留其中正确的记录。在整个重复记录的清洗流程中,重复记录检测和数据库级的重复记录聚类是其核心步骤。

3.1.4　危险源数据清洗的方法

1.数据清洗技术

1)基于函数依赖的数据清洗技术

基于函数依赖的数据清洗技术,可解决数据异常、重复、错误、缺失等问题,能够在数据预处理环节对脏数据进行清洗,从数据源处减少噪声数据,提高数据清洗效率。该数据清洗技术可广泛应用于移动互联网数据分析等领域,具体应用步骤如下。

(1)建立数据库。根据清洗特征建立数据库,在数据库中存储有质量问题的待清洗数据,对数据库进行优化,生成原始数据库。

(2)数据筛选。对原始数据库中的噪声数据进行分析,利用语义关联挖掘隐藏在字段间的关系,即字段间的函数依赖关系,进而确定数据的待清洗属性。

(3)数据查找。根据字段间的函数依赖关系找出原始数据库中存在差异的数据,建立其高阶张量属性集。

(4)数据清洗。在原始数据库中找出可信度较低的字段,利用字段间的函数依赖关系清洗字段和数据,并对数据进行修复。

(5)数据获取。在数据库中更新清洗后的数据,生成目标数据库集,并对清洗过程进行记录,生成清洗日志。清洗日志主要包括原始数据、清洗时间、清洗操作、清洗后数据等信息,为日后数据处理和数据质量分析提供记录依据。

2)相似重复数据清洗技术

在大数据中,相似重复数据是数据清理的重点,具体表现为多种形式的记录描述目标却相同,或多条同样记录表达同样含义,其产生的原因多种多样,主要包括数据录入拼写错误、存储类型不一致、缩写不同等。由于相似重复数据的识别难度较大,所以必须借助重复检测算法进行检测,以保证相似重复记录数据的清洗效率,避免数据冗余。相似重复数据检测是对字段和记录是否存在重复性进行检测,前者主要采用编辑距离算法,后者却主要采用优先列队算法、排序邻居算法、N-Gram 聚类算法等。

3)基于排列合并算法的数据清洗技术

基于排列合并算法的相似重复数据清洗流程如下:①分析源数据库的属性段,确定属性的关键值,根据关键值按照自上而下或自下而上的顺序排列源数据库中的数据。②对数据库中的记录进行扫描,并将扫描后的数据与相邻数据进行比较,按照算法计算相邻数据的相似度。③系统预设阈值,根据阈值评价计算出来的相似度是否在规定范围内,如果超过阈值,则说明这些相邻的数据或记录属于相似重复记录,采用合并数据或删除的方式处理数据;如果未超过阈值,则按照顺序继续扫描下面数据。④在数据全部检测之后,输出检测后的数据。

4)不完整数据清洗技术

大数据时代下,在数据上报或接口调用时会存在大量不完整的数据,严重影响着数据质量。不完整数据主要包括属性值错误和空值,其中用于前者的检测方法有关联规则法、聚类方法、统计法,上述方法均通过总结规律对错误值进行查找,找到错误值后予以修复;后者的检测方法以人工填写空缺值、属性值为主,其中空缺值包括最小值、最大值、中间值、平均值或概率统计函数值。在不完整数据清洗中,一般按照以下清洗流程进行:估计数据源的缺失值参数,为数据清洗提供依据;利用数据填充算法填充不完整数据的缺失值;填充后的数据为完整数据,将完整数据输出。

5)不一致数据修复技术

大数据环境下,数据源受多种因素的影响,违反完整性约束,造成大量不一致数据的产生。在数据清洗中,要利用不一致数据修复技术使不一致数据符合完整性约束,进而保证数据质量。数据修复流程如下:检测数据源中的数据格式,对数据格式进行预处理;检测预处理数据后的数据是否符合完整性,如果不符合,则要修复数据;如果在数据修复之后依然存在与数据完整性约束不一致的情况,则要再次修复数据,直到数据符合要求;数据修复完成后,将其还原成原格式,为数据录入系统打下基础。

2.数据清洗方式

1)删除缺失数据

当危险源数据的数据源很多,并且出现缺失的数据在整个数据仓库中所占的比例相对较小的情况下,我们可以使用将缺失的数据样本直接丢弃的方法,这种方法是最简单有效的方法,也是危险源数据清洗中最常见的一种方法。

2)均值填补法

先将缺失危险源的数据选出来,根据缺失数据的属性相关系数最大的那个属性将数据分为多个组,然后分别将每个组的均值计算出来,再将这些均值放置到缺失的数据中,这种将缺失数据的均值替代缺失数据的方法也是数据清洗过程中很常用的一个方法。

3)热卡填补法

热卡填补法是先在数据库中找到一个与包含缺失危险源数据的变量最相似的对象,然后将这个相似对象的值放到缺失的数据中,让相似对象替代缺失的数据。在不同的情况下,要选用不同的标准来对缺失数据的相似对象进行判定。最常见的用来判定相似对象的方法是使用相关系数矩阵来确定哪个变量(如变量 Y)与缺失数据所在变量(如变量 X)最相关,先将与缺失数据变量相关的变量筛选出来,然后将所有筛选出来的变量按取值大小进行排序,那么变量 X 的缺失值就可以用排在缺失值前的个案的数据来代替了。

4)建模法

当缺失数据较多,属性重要程度较高时,可以对缺失数据通过建立回归、贝叶斯、随机森林、决策树等模型来进行预测。例如,利用数据仓库中其他数据的属性,可以构造一颗判定树,继而预测出缺失数据的值。

异常值通常被称为"离群点",对于异常值的处理,通常使用的方法有下面几种:

(1)简单的统计分析。首先对所拥有的数据进行一个简单的描述性统计分析,可以计算出它们的最大值、最小值等,那么我们就能通过最大值和最小值来判断这个变量的取值是否超出了合理的范围,如幼儿园的危险源个数为－30,幼儿园中幼儿的年龄为 300,很显然这些数据都是不符合常理的,为异常值,我们要对它进行处理。

(2)3∂原则。如果数据仓库中的危险源数据遵从正态分布,那么在 3∂ 原则下,一组测定值中与平均值的偏差超过 3 倍标准差的值就为这组变量中的异常值。例如,幼儿在园内的平地上不小心摔了一跤,如果在数据服从正态分布的情况下,距离平均值 3∂ 之外的值出现的概率为 $P(|x-u|>3\partial) \leqslant 0.003$,这种情况属于极其稀少的小概率事件。如果在数据不遵从正态分布的情形下,我们也可以利用远离平均值的标准差来对异常值数据进行描述和处理。

(3)箱型图分析。在箱型图分析方法中,它建立了一个识别异常值的标准:如果一个数据值小于 QL＋1.5IQR 或大于 OU－1.5IQR,则将它称为一个异常值。QL 为下四分位数,它代表的意思是在所有的观测值中有四分之一的数据值比它小;QU 为上四分位数,它与 QL 恰好相反,表示的意思是在所有的观测值中有四分之一的数据值比它大;IQR 为四分位数间距,它表示上四分位数 QU 与下四分位数 QL 的差值,其中包含了所有观测值的一半。箱型图判断异常值的方法以四分位数和四分位距为基础,四分位数具有鲁棒性:25％的数据可以变得任意远并且不会干扰四分位数,所以异常值不能对这个标准施加影响。因此,箱型图识别异常值比较客观,在识别危险源数据异常值时有一定的优越性。

(4)基于模型检测的方法。首先建立一个数据模型,那些不能与这个数据模型完全拟合的数据值即为异常值;如果这个数据模型是簇的集合,那么不明显属于任何簇的对象的值即为异常值;如果这个模型是回归模型,那么远离预测值的数据值即为异常值。

基于模型检测的方法有如下优缺点:当存在充分的危险源数据和所用的检验类型的知识时,这些检验可能非常有效;然而对于多元危险源数据,这种方法所能提供的选择就变得少了,并且对于高维数据,这种检测方法的有效性很差。

(5)基于距离的方法。基于距离的方法是通过在危险源对象之间定义一个邻近性度量,那些远离其他危险源对象的对象即为异常值。

基于距离的方法有如下优缺点：这种方法很简单，不需要进行很多复杂的操作。然而，基于邻近度的方法需要算法中基本操作重复执行，在大数据集的情况下不太适用；它无法处理具有不同密度区域的数据集，因为它使用全局阈值，不能考虑这种密度的变化；该方法对参数的选择也是敏感的。

（6）基于密度的方法。基于密度的方法是通过观察一个点的局部密度，当一个点的局部密度显著低于它的大部分近邻时，那么这个点就为异常值，这种方法适用于非均匀分布的数据。

基于密度的方法的优缺点如下：它给出了对象是离群点的定量度量，即便危险源数据在不同的区域，这种方法也能对它进行很好的处理，在这种情况下，基于密度的方法是基于距离的方法的一个改进。然而，它与基于距离的方法相同的是，它们都必然具有算法中基本操作重复执行次数的时间复杂度，对于低维数据使用特定的数据结构可以达到快速排列；同样地，这种方法的参数选择也极其困难。虽然算法通过观察不同的 k 值，取得最大离群点得分来处理该问题，但是，仍然需要选择这些值的上下界。

3.1.5 实例分析（以幼儿园危险源数据管理为例）

图 3-2 是一张完整的幼儿园危险源数据清单。

序号	环节	危险源数据	导致伤害
1	入园晨检	幼儿携带小物品等危险物入园	可致幼儿身体内、外伤害
2	入园晨检	幼儿洗手、喝水地面湿滑	幼儿摔倒受伤
3	入园晨检	幼儿在走廊内追逐	打闹摔伤
4	入园晨检	教学玩、教具，区域活动材料使用不当	1、教具损坏容易伤到孩子的手 2、剪刀等刺伤 3、胶水、小玩具等误食、咬含 4、黑板架绊倒幼儿 5、铅笔等尖锐的东西戳伤幼儿 6、挂图等纸质教具划伤皮肤
5	入园晨检	个别幼儿独自入园进班	1、丢失幼儿 2、发生意外，教师不能及时发现
6	入园晨检	桌椅、凳等外露的钉子	划伤幼儿身体、磕碰幼儿身体
7	入园晨检	幼儿衣着有绳子、配饰等	勒伤、扎伤
8	入园晨检	自带食品、处方药品等	意外伤害
9	入园晨检	幼儿精神不振、身体不适	可能诱发疾病
10	早操	户外场地垫突起，雨雪天气湿滑	绊倒、滑倒、摔倒
11	早操	幼儿密度大，活动场地小	与别的幼儿撞伤、碰伤
12	早操	体育器械有损坏	伤害幼儿
13	早操	楼梯台阶陡峭、拐弯处老师看不到幼儿；外出活动在楼梯上打闹	1、不能及时发现幼儿的危险行为 2、摔伤幼儿
14	早操	幼儿进行活动时动作不规范	幼儿肌肉拉伤、摔伤
15	早操	没有户外活动场地	幼儿摔伤
16	早操	幼儿衣着有绳子、配饰等	勒伤、扎伤
17	早操	体育器械不能正常使用	打伤幼儿

图 3-2 幼儿园危险源数据清单样表

(1)当有"残缺数据"时,如图3-3所示。

| 5 | 入园晨检 | | 丢失幼儿
发生意外,教师不能及时发现 |

图3-3 幼儿园危险源数据残缺

解决方法如下:在EXCEL中,选中"危险源数据"所在列→选择"数据"→"数据"→"筛选"→"空白",即可找出残缺的数据记录。

(2)当有"错误数据"时,如图3-4所示。

| 4 | 出园晨检 | 教学玩、教具、区域活动材料使用不当 | 1、教具损坏容易伤到孩子的手
2、剪刀等利伤
3、胶水、小玩具等误食、咬合
4、黑板架绊倒幼儿
5、铅笔等尖锐的东西戳伤幼儿
6、挂图等纸质教育划伤皮肤 |

图3-4 幼儿园危险源数据错误

很明显,样表中只有"入园晨检"和"早操"两个环节,而输入时可能由于误操作出现如图3-4所示的"出园晨检"。

解决方法如下:在EXCEL中,采用设置"数据有效性"来解决。具体方法如图3-5至图3-7所示。

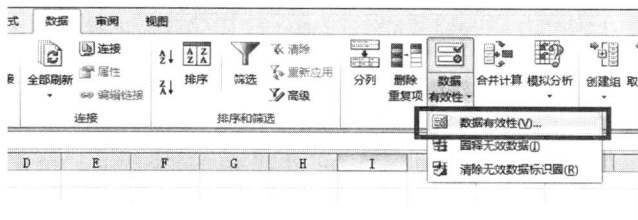

图3-5 数据有效性选择

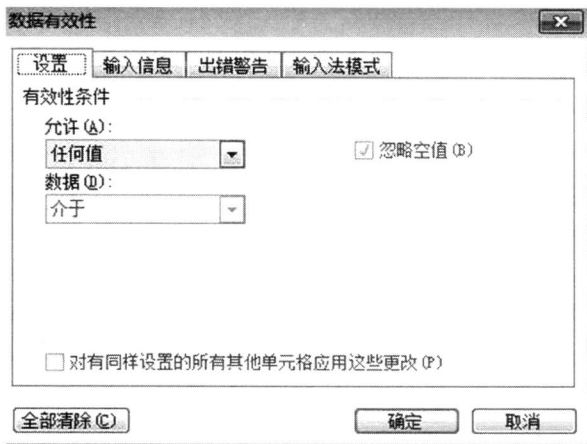

图3-6 数据有效性设置

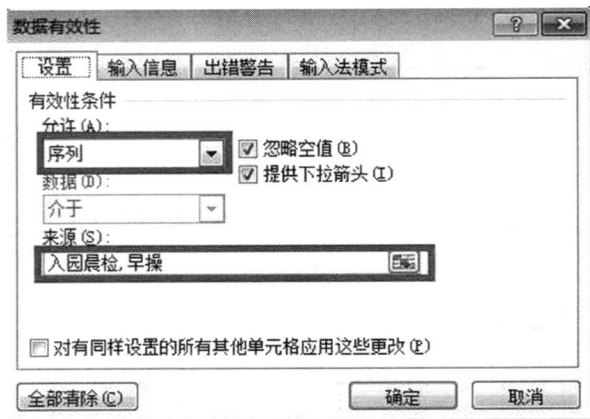

图 3-7 有效性设置与输入

(3)当有"重复数据"时,如图 3-8 所示。

图 3-8 幼儿园危险源数据重复

解决方法如下:在 EXCEL 中,采用设置"删除重复项"来解决。具体方法如图 3-9 至 3-11所示。

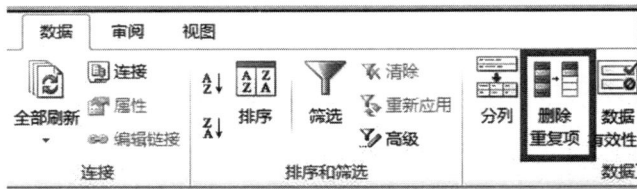

图 3-9 选择删除重复项

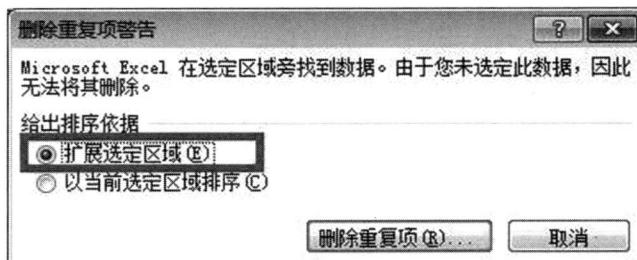

图 3-10 选择扩展选定区域(默认)

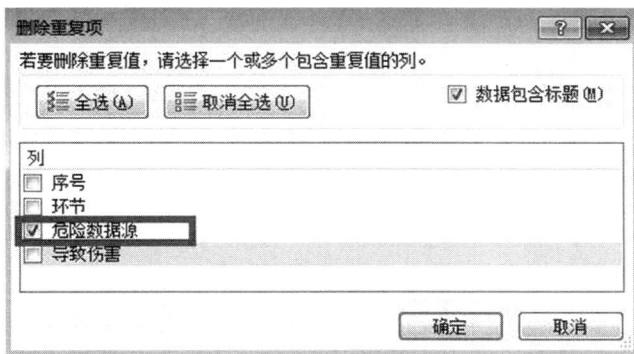

图 3 - 11　选择所在列

3.2　幼儿园危险源数据筛选

当今社会中,人们普遍认同幼儿教育在幼儿成长以及幼儿接触世界、认知世界的过程中起着极其重要的作用。然而,幼儿年龄小,缺少安全知识经验,缺乏独立行为能力,又活泼好奇、好动、好探索,什么事情都想看一看、摸一摸、动一动,对接触到的危险事物常常意识不到其危险性,缺乏自我保护能力,安全防范意识薄弱,因此往往不能做出正确的判断,不能预见行为后果,面临危险时不会保护自己。幼儿安全是对幼儿进行幼儿教育活动最基本的保障,也是对幼儿进行教育的目的之一。幼儿教育中出现的幼儿安全问题大多都是发生在幼儿园中的,幼儿园必须把保护幼儿生命安全和促进幼儿健康放在首位。幼儿在游戏和生活中经常会遇到一些危险的事情,他们身边经常会存在一些潜在的危险因素,这些存在幼儿园中的危险源往往是十分隐蔽,不易被发现的。危险源的存在不仅严重危害了幼儿的人身安全,同时也限制了教师和幼儿进行其他的教育活动。因此,幼儿园要想做好幼儿园安全工作,就必须寻找到危险源,然后有目的地加以预防和控制。

为了使教师和幼儿尽可能地避免幼儿园中的危险源,我们需要搜集整理出幼儿园中可能造成幼儿危险或潜在危险的危险源的数据信息,通过数据筛选的方法来获取危险源数据有效信息,判断并识别危险源,同时系统地总结出幼儿园辨识危险源的方法,帮助教师和幼儿在日常教学生活中辨识和避免危险源,确保进行正常教育活动的同时也保证幼儿在园内的安全成长。首先,通过网络、书籍、报刊等各种资源,收集整理幼儿园容易发生的相关安全事故、幼儿园中经常对幼儿进行安全教育的主题活动、幼儿园中幼师平常重点关注的幼儿安全问题……然后将数据信息进行统计并简化成具体的危险源。其次,利用数据筛选的方法对整合的数据进行筛选,提取有效的数据信息,同时保证数据的充足性、可靠性、真实性。最后,进行数据分析、整理和总结,确定幼儿园中危险源的种类、危险等级和危险程度。并针对数据结果,向幼儿园展示危险源的数据调查结果,制定相关合理的安全措施,如增加提示语、提高幼师对幼儿的安全教育、排除危险源等,从而提高幼儿园中的每一位相关人员的安全意识,确保幼儿在一个更加安全的环境中进行启蒙学习。

3.2.1　危险源数据筛选概述

数据筛选是通过一系列方法和算法从庞大的数据群中挑选、整合、获取有效数据信息的过程。随着计算机的快速发展，在当今大数据时代背景下，数据的聚集呈现出快速累积的特点。伴随而来的是大量数据累计造成的数据杂乱、信息量庞大以及数据不精准等问题。数据筛选的出现在很大程度上解决了上述问题，数据筛选不仅提高了有效数据的获取速度，同时也提高了收集存储的相关数据的可用性，有利于后期的数据分析。

危险源数据筛选在幼儿园活动中会经常使用。实际中遇到的数据量往往是巨大的，为了保证所用的方法能够在原始数据的支持下得以实现，必须要对危险源数据进行筛选，使得解决方法简单化，从而保证分析结果的真实性与准确性。同时，我们又要保证筛选出来的危险源数据具有代表性，使结果更加准确与真实。

提高数据收集、存储环节中危险源数据的真实性和可用性是数据筛选的目的，同时也利于后期分析和总结。这些危险源数据能传达某种信息规律以反映幼儿园现实的问题，由于在收集数据时只是尽可能地收集相关数据，并没有完全考虑到数据在未来的用途，且并未完全掌握数据将反映的现实意义和问题，因此筛选的过程不仅可从大量数据中提取有用的数据信息，而且还能反映出数据背后的实际含义。有时可能需要将不同的数据源汇总在一起，从中提取所需要的数据，这就需要解决可能出现的不同数据源中相同数据不同名称、不同表示或者数据结构相异等问题。可以说，数据筛选是一个从庞大数据信息中，通过一系列的算法或方法来整理数据、找出有效数据的过程，数据筛选的最终目的就是为数据分析提供充足可靠的依据。

要充分了解自己想要获取的信息，才能通过适当的算法在庞大的数据信息中获取有价值的信息，然后将这些信息映射到需求的数据中，判断所需数据哪些是主要的和哪些是次要的，最后用适当的算法从大量的信息中筛选出有用的数据，并且利用辅助工具整合数据，分析数据的规律，总结出数据所反映的实际现象。

在幼儿园实际问题的解决中，危险源数据筛选具有很重要的作用。数据筛选得到的是所有数据信息的代表，它不仅能有效地展示数据的特性，而且能帮助幼儿园管理人员利用有效的数据信息解决园内实际问题。

3.2.2　危险源数据筛选流程

危险源数据筛选的流程一般分为数据抽取、数据加载和数据清理三个步骤。

第一步是数据抽取。大量的危险源数据对应着大量的幼儿园信息，数据抽取的主要任务是统一数据的格式，把来自不同危险源中的数据按照一定的格式放入数据库中。当然，不同数据源使用的数据类型不同，有简单的情况，也有复杂的情况，所以数据抽取可以分为两种情况：数据源与数据仓库使用的是相同的数据库和数据源与数据仓库使用的是不同的数据库。当数据来源于数据仓库使用不同关系型数据库时，就需要先将数据库中的数据文件导出为规定格式的文本文件或者其他格式的文件类型，再将导出的数据库文件导入指定数据库，这样对最后分析的时候统一抽取需要的数据很方便。

第二步是数据加载。一个好的增量抽取机制要满足数据转换过程中的逻辑要求和加载后目标表的数据正确性,不能对幼儿园业务系统造成太大的压力,影响园内正常系统的运行。同时,数据加载的性能和作业失败后可恢复重启的易维护性也是非常重要的。当数据加载到数据库的时候,有全景加载和增量加载两种方式,全景加载是全表删除后再进行数据加载的方式,增量加载是指目标表只更新源表变化的数据。全景加载从技术方面来看,比增量加载简单,只要在数据加载之前清空目标表再全部导入源表数据就可以了。但是,往往因为数据量、系统资源和数据的实时性要求,需要使用增量加载的方式。当然,增量加载是有难度的,其难度在于必须设计正确有效的方法,从数据源中抽取变化的数据,以及虽然没变化但受到变化数据影响的源数据。同时,将这些变化的和未变化但受影响的数据在完成相应的逻辑转换后更新到园内数据仓库中。

第三步是数据清理。数据清理的目的就是不让有错误或者有问题的危险源数据进入运算过程。数据清理用来自多个联机事务处理系统的数据生成数据仓库进程的一部分,一般在计算机的帮助下完成,包括数据有效范围的清理、数据逻辑一致性的清理和数据质量的抽查。编码或资料录入时的错误会影响到测量的效果。数据清理主要解决数据文件建立过程中的人为误差,还有数据文件中一些对结果影响大的特殊数值。常用的数据清理方法有可编码式清理和联列式清理。

数据清理包含缺失数据处理、重复数据处理、异常数据处理以及不一致数据整理四个部分。数据缺失是常见的情况,但是为了得到完整的信息,就必须解决数据缺失这个问题,一般处理数据缺失有三种办法。第一种方法是删除有缺失信息的记录。在记录中如果主要信息发生缺失,尤其是丢失很多关键信息的时候,此时数据已经不能够反映出信息,这时可以将这条记录删除,但是这种做法只是用于数据量大的情况,且在删除后不影响所有信息的完整性,所以这个方法有一定的适用范围。第二种方法是对信息进行人工补全。当然,这个方法也有局限性,尤其是当数据量大时,这个方法会耗费较大的人力而且效率低;同时,也可以用默认值来代替缺失的信息,把缺失属性值的属性看作特殊的属性,并为缺失的信息值设置特殊的属性值来得到完整的信息。第三种方法是利用数学公式对已有信息的值进行统计分析,再利用统计的值进行补全,可以使用平均值填补空缺值或者使用同类型样本预测值进行补全空缺值,还可以使用贝叶斯公式和判定树这样的方法来填充,这样不会影响信息的质量。

3.2.3 实例分析

图 3-12 是一张完整的幼儿园危险源数据清单。

序号	环节	危险源数据	导致伤害
1	入园晨检	幼儿携带小物品等危险物入园	可致幼儿身体内、外伤害
2	入园晨检	幼儿洗手、喝水地面湿滑	幼儿摔倒受伤
3	入园晨检	幼儿在走廊内追逐	打闹摔伤
4	入园晨检	教学玩、教具，区域活动材料使用不当	1、教具损坏容易伤到孩子的手 2、剪刀等刺伤 3、胶水、小玩具等误食、咬含 4、黑板架绊倒幼儿 5、铅笔等尖锐的东西戳伤幼儿 6、挂图等纸质教具划伤皮肤
5	入园晨检	个别幼儿独自入园进班	1、丢失幼儿 2、发生意外，教师不能及时发现
6	入园晨检	桌椅、凳等外露的钉子	划伤幼儿身体、磕碰幼儿身体
7	入园晨检	幼儿衣着有绳子、配饰等	勒伤、扎伤
8	入园晨检	自带食品、处方药品等	意外伤害
9	入园晨检	幼儿精神不振、身体不适	可能诱发疾病
10	早操	户外场地垫突起，雨雪天气湿滑	绊倒、滑倒、摔倒
11	早操	幼儿密度大，活动场地小	与别的幼儿撞伤、碰伤
12	早操	体育器械有损坏	伤害幼儿
13	早操	楼梯台阶陡峭、拐弯处老师看不到幼儿；外出活动在楼梯上打闹	1、不能及时发现幼儿的危险行为 2、摔伤幼儿
14	早操	幼儿进行活动时动作不规范	幼儿肌肉拉伤、摔伤
15	早操	没有户外活动场地	幼儿摔伤
16	早操	幼儿衣着有绳子、配饰等	勒伤、扎伤
17	早操	体育器械不能正常使用	打伤幼儿

图 3-12　幼儿园危险源数据清单样表

1. 手工筛选

下面简单介绍手工筛选的三个例子。

(1)筛选出"入园晨检"环节中所有的危险源数据和导致伤害。

①选中第一行数据，点击"数据"选项卡中的"筛选"，如图 3-13 所示。

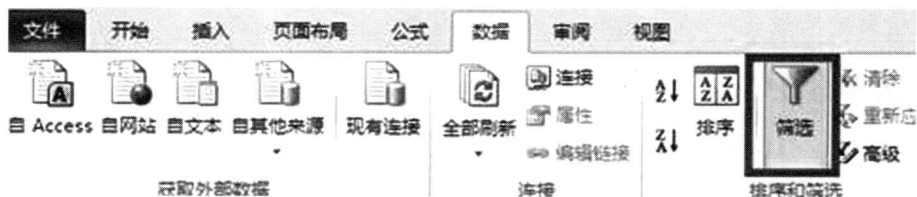

图 3-13　数据筛选选择

②选择"环节"中的"入园晨检",如图3-14所示。

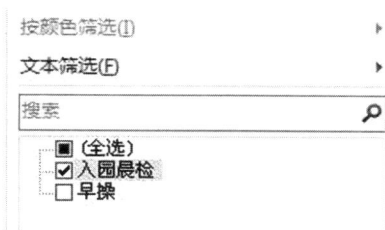

图3-14　选择"入园晨检"

③筛选结果,如图3-15所示。

序	环节	危险数据源	导致伤害
1	入园晨检	幼儿携带小物品等危险物入园	可致幼儿身体内、外伤害
2	入园晨检	幼儿洗手、喝水地面湿滑	幼儿摔倒受伤
3	入园晨检	幼儿在走廊内追逐	打闹摔伤
4	入园晨检	教学玩、教具,区域活动材料使用不当	1、教具损坏容易伤到孩子的手 2、剪刀等刺伤 3、胶水、小玩具等误食、咬含 4、黑板架绊倒幼儿 5、铅笔等尖锐的东西戳伤幼儿 6、挂图等纸质教育划伤皮肤
5	入园晨检	个别幼儿独自入园进班	1、丢失幼儿 2、发生意外,教师不能及进发现
6	入园晨检	桌椅、凳等外露的钉子	划伤幼儿身体、磕碰幼儿身体
7	入园晨检	幼儿衣着有绳子、配饰等	勒伤、扎伤
8	入园晨检	自带食品、处方药品等	意外伤害
9	入园晨检	幼儿精神不振、身体不适	可能诱发疾病

图3-15　筛选结果

(2)筛选出"危险源数据"中包含绳子的信息。

①点击"筛选"按钮后,选择"危险源数据",在"文本筛选"内输入"绳子",如图3-16所示。

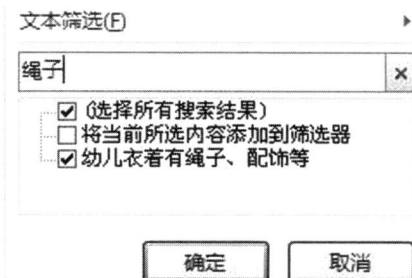

图3-16　输入筛选条件

②筛选结果，如图 3-17 所示。

幼儿园危险数据源清单

序	环节	危险数据源	导致伤害
7	入园晨检	幼儿衣着有绳子、配饰等	勒伤、扎伤
16	早操	幼儿衣着有绳子、配饰等	勒伤、扎伤

图 3-17　筛选结果

（3）筛选出在"入园晨检"环节中，"危险源数据"中包含绳子的信息。
①选择"环节"中的"入园晨检"，如图 3-18 所示。

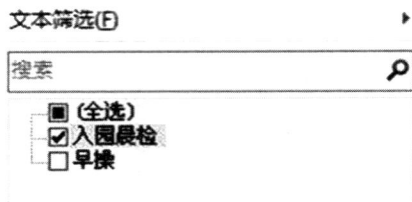

图 3-18　选择"入园晨检"

②选择"危险源数据"，在"文本筛选"内输入"绳子"，如图 3-19 所示。

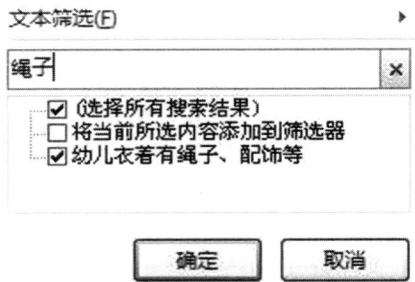

图 3-19　输入筛选条件

③筛选结果，如图 3-20 所示。

幼儿园危险数据源清单

序	环节	危险数据源	导致伤害
7	入园晨检	幼儿衣着有绳子、配饰等	勒伤、扎伤

图 3-20　筛选结果

2. 高级筛选

对应手工筛选，下面简单介绍高级筛选的三个例子。
（1）筛选出"入园晨检"环节中所有的危险源数据和导致伤害。
①在条件区域（可根据需要在工作表中的任意位置）输入筛选条件，如图 3-21 所示。

	A	B	C	D	E	F	G
1	幼儿园危险数据源清单						
2	序号	环节	危险数据源	导致伤害			环节
3	1	入园晨检	幼儿携带小物品等危险物入园	可致幼儿身体内、外伤害			入园晨检
4	2	入园晨检	幼儿洗手、喝水地面湿滑	幼儿摔倒受伤			

图 3－21　设置筛选条件

②点击“高级”，在“条件区域”选择筛选条件所在区域，如图 3－22 所示。

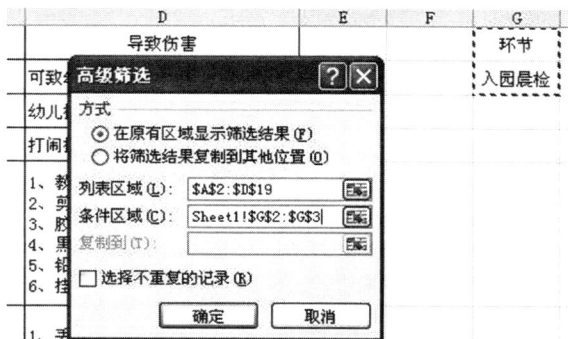

图 3－22　进行高级筛选

③筛选结果，如图 3－23 所示。

幼儿园危险数据源清单

序号	环节	危险数据源	导致伤害
1	入园晨检	幼儿携带小物品等危险物入园	可致幼儿身体内、外伤害
2	入园晨检	幼儿洗手、喝水地面湿滑	幼儿摔倒受伤
3	入园晨检	幼儿在走廊内追逐	打闹摔伤
4	入园晨检	教学玩、教具，区域活动材料使用不当	1、教具损坏容易伤到孩子的手 2、剪刀等刺伤 3、胶水、小玩具等误食、咬含 4、黑板架绊倒幼儿 5、铅笔等尖锐的东西戳伤幼儿 6、挂图等纸质教育划伤皮肤
5	入园晨检	个别幼儿独自入园进班	1、丢失幼儿 2、发生意外，教师不能及进发现
6	入园晨检	桌椅、凳等外露的钉子	划伤幼儿身体、磕碰幼儿身体
7	入园晨检	幼儿衣着有绳子、配饰等	勒伤、扎伤
8	入园晨检	自带食品、处方药品等	意外伤害
9	入园晨检	幼儿精神不振、身体不适	可能诱发疾病

图 3－23　筛选结果

(2)筛选出“危险源数据”中包含绳子的信息。

①在条件区域(可根据需要在工作表中的任意位置)输入筛选条件，如图 3－24 所示。

A	B	C	D	E	F	G
序号	环节	危险数据源	导致伤害			危险数据源
1	入园晨检	幼儿携带小物品等危险物入园	可致幼儿身体内、外伤害			*绳子*
2	入园晨检	幼儿洗手、喝水地面湿滑	幼儿摔倒受伤			
3	入园晨检	幼儿在走廊内追逐	打闹摔伤			

图 3－24　设置筛选条件

②点击"高级",在"条件区域"选择筛选条件所在区域,如图 3-25 所示。

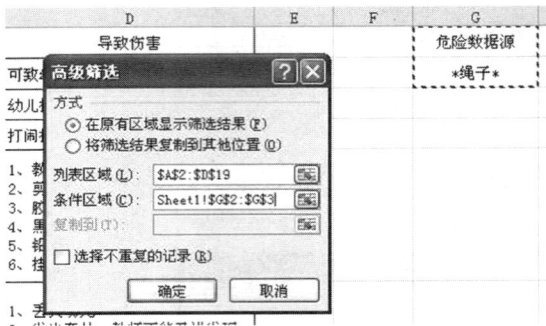

图 3-25　进行高级筛选

③筛选结果,如图 3-26 所示。

幼儿园危险数据源清单

序号	环节	危险数据源	导致伤害
7	入园晨检	幼儿衣着有绳子、配饰等	勒伤、扎伤
16	早操	幼儿衣着有绳子、配饰等	勒伤、扎伤

图 3-26　筛选结果

(3)筛选出在"入园晨检"环节中,"危险源数据"中包含绳子的信息。

①在条件区域(可根据需要在工作表中的任意位置)输入筛选条件,如图 3-27 所示。

	A	B	C	D	E	F	G
	序号	环节	危险数据源	导致伤害		环节	危险数据源
	1	入园晨检	幼儿携带小物品等危险物入园	可致幼儿身体内、外伤害		入园晨检	*绳子*
	2	入园晨检	幼儿洗手、喝水地面湿滑	幼儿摔倒受伤			
	3	入园晨检	幼儿在走廊内追逐	打闹受伤			

图 3-27　设置筛选条件

②点击"高级",在"条件区域"选择筛选条件所在区域,如图 3-28 所示。

图 3-28　进行高级筛选

③筛选结果,如图 3 - 29 所示。

幼儿园危险数据源清单

序号	环节	危险数据源	导致伤害
7	入园晨检	幼儿衣着有绳子、配饰等	勒伤、扎伤

图 3 - 29 筛选结果

3.3 幼儿园危险源数据整合

3.3.1 危险源数据整合概述

数据整合是对不同数据源的数据进行收集、整理、清洗,转换后加载到一个新的数据源,为数据消费者提供统一数据视图的数据集成方式。数据整合是共享或者合并来自两个或者更多应用的数据,创建一个具有更多功能的企业应用的过程。一般情况下,数据资源整合的原则是不能破坏原有资源信息的完整性和真实性。其中,完整性是指不能因为数据资源的整合导致原有数据的删减和丢失,原有数据的删减和丢失可能导致档案和记录出现差错,会引发比较严重的后果。真实性是指在数据整合时,不能擅自修改原始数据内容,不能篡改原始数据的真实性,不能为了数据"好看"而弄虚作假。在整合过程中,要以合并为主,整理为辅,在整合每一部分资源数据时必须要进行评估和监督,避免差错,为后期的应用打下坚实基础。

随着信息时代的到来,各个幼儿园的信息化意识也越来越强,在各个方面都建立了信息化管理系统。但是,随着信息化网络的不断发展,数据的储存空间要求越来越大。在幼儿园中,由于师生的一些共同活动或者其他活动导致出现了很多在信息化管理系统之外的数据,而如何利用这些结构外的数据更好地营造园内氛围,减少意外事件的发生,已经成为当下幼儿园所必须要解决的问题之一。

对于这些碎片化的危险源信息,有许多幼儿园已经提出了将信息集合在一起的方案。有些采用的是碎片化信息集合的方案,这个方案的基本原理就是把碎片化的危险源信息统一集合在一个共享平台中心,然后对这个平台的用户提供统一查询的方式;还有幼儿园对于碎片化的危险源信息则是利用数据的使用目的分别建立主题,主要是从业务逻辑的角度上来对碎片化的信息进行整合。除此之外,有些幼儿园也建立了碎片化信息集中管理的机制,但是这个机制和前两者的最大不同是从企业管理的角度出发进行适当的改造而形成的。综合上面提到的几种情况,从碎片化信息处理的方法来看,虽然这些信息管理平台的建立似乎能够完全解决碎片化信息的问题,但是通过仔细的研究,发现其仍然存在着一些局限性,具体有以下几点。

第一,难以提供个性化的决策支持。幼儿园在进行决策时,需要通过大量数据的支持。需要注意的是,高效决策时需要的数据并不是只要求数量大,还需要做到时间的跨度长、来源于多个方面等,只有这样的数据才能够为幼儿园决策提供真实的数据支持。再加上幼儿园的决策往往都是进行一些定性的描述,而不进行定量的分析,所以在决策的时候很难划分数据的范围以及建立分析的模型。

第二,整合碎片化信息系统的动态可扩展性差。当前各幼儿园所使用的碎片化管理平台主要是以业务流程而形成的各种应用,这些应用之间是相互独立的。所以在开发这些应用的时候,要花费大量的人力、物力资源。同时,这些应用一般都是按照各个幼儿园的标准建立的,一旦发生变化,就需要重新建立。所以,当前的碎片化信息管理平台存在着一定的局限性,即只能运用已经设计好的标准,整合碎片化信息系统的动态可扩展性差。

第三,缺少对于碎片化信息整合可视性的研究。碎片化信息整合的可视性是指利用计算机网络对信息进行研究分析,然后把分析结果发布到管理平台上。这样,幼儿园管理人员就可以直观地对最后得出的结果进行观察。但是,对于当前存在的一些碎片化信息整合系统来说,并没有此项功能。这些碎片化信息整合的平台只是把碎片化的信息集合在一起,并没有对碎片化信息进行深入的研究。除此之外,当前的碎片化信息整合平台,也无法让幼儿园管理人员进行主动的数据分析,如果想要对数据进行深层次的分析,需要在其他平台上进行。

3.3.2 危险源数据整合现状

幼儿园危险源数据整合系统是幼儿园危险源数据整合的基础。建立标准统一的分布式数据库,合理规划整个系统的数据库架构,减少数据冗余,可以更有效地实现幼儿园危险源数据共享,同时也可确定数据分布策略、数据同步和数据维护机制等。在幼儿园危险源数据整合系统建设中,数据库应用系统占据很大一部分,根据国家目前的标准和要求,需要建立以下数据库应用系统:基础信息数据库、事件信息数据库、预案库、模型库、知识库、案例库、空间信息数据库等。

幼儿园危险源数据整合系统涉及的数据量很大,数据格式也多种多样。XML是一种描述性的标记语言,具有严谨规范的数据格式,层次化、自描述的显示方式,可以在各类应用程序和数据库系统之间交换数据,生成结构化和集成的数据,这也逐渐成为各类信息交换的一种标准规范。幼儿园危险源数据整合系统应采用模块化设计,同时各个组件模块能够自由的组合和拆分,使系统规模增大后既可以采用系统级的集群服务增加系统负载能力,也可以将组件拆分后放到不同的应用服务器上达到满足增长的业务需求。根据幼儿园危险源数据整合系统的基本功能,系统可采用层次型结构:数据层存储系统相关数据,应用层实现数据访问、控制逻辑与数值计算,表现层实现信息的显示及系统与用户的交互,包括所有的用户界面。其中,应用层是幼儿园危险源数据整合信息管理系统的核心,它根据表现层的使用需求,通过各个功能模块访问和操作数据层的数据库,完成相应的功能,并将结果返回表现层展现给用户。下面总结出幼儿园危险源数据整合的几个模块。

第一,幼儿园危险源数据整合信息处理模块。根据关于开展幼儿园危险源数据整合监督管理工作的指导意见,建立信息处理模型,提供危险源数据整合详细信息向数据库的导入、从数据库中获取和查询数据、远程多媒体监控信息的处理等功能。接口描述:危险源数据整合信息接口;输入:数据库表格、查询条件、结果储存数组;模块操作:根据查询条件在数据库表格中进行查询,将查询结果保存到结果储存数组;输出:数据库查询结果数组。

第二,幼儿园危险源数据整合辨识模块。根据关于开展幼儿园危险源数据整合监督管理工作的指导意见,建立重大危险辨识模型,根据幼儿园危险源数据整合的详细信息进行幼儿园危险源辨识。接口描述:幼儿园危险源数据整合辨识处理接口;输入:幼儿园危险源数据整合类型、幼儿园危险源数据整合登记信息;模块操作:根据幼儿园危险源数据整合类型选择对应的辨识函数,应用登记信息进行幼儿园危险源数据整合辨识;输出:指定幼儿园危险源是否是危险源数据整合。

第三,幼儿园危险源数据整合分级模块。根据关于开展幼儿园危险源数据整合监督管理工作的指导意见和幼儿园危险源数据整合分级标准，建立幼儿园危险源数据整合分级模型。根据幼儿园危险源数据整合详细信息计算事故影响，进行幼儿园危险源数据整合分级。接口描述：幼儿园危险源数据整合分级处理接口；输入：幼儿园危险源数据整合类型、整合登记信息；模块操作：根据幼儿园危险源数据整合类型选择对应的分级函数，应用登记信息进行幼儿园危险源数据整合分级；输出：指定幼儿园危险源数据整合级别。

第四，幼儿园危险源数据整合编码处理模块。根据关于开展幼儿园危险源数据整合监督管理工作的指导意见，建立系统应用编码，提供各模块的编码查询和获取功能。接口描述：编码信息接口；输入：编码表格、指定编码、对应名称（数组）；模块操作：根据指定编码查询编码表格，将查询结果保存到对应名称（数组）中；输出：编码对应名称（数组）。

第五，幼儿园危险源数据整合地理信息系统模块。该模块应用成熟地理信息系统开发组件，提供直观的幼儿园危险源数据整合信息应用、事故应急救援仿真和辅助决策。接口描述：地理信息处理接口；输入：查询条件；模块操作：根据查询条件查询幼儿园危险源数据整合或单位的地理信息。

第六，幼儿园危险源数据整合数据统计分析模块。根据幼儿园危险源数据整合管理需要，提供幼儿园危险源数据整合信息的时间、类别、登记等方面的综合统计和分析功能。接口描述：统计分析接口；输入：统计内容、统计条件、指定图表；模块操作：根据统计内容和统计条件对数据进行统计，生成指定图表；输出：统计图表。

第七，幼儿园危险源数据整合系统管理模块。基于幼儿园危险源数据整合分级管理体系，提供分级的用户管理、权限管理、模块管理等功能。接口描述：系统权限接口；输入：用户类别、用户标识；模块操作：根据用户类别和用户标识获得该用户在系统中的权限；输出：用户权限编码。

幼儿园危险源数据整合系统在实际应用中并不能单独使用，其目的是为幼儿园危险源数据整合监管工作提供支持。它需要与应急救援辅助决策系统等控制系统协同运转，以掌握幼儿园危险源数据整合实时的监控信息。

幼儿园危险源数据整合面临的问题有以下几个。

1. 结构差异

首先，计算机系统是存在差异的，数据来源于不同的服务器、不同的系统，其格式就不同。其次，数据存储模式不同，存储模式一般有关系模式、对象模式、对象关系模式和文档嵌套模式，最主流的是关系模式，但即便是存储模式相同，结构上也会存在差异，如 Oracle 采用的数据与 SQL Serve 采用的数据类型就有区别。

2. 数据的完整性

数据完整性是数据的基本要求，主要指的是数据完整性和约束完整性。数据完整性指数据本身的特性，约束完整性指的是数据之间的关系是一种逻辑关系。数据的完整性是数据进行交换与共享的前提，数据的完整性受人为因素的影响。

3. 数据存在冗余与不一致的现象

数据冗余指的是很多数据的实际内容是重复的。数据的不一致性指的是不同的应用系统中存在重复的数据，在数据整合中数据信息不是同步进行的。

4. 数据存在权限瓶颈

幼儿园数据库中存储的大量数据来自不同的部分，浏览与查阅数据时都有一定的权限，尤其在访问异构数据时权限更会被限制,这种权限能起到保护数据安全的作用,但同时也是一种障碍,阻碍数据的整合与处理。

3.3.3 数据交换语言

数据整合是离不开数据交换的,选择何种数据交换语言,提升数据交换效率,成为选择的关键。异构系统之间必须有一个统一的标准才能方便地进行数据交换,目前有 XML 和 JSON 两种标准可供选用。虽然 XML 出现较早,但 JSON 以更优异的性能和效率后来居上。

XML 是扩展标记语言(extensible markup language,XML),用于标记电子文件,使其具有结构性的标记语言,可以用来标记数据、定义数据类型,是一种允许用户对自己的标记语言进行定义的源语言。XML 使用文档类型定义(document type definition,DTD)来组织数据,且格式统一,跨平台和语言,早已成为业界公认的标准。它是标准通用标记语言的子集,非常适合Web 传输。XML 提供统一的方法来描述和交换独立于应用程序或供应商的结构化数据。

JavaScript 对象简谱(JavaScript object notation,JSON)是一种轻量级的数据交换格式,具有良好的可读性和便于快速编写的特性,可在不同平台之间进行数据交换。JSON 采用兼容性很高的、完全独立于语言文本的格式,同时也具备类似于 C 语言的功能。这些特性使JSON 成为理想的数据交换语言。

XML 和 JSON 的对比如表 3-1 所示。

表 3-1　XML 和 JSON 对比

比较项目	XML	JSON
可读性	建议的语法,可读性更好些	规范的标签形式
可扩展性	很好的扩展性	XML 能扩展,JSON 必定也能扩展
编码难度	有丰富的编码工具	有丰富的编码工具,并且编码容易
解码难度	考虑子节点、父节点,难度较大	解析难度几乎为 0
流行度	已经被业界广泛的使用	才逐步走向大众
解析手段	拥有丰富的解析手段	拥有丰富的解析手段
数据体积	数据体积较大	数据体积小,传递的速度快
数据交互	交互比较方便	交互更加方便
数据描述	对数据描述性较好	对数据描述性略差
传输速度方面	速度较快	非常快

3.3.4 危险源数据整合难点

对幼儿园危险源信息化现状进行分析可知,除了要有现代化技术手段外,还应解决以下几方面的难点,才能真正将幼儿园的危险源数据进行高效、准确的整合。

1. 建立幼儿园危险源信息标准

各个正在运行的应用系统中的数据信息是幼儿园最重要的核心资源,也是数据整合和信息共享的基础。数据标准的统一,可以保障应用系统的数据整合,解决数据信息的兼容、一致性和扩展能力等问题。信息标准是指数据在收集、整理、互相传递及访问过程中的一致规范,是数据整合的基础。幼儿园信息标准的建立,应该以我国现行国标、教育部标准、行业企业标准及幼儿园正在使用的标准为基础,制定信息分类编码说明书并建设幼儿园各项标准,形成符合幼儿园自身情况的管理标准。信息标准必须包含数据标准、接口标准、管理工具。如果条件许可,可同步建设配套的标准管理系统。

(1)数据标准:数据按唯一确定的规范生产、存储、调用,实现真正的数据共享,包括如下内容。

①信息子集建设:入园晨检危险源子集、早操危险源子集、上课危险源子集、放学危险源子集等。

②代码标准建设:代码标准分国家代码标准、教育部代码标准、行业企业代码标准、院级代码标准,还应包括代码的定义、说明。代码标准建设是为数据采集而服务,规范了数据采集的过程,同时为数据查找与统计提供便利。

③数据仓库标准建设:建立仓库存储取用标准,帮助构建以存放幼儿园历史数据为主的仓库,支撑幼儿园危险源数据分析的要求,并提供用于支持领导决策的信息。

(2)接口标准:定义接口的规范与标准,使各独立信息系统之间和与共享服务平台数据之间可以实现交换与共享,具体需要对如下标准进行约定。

①交换数据描述标准:对于以下标准进行描述,包括用以交换数据的基本格式、有效时间周期、交换权限等。

②交换接口方式:交换语义描述、交换周期描述、交换格式。

③系统对接标准:制定规范,明确新建应用系统连接到数据共享平台的方式及采用的标准。

(3)管理工具:建设信息数据标准方面的管理工具,可进行标准的日常管理、日常维护,需要包括如下功能。

①信息标准管理:管理信息标准的信息项,可完成标准的查询、日常维护与创建,可导入导出有关数据。

②编码标准管理:管理信息标准编码。

③数据模型标准管理:针对服务需要,管理模型体系。

④数据仓库中元数据标准管理:管理元数据标准、ETL(数据抽取)、数据仓库基础结构。

2.统一身份认证

根据上述需求分析,幼儿园内信息系统中危险源数据众多,各系统中身份与登录密码各不相同。教职工与家长在使用时,要记忆多套密码,操作烦琐。为提高用户使用感受,同时提高原有系统的安全性及访问性能,需要在数据整合中同时实现单点登录,即各类用户,经过一次身份认证后,即可访问其他所有的被授权访问的应用系统,不需要多次操作。要实现单点登录,需要解决用户身份信息整合与同步管理的问题,同时对于用户身份进行统一认证,集中授权。

3.提供安全保障机制

数据整合涉及的数据包含了学生、教工等的身份信息,也包括了教学资源与管理资源。保证基础信息及教学教育管理资源的数据安全可控,是系统可以使用的基础。

在幼儿园的系统建设中,需要整合的数据涉及管理部门、教学部门、后勤管理等多个部门之间的数据交换与集成,因此需要在项目实施过程中,提出涉及各个应用系统信息安全的设计方案并进行部署,为系统安全运行提供保障。

第 4 章

幼儿园安全数据存储

幼儿园日常安全管理中产生的静态数据主要包括园所信息、教师信息、幼儿信息、班级信息、物资信息及各类文档信息等,幼儿园日常安全管理中产生的动态数据主要包括在幼儿园安全管理信息化平台中的行为数据、交互数据及物联网控制中心所采集的监控数据、考勤数据及各类传感数据等。对于静态数据的存储,多用本地文件系统进行保存;对于动态数据,主要采用数据库或云平台技术进行保存。

4.1 幼儿园安全数据的文件系统存储

4.1.1 文件系统概述

幼儿园日常安全管理静态数据一般通过某种具体格式的文件形式来呈现,如文本文件、图片文件、音视频文件等,这些文件可以保存在一些指定的数据存储介质上。文件是现实世界中信息电子化的载体,通常被放置在某个存储介质中进行保存。下面对幼儿园安全数据的存储介质和常见文件类型进行详细介绍。

1.幼儿园安全管理数据存储介质的选择

存储介质是计算机可处理的数据进行存储的载体,是数据存储的基础。常见的本地数据存储介质有硬盘、移动硬盘、可记录光盘、MP3、MP4、U盘、移动闪存卡等。其中,移动闪存卡一般用于数码类的产品中。当然,随着智慧幼儿园建设的不断推进,越来越多的智能终端设备也在不断地采集着大量的安全管理数据,比如每天产生的视频监控数据、各个终端收集的传感器数据等动态安全管理数据,仅仅依靠本地存储介质的话,显然容量已经开始变得捉襟见肘。因此,专门针对海量数据保存的云计算及云存储技术也悄然进入了幼儿园安全管理数据存储介质的应用之中。

对于不同层次的幼儿园,对存储介质的选择并不是越贵越好、越先进越好,而是要根据不同的应用环境和实际的数据类型情况,合理选择存储介质。基本存储介质的选择原则是:容量恰当、安全耐久、费用低廉、通用性好。

2.幼儿园安全管理文件的类型

幼儿园常见的安全管理文件类型大致可分为以下几种:

(1)文档类型。比如,档案资料文件、管理制度文件等适用于采用文档(doc或docx等)类型进行保存。

(2)演示文档类型。教学课件、会议演示文稿等数据适用于采用演示文档(ppt或pptx等)类型进行保存。

(3)电子表格类型。出勤登记表、晨检登记表、观察记录等数据适用于采用电子表格文档(xls或xlsx等)类型进行保存。

(4)图片类型。教职工及幼儿照片、活动照片、日常检查或问题照片等数据集适用于采用图片文件类型(jpg 或 tif 等)进行保存。

(5)音视频类型。安全监控视频、教学或其他各类活动视频等数据适用于采用音频或视频文件类型(wav、mp3、mp4、avi 等)进行保存。

4.1.2　幼儿园常见安全管理文档存储

在幼儿园的日常信息化管理及安全管理中,常见的文档数据类型有文本文档(doc 或 docx)、演示文档(ppt 或 pptx)、电子表格(xls 或 xlsx)、PDF 文档(pdf)、网页文档(html 或 htm)及纯文本文档(txt)等。每一种类型的文档数据所采用的对应软件工具和数据保存方法及特点也是不同的。

目前常用的文档处理软件主要有中国金山公司出品的 WPS Office 软件和美国微软公司(Microsoft,简称 MS)的 Office 软件。WPS 中包括的三个主要的组成部分是文字、表格和演示软件,其中:文字和微软公司 Office 中的 Word 对应,表格和微软公司 Office 中的 Excel 对应,演示和微软公司 Office 中的 PPT 对应,它们的功能基本上一致。

WPS Office 是永久免费的国产办公软件,下载时可直接访问官网或者在搜索引擎页面中搜索 WPS。

1.文本文档(doc 或 docx)

在幼儿园的日常安全管理中,文本文档是最为常用的安全数据保存方式,文本文档可采用 WPS Office 文字工具或 MS Office Word 工具进行创建、编辑和保存,扩展名通常为 .doc 或 .docx。WPS 或 MS 的 Word 工具都提供了友好的操作界面,可帮助用户方便实现文字、图形、图像、声音及动画等多媒体素材的编辑和排版,同时提供了强大的表格绘制及打印等功能,方便幼儿园的日常数据电子化处理,为后续进一步进行安全管理提供基本的数据支持。

1)文本文档的创建和编辑

下面以 MS Office Word 2010 为例对文本文档的创建和编辑进行简要介绍。启动 Word 2010 工具后,会自动新建一个空白工作区,可在工作区进行文字、表格及图片等多媒体素材的编辑,如图 4-1 所示。

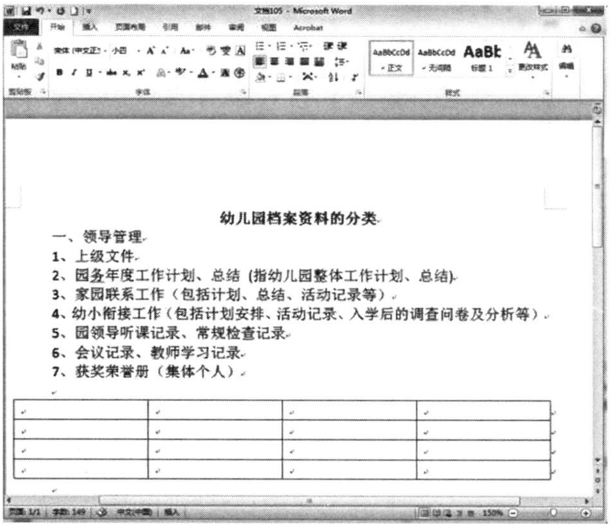

图 4-1　文档编辑

2）文本文档的保存和重命名

文本文档在编辑完成后，可以单击"文件"菜单中的"保存"或"另存为"子菜单进行保存，保存时可以选择文件所保存的目标位置，比如本例中保存在"E:\ch4"目录下，文件名可以自己命名，Word 2010 版之后的扩展名默认为.docx，也可以选择保存为 Word 97—2003 兼容模式，即扩展名为.doc 类型。文本文档一旦保存在磁盘或优盘等存储介质上，将永久性保存，除非人为删除或移动。

已经保存的文件名称是可以进行重命名的，具体操作方法为：鼠标右键单击需要重命名的文件名称，在弹出的右键菜单上选择"重命名"菜单，原来的文件名称将变成可编辑状态，然后就可以根据需要对文件名进行修改，从而实现文本文档的重命名。

3）文本文档的查找

文本文档的查找一般分为两种情况：一种是根据关键字查找文档里面的内容，另一种是根据文件名称查找某个文本文档。

（1）查找文件内容。打开一个文本文档，有时需要快速找到某个关键字相关的内容，这时候就可以使用 Word 工具中的查找工具来完成。下面举例说明。在 Word 2010 中打开"幼儿园档案资料的分类.docx"文件，若要查找和"总结"相关的内容，则可以在"开始"菜单的快捷工具中使用"查找"功能，输入关键字"总结"后进行内容查找；也可以在工作区中使用快捷键"Ctrl＋F"打开左侧的"导航"标签，在导航栏中输入关键字"总结"后回车，此时文档中含有"总结"的内容将会被高亮显示。如图 4－2 所示。

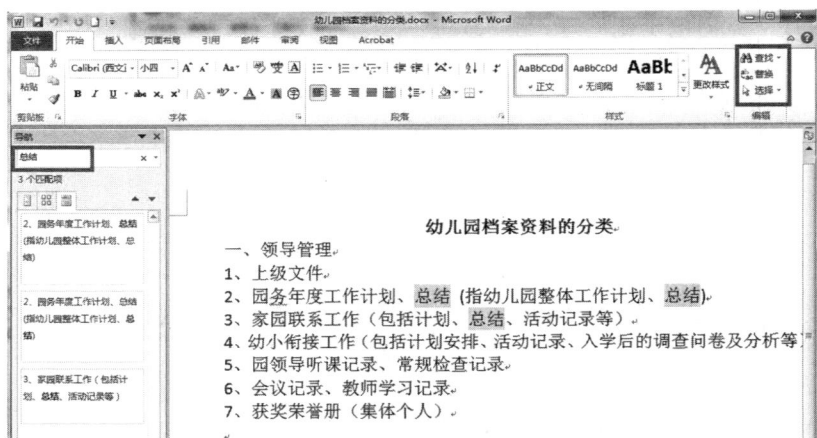

图 4－2　文档内容查找

（2）查找文件。文档文件永久性地保存在计算机磁盘中之后，有时候可能忘记了具体在哪个目录下保存，这时候可以稍微扩大范围，在某个目录、某个磁盘或整个计算机中进行查找，查找时可以采用模糊查询的方式，只要输入需要查找的文件名的部分关键字或者扩展名，就可以查找到相关的全部文件。下面举例说明。例如，需要查找"幼儿园档案资料的分类.docx"这个文件保存在哪里，可以根据大致的定位打开相应的目录窗口，在窗口的右上角有一个查找关键字输入栏。在输入栏中输入要查找的文件名的关键字"幼儿"，然后回车，即可由计算机自动进行查找，找到文件后，会高亮显示所输入的关键字，如图 4－3 所示。若找不到，会显示找不到结果。

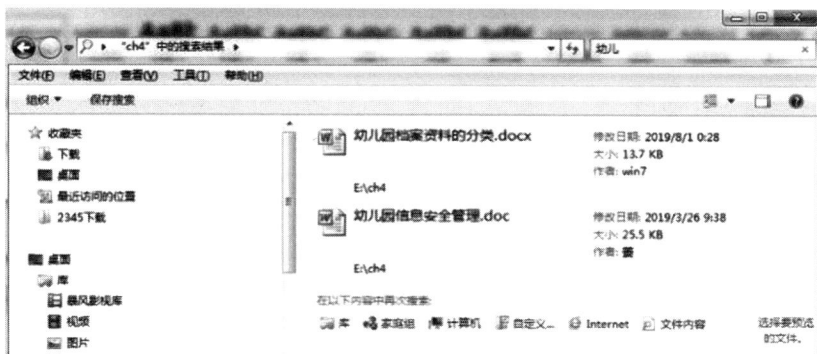

图4-3　查找结果显示

4）文本文档的删除和恢复

计算机磁盘里保存的文档文件如果不需要了，可以对文档进行删除。删除文档时一般可在保存文件的目录里选中文件，直接单击键盘上的"Delete"键进行删除；或者选中要删除的文件后，单击右键，在弹出菜单中选中"删除"菜单。

被删除的文本文档一般会被计算机保存在"回收站"中，"回收站"中被删除的文件可以恢复。只要选中需要恢复的文件，单击右键，在弹出菜单中选择"恢复"，被删除的文件即可恢复到原来的保存位置上。当然，如果被删除的文件过大，通常不会放入回收站，而会被直接永久删除，因此，对文件的删除操作一般应慎重进行。"回收站"中的文件如果被再次删除，将会永久性删除。

2. 演示文档（ppt 或 pptx）

演示文档在幼儿园的日常安全管理中也是较为常用的，演示文档可采用 WPS Office 演示工具或 MS Office PowerPoint 工具进行创建、编辑和保存，扩展名通常为.ppt 或.pptx。WPS或 MS 的 PowerPoint 工具，可以制作出包括文字、图片、声音、影片、表格甚至是图表的动态演示文稿，制作完成的演示文稿不仅可以在投影仪和计算机上进行演示，还可以将其打印出来，制作成胶片，或者在互联网上召开面对面会议、远程会议或在因特网中向更多的观众展示。因此，演示文档被广泛地用于幼儿园的日常教学课件制作、会议或报告展示等方面。

1）演示文档的创建和编辑

下面以 MS Office PowerPoint 2010 为例对演示文档的创建和编辑进行简要介绍。启动PowerPoint 2010 工具后，会自动新建一个空白工作区，可在空白演示文稿工作区进行文字、表格及图片等多媒体素材的编辑。

2）演示文档的保存和重命名

演示文档在编辑完成后，可以单击"文件"菜单中的"保存"或"另存为"子菜单进行保存。保存时可以选择文件所保存的目标位置，比如本例中保存在"E：\ch4"目录下，文件名可以自己命名，PowerPoint 2010 版之后的扩展名默认为.pptx，也可以选择保存为 PowerPoint 97—2003 兼容模式，即扩展名为.ppt 类型。演示文档 ppt 或 pptx 文件的重命名方法和文本文档类似，这里不再赘述。

3）演示文档的查找、删除和恢复

演示文档的查找和文本文档类似，也可分为两种情况：一种是根据关键字查找演示文档里面的内容,另一种是根据文件名称查找某个演示文档文件,具体方法和文本文档的查找方法类似。演示文档的删除和恢复方法也和文本文档类似,这里不再赘述。

3.电子表格(xls 或 xlsx)

电子表格可以用来输入、输出或显示数据,也可利用内置公式进行一些数据的计算,并能对输入的数据进行各种复杂统计运算后显示为可视性极佳的表格,同时还可以将大量枯燥无味的数据变为各种漂亮的彩色商业图表显示出来,极大地增强了数据的可视性。另外,电子表格还能将各种统计报告和统计图打印出来。MS Office 软件中的电子表格组件是 Excel,其做出的表格是电子表格中的一种,除此之外还有国产的 CCED、金山 WPS 中的电子表格等,扩展名通常为 .xls 或 .xlsx。

电子表格在幼儿园的日常安全管理中较为实用,可以用来记录幼儿园日常管理中的一些数据,特别是对这些数据的一些统计分析功能比较实用,比如排序、筛选、求平均值、求和、求最大最小值等。此外,还可以对选择的数据以图表的方式显示,常见图表的类型有柱形图、折线图、饼图、条形图、面积图、XY 散点图、股价图、雷达图及组合图等。因此,电子表格被广泛地用于幼儿园的日常数据保存、统计和分析等方面。

1)电子文档的创建和编辑

下面以 MS Office Excel 2010 为例对电子表格的创建和编辑进行简要介绍。启动 Excel 2010 工具后,会自动新建一个空白工作簿,每个工作簿上可以添加多个工作表(sheet),每个工作表可以自定义命名,一般的数据就录入其中的某个工作表上。如图 4-4 所示。

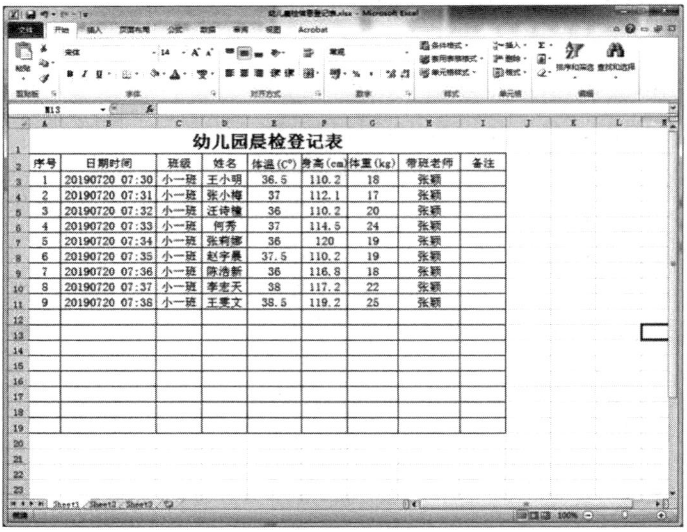

图 4-4 电子表格编辑

2)电子表格的保存和重命名

电子表格在编辑完成后,可以单击"文件"菜单中的"保存"或"另存为"子菜单进行保存。保存时可以选择文件所保存的目标位置,比如本例中保存在"E:\ch4"目录下,文件名可以自己命名,Excel 2010 版之后的扩展名默认为 .xlsx,也可以选择保存为 Excel 97—2003 兼容模式,即扩展名为 .xls 类型。电子表格文件的重命名方法和文本文档类似,这里不再赘述。

3）电子表格的查找、删除和恢复

电子表格的查找和文本文档类似，也可分为两种情况：一种是根据关键字查找电子表格里面的内容；另一种是根据文件名称查找某个电子表格文件，具体方法和文本文档的查找方法类似。电子表格文件的删除和恢复方法也和文本文档类似，这里不再赘述。

4. PDF 文档（pdf）

PDF 文档是由美国 Adobe 系统公司开发的一种专有的格式。使用 Adobe 公司的 Adobe Reader 软件可以阅读扩展名为.pdf 格式的文档。PDF 格式的优点在于文件格式与操作系统无关，也就是说，PDF 文件不管是在微软的 Windows、Unix，还是在苹果电脑公司的 Mac OS 操作系统中都是通用的。同时，PDF 格式的文档不容易被修改。

在幼儿园的日常安全管理中，如果文档对格式的兼容性要求高，并且不需要继续编辑修改的话，一般可以保存为 PDF 格式。特别是正式文件或公函的发布，往往在编辑时采用可编辑的 doc 或 docx 文本文档格式，在最后正式发布时为了确保格式兼容性好，且不易被修改，通常可在 WPS 文字工具或 Word 工具中直接保存为 PDF 格式，从而生成 PDF 文档。

PDF 文档的查找也可分为两种情况：一种是根据关键字查找文档里面的内容，另一种是根据文件名称查找某个 PDF 文件，具体方法也和文本文档的查找方法类似。PDF 文件的删除和恢复方法也和文本文档类似，这里不再赘述。

5. 网页文档（html 或 htm）

网页是构成网站的基本元素，一个网页文档通常是一个包含 HTML 标签的纯文本文件，它可以存放在计算机中，要通过网页浏览器来阅读，如 Internet Explorer、360 安全浏览器及 Firefox 等。网页文档文件的扩展名为.html 或.htm。

在幼儿园的日常安全管理中，有时候需要制作网页文件，或者下载一些网页文档。网页文档中包含着文字、图像、表格、音视频等丰富的各种类型数据。在制作网页文件时，可以采用专用的工具，如 dreamweaver 等，也可以将 Word 文本文档直接另存为网页文档格式。

6. 纯文本文档（txt）

纯文本文档就是指没有任何格式修饰的文档，即不能有任何粗体、下划线、斜体、图形、表格、符号或特殊字符及特殊打印格式的文本，是只保存文本，不保存其格式设置的文档，其扩展名为.txt。纯文本文档可以使用 Windows 操作系统附件中的记事本（Notepad）、写字板、Edit-Plus 等工具进行编辑和保存，可以通过 Word 之类的软件打开。纯文本文件的优点是占用空间小，文本信息量大，容易被传播。在幼儿园的日常安全管理中，可将一些重要的纯文字信息保存为纯文本类型，比如账号信息、管理章程等。

4.1.3　幼儿园图片文件存储

在幼儿园的日常安全管理中，存在着大量的图片文件，比如照片、屏幕截图等。下面从图片文件的类型、保存、查找及保密等方面进行详细介绍。

1. 图片文件的类型

在保存图片文件时，不同的程序使用不同的扩展名。常见的图片文件类型有：联合图像专家组（JPEG），扩展名为.jpg 和.jpeg；标记图像文件格式（TIFF），扩展名为.tif 和.tiff；可移植网络图形（PNG），扩展名为.png；图形交换格式（GIF），扩展名为.gif；位图（BMP、DIB），扩展名为.bmp 和.dib。

2.图片文件的保存

(1)Word 中图片文件的保存。首先找到并打开需要保存图片的 Word 文件,然后点击"文件",选择"另存为",将其保存类型选择"网页"。关闭打开的 Word 文档,再打开保存文件所在的文件夹,此时可以看到多了一个.htm 网页文件和一个.files 文件夹,打开该文件夹,原来 Word 文档里的图片文件就全部自动保存在该文件夹里面了。

(2)Excel 中图片文件的保存。首先找到需要保存图片的 Excel 文件,然后点击鼠标右键,选择"重命名"。将其后缀更改为 zip 或者 rar 等压缩包文件格式,接着双击打开该压缩文件,然后依次打开"xl"→"media"文件夹。在该文件夹下,就会全部显示出该表格里所有的图片了。选择好所有图片,保存到存放的文件夹即可。

(3)微信图片的保存。手机微信上接收的图片,一般也采用.jpg 的方式保存在本地存储卡里。一般可以通过下面的方法查看图片:打开手机的文件管理器,进入手机本地存储,找到并点击"tencent"文件夹,在"tencent"文件夹内找到"MicroMsg"文件夹,在"MicroMsg"文件夹内找到"WeXin"文件夹并点击,这时就能发现微信里保存的 jpg 图片了。

3.图片文件的搜索

首先在电脑中打开"计算机",在计算机的最上方搜索条中,输入图片文件的名称;如果不记得具体名称,也可以直接输入图片的格式后缀,如.jpg、.png 等。输入格式后缀后,在页面下方就会出现后缀为.jpg 或.png 的图片了。

图片文件的删除和恢复方法和文本文档类似,这里不再赘述。

4.1.4 幼儿园音视频文件存储

1.语音文件的类型

音频文件的格式主要有两种:①无损格式,如 WAV、FLAC、APE、ALAC、WavPack(WV)等;②有损格式,如 MP3、AAC、Ogg Vorbis、Opus 等。

2.文本转语音

文本转语音软件是一类专门用于将文本文件转换成语音格式(MP3、WAV 等)的软件,这一类软件不但能够将文本转换为语音,而且能进行语音朗读。它们的界面简单、友好,操作起来非常方便,是工作、学习、听小说、校对、音效素材制作等不可多得的好帮手。

例如,可以利用 PPT 的 OneKeyTool 8 插件(简称 OK 插件)进行文本转语音操作。首先启动 PowerPoint 2010,打开一份待转换为语音的 ppt 文档。首先,全选文字内容,执行 OneKey 8 Plus 菜单,选择"朗读工具"选项,如图 4 - 5 所示。

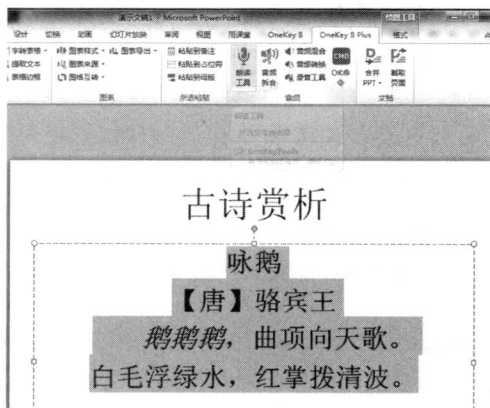

图 4 - 5　OK 插件

在"朗读工具"对话框中，设置引擎为 Microsoft Lili，接着调整语速和音量。点击"播放"按钮试听语音，接着勾选"导入 ppt"选项，并设置格式为 mp3 或者 wav 格式。接着点击"独立导出"按钮，点击语音文件夹选项自动打开导出文件所在的文件夹，播放试听效果，如图 4-6 所示。

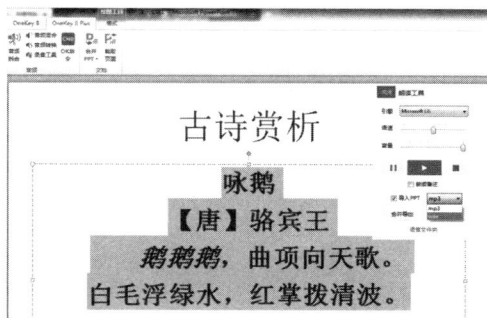

图 4-6　导出语音

3. 幼儿园视频文件数据存储

（1）视频文件类型。视频文件格式是指视频保存的一种格式。视频是幼儿园常见的一种文件数据类型，比如各类监控视频文件。为了适应储存视频的需要，目前常用的视频文件类型有 wmv、asf、asx、rm、rmvb、mp4、3gp、mov、m4v、avi、dat、mkv、flv、vob 等。

（2）视频格式转换。由于不同的播放器支持不同的视频文件格式，或者计算机中缺少相应格式的解码器，或者一些外部播放装置（比如手机、MP4 等）只能播放固定的格式，因此就会出现视频无法播放的现象。在这种情况下，就要使用视频格式转换器软件来弥补这一缺陷。

比如，有些刚出厂的计算机通常只能播放微软固定的 wmv 格式的视频，而无法播放 avi 或其他格式的视频文件，因此可能需要使用 wmv 格式转换器将 avi 格式转换成 wmv。当然，在计算机中使用专门的 avi 格式的解码器或其他视频转换工具同样可以解决这一问题。再比如，有些手机自带的播放器只能播放 3gp 格式的视频，因此就要使用 3gp 格式转换器才能播放其他格式的视频。有时候，在互联网上传视频时也有格式限制，如果遇到无法上传的视频，用格式转换器转换成规定的格式就能解决无法上传的问题。

（3）常见的音视频文件播放器。常见的音视频文件播放器有 QQ 影音、迅雷影音播放器、爱奇艺影音播放器及暴风影音等。当然，具体也要根据音视频文件的类型进行选择。

4.1.5　文件系统的安全与保密

在处理幼儿园日常安全管理静态数据时，各类数据通常都保存在某种格式的文件中，如 docx、pptx、xlsx、pdf、html、txt、jpg、mp3、mp4 等。由于幼儿园的很多文件数据都涉及幼儿、监护人及教职员工的个人隐私信息，或者涉及园方信息安全，因此各类文件的安全和保密工作也尤为重要。对计算机中所保存的本地文件进行安全管理，可以分为两个方面：一是计算机账户的安全，二是文件的安全。

1. 计算机账户的安全设置

计算机的账户安全一般是通过给计算机账号设置密码实现的。以 Windows 7 操作系统。

为例,给登录用户的账号设置密码可以有效防止非法用户对计算机的访问。为用户账号设置密码,可在启动计算机后,点击开始菜单中或任务栏上的"控制面板",点击"用户账户",打开如图4-7所示的界面。若没有设置过密码,则点击"为您的账户创建密码",输入密码并确认,必要时可以设置强密码和密码提醒,并单击"创建密码"。密码应尽量使用字母及数字的组合字符,提高安全性。若此账户已经有密码,界面变为"更改密码"和"删除密码"。

图4-7 更改账户密码

使用管理员用户登录可以修改其他账户的密码。如果是标准用户登录,只能修改自己账户的密码,无法修改其他用户的密码。

2.文件的安全性设置

除了为计算机登录账户设置密码外,有一些文件或文件夹不希望别人打开,此时可以进行加密,以防止恶意查看或修改行为。下面介绍一种在 Windows 平台下常用的文件或文件夹的安全加密设置方法。首先用鼠标选中并右击想要加密的文件或文件夹,在弹出的菜单中选择菜单项"添加到压缩文件(A)...",如图4-8所示。

在随后打开的"压缩文件名和参数"对话框中,选择右下角的"设置密码"按钮,如图4-9所示。

接着在弹出的"输入密码"对话框中去掉"显示密码"的勾选,输入给该文件或文件夹所添加的密码,如图4-10所示。注意,两次输入的密码要求完全一样,否则将会出现错误。正确地输入两次密码后,单击"确定"按钮,即可完成对文件或文件夹的安全加密操作。

图4-8 添加到压缩文件

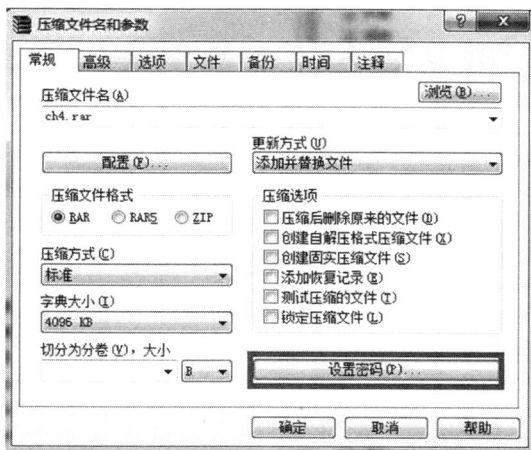

图 4-9　设置密码

图 4-10　输入密码

　　当对压缩成功的文件或文件夹完成加密操作时，对原始未加密的文件或文件夹可以删除或妥善保管。当需要打开经过加密后的压缩文件或文件夹时，可以看到在打开压缩文件的名称右上角出现了一个"＊"符号，进一步打开时，就会弹出要求"输入密码"的对话框，如图4-11所示。

图 4-11　加密文件的打开

　　此时，需要输入正确的密码才能打开加密的文件，若密码输入错误，则文件无法解压打开。当然，如果对文档的保密性要求较高，也可以采用专门的文件加密工具来实现，可以在网上搜索一些免费或商业付费的专用文件加密工具，感兴趣的读者可以自己尝试一下。

4.2 幼儿园安全管理数据的数据库系统存储

4.2.1 数据库系统概述

幼儿园日常安全管理过程中产生的静态数据大多可采用某种格式的文件加以保存,文件系统是最常用、最方便的一种数据保存方式。随着幼儿园安全管理数据规模的不断增大,比如监控数据、传感器数据、历史积累的各种文档数据等数据级不断增加,以及对安全管理数据的智能分析和统计需求不断提高,仅仅采用文件系统进行数据保存已经远远不能满足要求。采用文件系统的数据保存方式存在很多不足,比如安全性差、不利于进行数据共享和统一管理等。因此,将数据统一存放到某种数据库管理系统中加以管理的方式就应运而生了。

所谓数据库管理系统(database manage system,DBMS,文中简称为数据库系统),是指以一定方式储存在一起、可为多个用户共享、具有尽可能小的数据冗余度、与应用程序彼此独立的数据集合。用户可以方便、安全地对 DBMS 中的数据进行添加、查询、更新及删除等操作。

1. 文件系统和数据库系统的异同

文件系统和数据库系统的相同点如下:

(1)两者均可保存和管理幼儿园的相关数据。

(2)两者均有相应的专业软件管理数据,应用程序使用保存的数据时均需采用一定的存取方法进行转换。

(3)数据库系统是在文件系统的基础上发展而来的。

文件系统和数据库系统的区别如下:

(1)文件系统用文件将数据长期保存在外部存储磁盘上,数据库系统则用数据库统一存储数据。

(2)一般文件系统中的应用程序和文件数据有较强的关联度,而在数据库系统中的应用程序和数据则是完全分离的。

(3)文件系统用操作系统(如 Windows 平台等)中的存取方法对数据进行管理,数据库系统用数据库管理的方式进行统一管理和控制数据。

(4)文件系统实现以"文件"为单位的数据共享,数据库系统实现以"记录和字段"为单位的数据共享。

2. 数据库管理系统概述

DBMS 是一种操纵和管理数据库的大型软件,用于建立、使用和维护数据库,对数据库进行统一的管理和控制,以保证数据库的安全性和完整性。数据库管理系统是一个能够提供数据录入、修改、查询的数据操作软件,具有数据定义、数据操作、数据存储与管理、数据维护、数据通信等功能,且能够允许多用户使用。

数据库管理系统的优点如下:

(1)数据的安全性高。计算机数据库管理系统本身就能够加密数据,而将其与单纯的数据加密系统结合在一起更能提高数据的安全性。但是需要注意的是,任何信息管理系统的存在都是为人服务的。为此,在这一环境下进行数据信息的传输和维护需要技术人员进一步优化数据加密系统,以满足人们的需求。

(2)信息存储和管理效率高。计算机数据库管理系统最大的优势在于能够进行数据信息的长期存储和管理,这一特点在很多领域都有广泛的应用。但是需要注意的是,技术人员在增强信息存储和管理效率时应当对用户的身份进行细致识别,防止非法用户的入侵,最终减少恶意访问、黑客攻击等问题,真正保障数据信息的安全。

(3)数据备份与恢复便捷。在计算机网络应用的过程中,经常会出现信息丢失、系统崩溃等现象,致使数据信息损坏,无法正常调用。而计算机数据库管理系统主要就是数据的集合存储,在这一存储的过程中,管理系统会按照一定的模式进行数据存储,并建立较为复杂的数据结构关系。这样既能实现数据的单独处理,也能实现数据结合的使用、处理,从而实现高效率的数据恢复。

(4)多媒体数据管理效率高。应用计算机数据库管理系统能够提高多媒体的管理水平。技术人员能够利用计算机数据库管理系统降低多媒体管理的复杂程度,减少工作量,从而提高多媒体管理效率。

3. 常见的数据库管理系统

根据数据库管理系统所支持的数据库模型来分类,可将数据库管理系统分为关系型数据库和非关系型数据库。关系型数据库是建立在关系模型基础上的数据库,借助集合代数等数学概念和方法来处理数据库中的数据。简单来说,关系型数据库用选择、投影、连接、并、交、差、除、增、删、查、改等数学方法来实现对数据的存储和查询,同时可以用 SQL 语句方便地在一个表及多个表之间做非常复杂的数据查询,安全性高。非关系型数据库是基于"键值对(key-value)"的对应关系,并且不需要经过 SQL 层的解析,所以性能非常高。非关系型数据库用于超大规模数据的存储,比如物联网系统终端采集的实时数据。

常见的关系型数据库管理系统主要有:MySQL、Oracle、DB2、Microsoft SQL Server、Microsoft Access、FoxPro 等;非关系型数据库管理系统主要有:NoSql、Cloudant、MongoDB、redis、HBase 等。

4. MySQL 数据库管理系统

MySQL 是一个关系型数据库管理系统,由瑞典 MySQL AB 公司开发,目前属于 Oracle 旗下的产品。MySQL 是最流行的关系型数据库管理系统之一,在 Web 应用方面,MySQL 是最好的关系型数据库管理系统应用软件之一。MySQL 将数据保存在不同的表中,使用的 SQL 语言是用于访问数据库的最常用标准化语言。MySQL 软件体积小、速度快、总体拥有成本低,尤其是开放源码这一特点,故一般中小型网站的开发都选择 MySQL 作为网站数据库。本章中的数据库管理系统将以 MySQL 为例进行介绍。

MySQL 数据库的表采用二维表格来存储数据,是一种按行与列排列的具有相关信息的逻辑组,它类似于 Excel 工作表。一个数据库可以包含任意多个数据表。在用户看来,一个关系模型的逻辑结构是一张二维表,由行和列组成。这个二维表就叫关系,通俗地说,一个关系对应一张表。

(1)元组(记录)。表中的一行即为一个元组,或称为一条记录。

(2)属性(字段)。数据表中的每一列称为一个字段。表是由其包含的各种字段定义的,每个字段描述了它所含有数据的意义,数据表的设计实际上就是对字段的设计。创建数据表时,要为每个字段分配一个数据类型，定义它们的数据长度和其他属性。字段可以包含各种字符、数字甚至图形。

(3)属性值。行和列的交叉位置表示某个属性值，如“数据库原理”就是课程名称的属性值。

(4)主码。主码(也称主键或主关键字)，是表中用于唯一确定一个元组的数据。关键字用来确保表中记录的唯一性，可以是一个字段或多个字段，常用作一个表的索引字段。每条记录的关键字都是不同的，因而可以唯一地标识一个记录。关键字也称为主关键字，或简称为主键。

(5)域。域是指属性的取值范围。

(6)关系模式。关系的描述称为关系模式。对关系的描述一般表示为关系名(属性 1，属性 2，…，属性 n)。例如，幼儿园的学生信息关系可描述为：学生信息(学号、姓名、性别、出生年月、入学日期、父亲姓名、母亲姓名、家长联系电话、家庭地址、班主任姓名)。

关系模型的这种简单的数据结构能够表达丰富的语义，描述出现实世界的实体以及实体间的各种关系。

4.2.2 幼儿园安全管理静态数据的数据库存储

MySQL 数据库的表采用二维表格来存储数据，是一种按行与列排列的具有相关信息的逻辑组，它类似于 Excel 工作表。例如，某幼儿园小一班的学生信息如图 4-12 所示。数据库系统中的数据可以在 DBMS 系统中单独新建，也可以将文件系统中的已有文件数据导入到 DBMS 中，比如可以将某 Excel 文件中的表格数据导入到关系型数据库 MySQL 中。

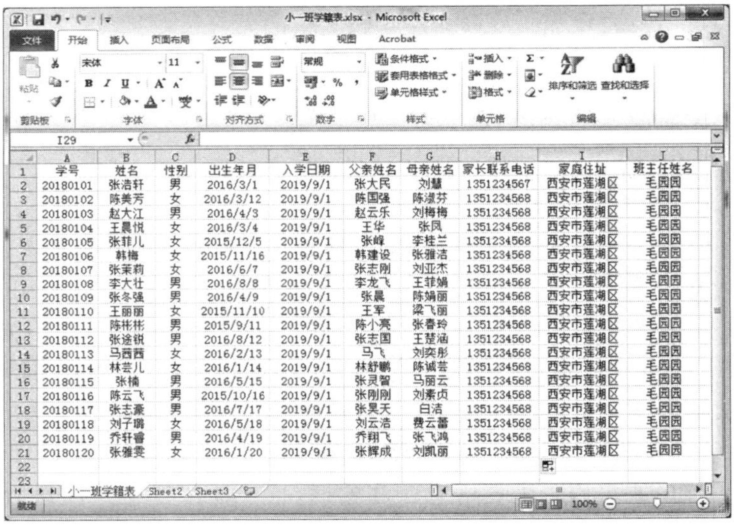

	A	B	C	D	E	F	G	H	I	J
1	学号	姓名	性别	出生年月	入学日期	父亲姓名	母亲姓名	家长联系电话	家庭住址	班主任姓名
2	20180101	张浩轩	男	2016/3/1	2019/9/1	张大民	刘慧	1351234567	西安市莲湖区	毛园园
3	20180102	陈美芳	女	2016/3/12	2019/9/1	陈国强	陈淑芬	1351234568	西安市莲湖区	毛园园
4	20180103	赵大江	男	2016/4/3	2019/9/1	赵云乐	刘梅梅	1351234568	西安市莲湖区	毛园园
5	20180104	王晨悦	女	2016/3/4	2019/9/1	王华	张凤	1351234568	西安市莲湖区	毛园园
6	20180105	张菲儿	女	2015/12/5	2019/9/1	张峰	李桂兰	1351234568	西安市莲湖区	毛园园
7	20180106	韩梅	女	2015/11/16	2019/9/1	韩建设	张雅洁	1351234568	西安市莲湖区	毛园园
8	20180107	张茉莉	女	2016/6/7	2019/9/1	张志刚	刘亚杰	1351234568	西安市莲湖区	毛园园
9	20180108	李大壮	男	2016/8/8	2019/9/1	李龙飞	王菲娟	1351234568	西安市莲湖区	毛园园
10	20180109	张冬强	男	2016/4/9	2019/9/1	张晨	陈娟丽	1351234568	西安市莲湖区	毛园园
11	20180110	王丽丽	女	2015/11/10	2019/9/1	王军	梁飞丽	1351234568	西安市莲湖区	毛园园
12	20180111	陈彬彬	男	2015/9/11	2019/9/1	陈小亮	张春玲	1351234568	西安市莲湖区	毛园园
13	20180112	张途锐	男	2016/8/12	2019/9/1	张志国	王楚涵	1351234568	西安市莲湖区	毛园园
14	20180113	马茜茜	女	2016/2/13	2019/9/1	马飞	刘奕彤	1351234568	西安市莲湖区	毛园园
15	20180114	林芸儿	女	2016/1/14	2019/9/1	林舒鹏	陈诚芸	1351234568	西安市莲湖区	毛园园
16	20180115	张楠	男	2016/5/15	2019/9/1	张灵智	马丽云	1351234568	西安市莲湖区	毛园园
17	20180116	陈云飞	男	2015/10/16	2019/9/1	张刚刚	刘素贞	1351234568	西安市莲湖区	毛园园
18	20180117	张志豪	男	2016/7/17	2019/9/1	张昊天	白洁	1351234568	西安市莲湖区	毛园园
19	20180118	刘子璐	女	2016/5/18	2019/9/1	刘云浩	费云蕾	1351234568	西安市莲湖区	毛园园
20	20180119	乔轩睿	男	2016/4/19	2019/9/1	乔翔飞	张飞鸿	1351234568	西安市莲湖区	毛园园
21	20180120	张雅雯	女	2016/1/20	2019/9/1	张辉成	刘凯丽	1351234568	西安市莲湖区	毛园园

图 4-12　学生信息表

1. Excel 表中的数据导入数据库

第一步：先将 Excel 文件(.xlsv)另存为 CSV(逗号分隔)(.csv)，如图 4-13 所示。

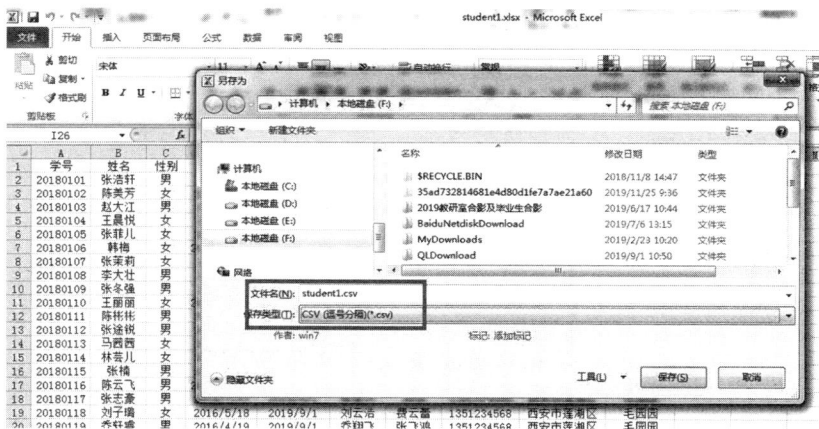

图 4 - 13　另存为文本文件

第二步：将生成的.csv 文件用文本工具（如记事本等）打开，另存为编码格式为 UTF-8 的 cvs 文件，如图 4 - 14 所示。

图 4 - 14　编码格式

第三步：创建数据库和表。

①创建数据库。创建数据库时可以使用如下命令：

```
CREATE DATABASE 'testStu' CHARACTER SET 'utf8' COLLATE 'utf8_general_ci';
Use testStu;   //打开新创建的数据库
```

也可以使用图形界面的工具进行数据库的创建，比如 HediSQL 或者 MySQL Workbench 8.0 CE 等图形界面工具。

②创建表。表结构应与 Excel 电子表格文件中的列保持一致。表的创建也可以使用 CREATE TABLE 命令实现，或者使用图形界面工具实现。图 4 - 15 给出了一个使用 HediSQL 图形界面客户端连接 MySQL 数据库服务器的例子。在该例子中，数据库名称为"teststu"，表名为"Student1_1"，表中的属性名称（列名称）和 Excel 电子表格中的学生学籍表数据一致。

第四步：将 student1.csv 文件导入（Import）到 MySQL 数据库中。

将 student1.csv 文件导入（Import）到 MySQL 数据库中可以采用命令方式或者图形界面的方式。

①使用命令导入到数据库，具体命令如下：

```
LOAD DATA LOW_PRIORITY LOCAL INFILE 'F:\\student1.csv'
```

②使用 HediSQL 图形界面客户端导入到数据库。

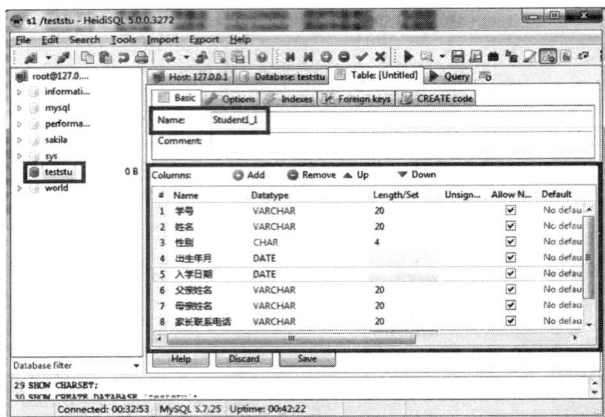

图 4 - 15　数据库表

首先,选择菜单中的"Import→Import CSV file..."，如图 4 - 16 所示。

图 4 - 16　Import 菜单

其次,弹出如图 4 - 17 所示的对话框,在"Source"选项卡中,选择要导入的目标 csv 文件
(student1. csv),同时将字段分隔符(terminated by)设为逗号。

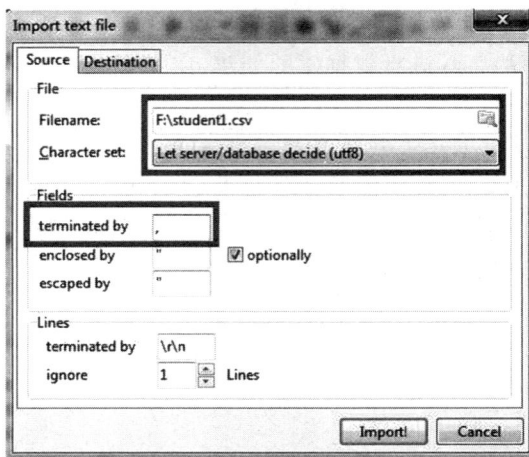

图 4 - 17　选取文件源

再次，在"Destination"选项卡中，选择要导入的目标数据库（teststu）和表（student1_1）以及表对应的字段（学号、姓名、性别、出生年月、入学日期、父亲姓名、母亲姓名、家长联系电话、家庭住址、班主任姓名），如图4-18所示。

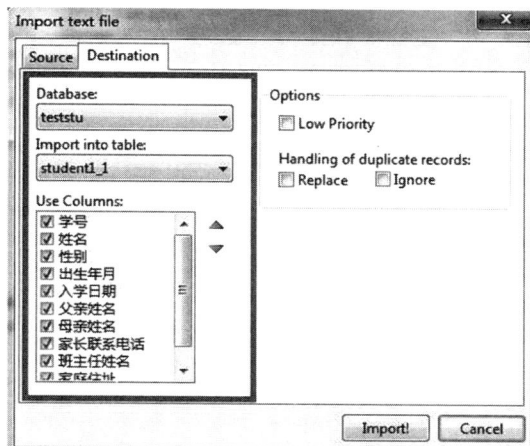

图4-18　选取文件源

最后，单击"Import"按钮，即可将csv文件（student1.csv）中的数据导入到MySQL数据库中，如图4-19所示。

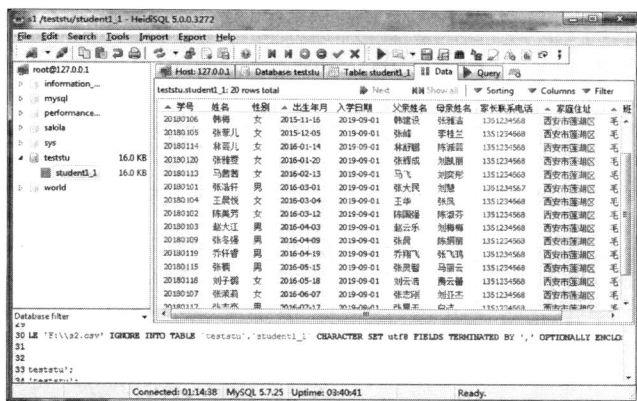

图4-19　数据导入到数据库中

2.数据库中危险源数据的筛选

例如，幼儿园某次晨检表中的部分数据如图4-20所示。由图4-20可以看出，有些孩子携带了危险物品，如小刀和绳子等，有些孩子体温超过了37℃，这些都属于不同级别的危险隐患，可以在数据库系统中方便地进行查找和筛选，具体如图4-21所示。

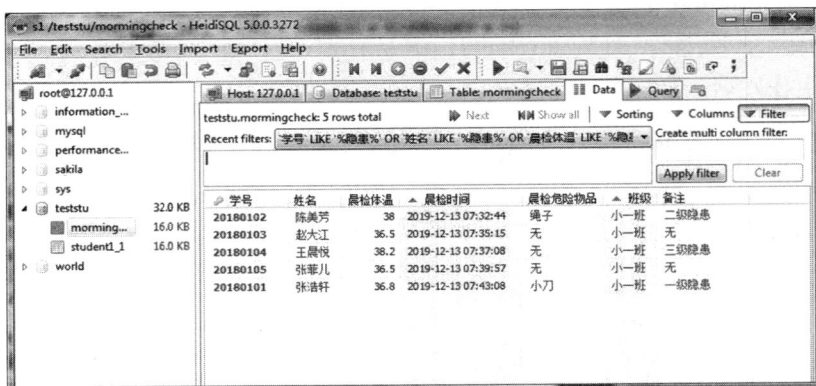

图 4 - 20　晨检数据库表

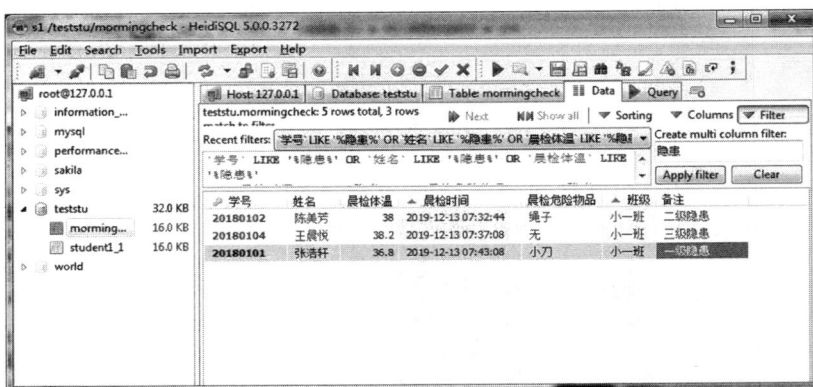

图 4 - 21　晨检危险源查找

4.2.3　幼儿园安全管理动态数据的数据库存储

幼儿园安全管理过程中的动态数据主要包括从幼儿园终端摄像头及其他传感器上上传到管理中心数据库中的数据，主要包括图片、传感器数据、音频及视频等格式。此类数据的上传和保存一般都是通过专用程序自动处理完成的，无须人工进行保存，这些数据通常都直接保存到本地或远程的数据库管理系统中。

1. 图片数据的保存

目前存储图片到数据库系统中有下面两种做法：

（1）把图片直接以二进制形式存储在数据库中。一般数据库提供一个二进制字段来存储二进制数据。比如，MySQL 中有个 blob 字段，oracle 数据库中是 blob 或 bfile 类型。这实际上是将图片文件转换成二进制流后，将二进制流保存到数据库相应的字段中。

（2）将图片存储在磁盘上，数据库字段中仅保存图片的路径。图片文件的源文件一般不用直接保存到数据库中，较为常用的做法是，将图片文件所在的路径保存到数据库中，然后通过程序调用该路径的文件。

2.传感器数据的保存

幼儿园安全管理中的传感器数据包括 RFID 考勤数据、人体体温监测数据、温湿度数据、烟雾浓度数据、可燃气体数据等,这些利用各类传感器所采集到的数据可以永久地存放在后台数据库系统中的数据表中。在需要使用时,可以对相关数据表进行查询、修改、更新和删除。

3.音频及视频数据的保存

幼儿园安全管理中的音频及视频数据主要来自幼儿园安全管理信息化平台中的行为数据、交互数据及物联网控制中心所采集的监控数据等。此类音频及视频数据通常可以使用程序将音频及视频转化为数据流的格式,保存到特定数据库的数据表中,在后期使用时可以进行查询。当然也可以在保存此类数据时参照图片数据的保存方法,将原始的音频及视频数据存储在本地磁盘上,在数据表的字段中仅保存音频及视频数据的路径。

4.2.4　数据库系统的安全与保密

数据库系统的安全与保密是数据库系统数据安全的重要机制,下面主要从数据库系统安全机制、权限系统及安全设置注意事项等方面进行详细介绍。

1.数据库系统的数据安全机制

(1)外围网络。幼儿园的各类信息数据保存到某台计算机上的 DBMS 中后,系统所在的外围网络是名副其实的"第一层防线",应该让数据库系统处在一个有防火墙保护的局域网之中,而不是置于可以任意访问的公网中。

(2)主机。数据库系统的"第二层防线"是主机层防线,主机层防线主要负责拦截网络(包括局域网)或者直连的未授权用户试图入侵主机的行为。

(3)数据库管理系统。数据库系统数据安全的"第三道防线"就是 DBMS 了。这道防线基本上可以说是数据库系统数据安全的最后一道防线了,也是最核心最重要的防线。以 MySQL 数据库系统为例,其数据访问安全机制中的访问授权相关模块主要由两部分组成,一个是基本的用户管理模块,另一个是访问授权控制模块。用户管理模块主要是负责用户登录连接相关的基本权限控制,但其在安全控制方面的作用非常大。用户管理模块就像 MySQL 的一个"门禁"一样,通过合法账户名和密码校验后,每一位用户才能正确登录到数据库。如图 4-22 所示的 HediSQL 图形界面客户端登录到 MySQL 数据库服务器时需要输入用户名和密码。访问授权控制模块则是随时随地检查已经进门的访问者,校验这些用户是否有访问所发出请求需要访问的数据的权限。通过校验的访问者可以顺利拿到数据,而未通过校验的访问者,只能收到"访问越权"的相关反馈。

(4)数据库内程序代码。数据库系统数据安全的"第四道防线"是数据库内的程序代码,可以包括数据库内的函数、存储过程、触发器及事件等,如果权限校验不够仔细而存在安全漏洞,则同样可能会被入侵者利用,达到窃取数据等目的。比如一个存在安全漏洞的信息管理系统,很容易就可能窃取到其他一些系统的登录密码。之后,就能堂而皇之地轻松登录到其他相关系统,达到窃取相关数据的目的。甚至还可能通过应用系统中保存不善的数据库系统连接登录密码,从而带来更大的损失。

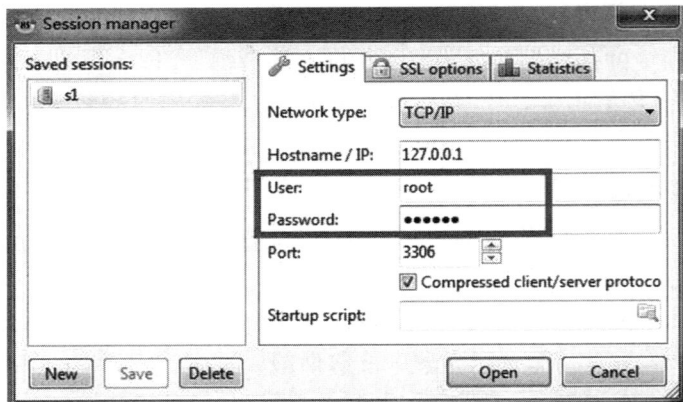

图 4-22　登录数据库系统的账户和密码

2. MySQL 数据库的权限系统

MySQL 数据库的权限系统在实现上比较简单，相关权限信息主要存储在几个被称为 grant tables 的系统表中，即 mysql. User、mysql. db、mysql. Host、mysql. table_priv 和 mysql. column_priv。由于权限信息数据量比较小，而且访问比较频繁，所以 MySQL 在启动的时候，会将所有的权限信息都装载到内存中且保存在几个特定的结构中。

当然，也可以通过 grant、revoke 或者 drop user 命令来修改相关权限。若要为某个用户授权，可以使用 grant 命令；要去除某个用户已有的权限，则使用 revoke 命令。

3. 安全设置注意事项

（1）使用私有局域网。可以通过使用私有局域网，通过网络设备，统一私有局域网的出口，并通过网络防火墙设备控制出口的安全。

（2）使用 SSL 加密通道。如果对数据保密要求非常严格，可以启用 MySQL 提供的 SSL 访问接口，将传输数据进行加密。这样使用网络传输的数据即使被截获，也无法轻易使用。

（3）访问授权限定来访主机信息。可以在授权的时候，通过指定主机的主机名、域名或 IP 地址信息来限定来访主机的范围。

（4）OS 安全方面。关闭 MySQL Server 主机上面任何不需要的服务，这不仅能从安全方面减少潜在隐患，而且能减少主机的部分负担，尽可能提高性能。使用网络扫描工具（如 nmap 等）扫描主机端口，检查除了 MySQL 需要监听的数据通信端口之外，还有哪些端口是打开正在监听的，并关闭不必要的端口。

（5）文件和进程安全。合理设置文件的权限属性，MySQL 的相关数据和日志以及所在文件夹属主和所属组都设置为 MySQL，且禁用其他所有用户的读写权限，以防止数据或者日志文件被窃取或破坏。确保 MySQL server 所在的主机上所必要运行的其他应用或服务足够安全，避免因为其他应用或者服务存在安全漏洞而被入侵者攻破防线。

（6）用户设置。必须确保任何可以访问数据库的用户都有一个比较复杂的内容作为密码，而不是非常简单或者比较有规律的字符，以防止被使用字典破解程序攻破。

4.3 基于云平台的幼儿园专用软件系统数据存储

4.3.1 云平台技术概述

基于园所安全管理的实际需求,越来越多的幼儿园开始进行智慧幼儿园的建设,随之而来的是将园所中不同位置所采集的数据进行存储、分析和处理,以便为幼儿园及教育监管部门等相关各方提供不同级别和层面的安全管理数据依据。在智慧幼儿园建设的同时,配套的幼儿园管理软件也应运而生,这些专业的管理软件大部分也是基于云平台技术而设计的。云平台也称为云计算平台,是指基于硬件资源和软件资源的服务,提供计算、网络和存储能力。下面从云平台的特征、分类、主要用途和优点等方面进行简要介绍。

1.云平台的特征

(1)硬件管理对幼儿园(平台使用者)高度抽象。用户根本不知道数据是在位于哪里的哪几台机器处理的,也不知道是怎样处理的,当用户需要某种应用时,用户向"云平台"发出指示,很短时间内,结果就会返回到用户的客户端屏幕上。云计算分布式的资源向用户隐藏了实现细节,并最终以整体的形式呈现给用户。

(2)幼儿园(平台使用者)对基础设施的投入被转换为运营成本。当幼儿园需要使用云平台时,不再需要规划属于自己的数据中心,也不需要将精力耗费在与教学及管理业务无关的IT管理上,只需要向"云"发出指示,就可以得到不同程度、不同类型的信息服务。同时,节省下来的时间、精力、金钱,可以投入到幼儿园的日常教学运行和管理工作中去。对于个人用户而言,也不再需要投入大量费用购买软件,云中的服务已经提供了所需要的功能,任何困难都可以解决。

(3)基础设施的能力具备高度的弹性(增和减)。云平台可以根据幼儿园的实际需要进行动态扩展和配置。

2.云平台的分类

根据云平台的核心业务功能侧重点不同,可将云平台主要分为三类:以数据存储为主的存储型云平台、以数据处理为主的计算型云平台及计算和数据存储处理兼顾的综合云计算平台。根据用户数据的保密程度不同,可以将云平台分为公有云和私有云。公有云是由云服务提供商控制并构建基础架构,整合资源构建云端虚拟资源池,根据需要可以分配给多个用户同时使用。人们经常听到或使用的云服务器、云服务器实例等都属于公有云范畴,适合无架设私有云条件或需求的企业和开发者使用。私有云是由云服务客户控制,一般由用户本身或第三方拥有、管理和运营,可能部署在用户工作场所内或数据中心。

3.云存储的主要用途和优点

云存储通常把主数据或备份数据放到企业外部不确定的存储池里,而不是放到本地数据中心或专用远程站点。如果使用云存储服务,企业机构就能节省投资费用,简化复杂的设置和管理任务,且把数据放在云中还便于从更多的地方访问数据。

1)云存储的主要用途

数据备份、归档和灾难恢复是云存储的三个用途。云存储侧重于加速、安全存储、数据处理。关于加速这个优势,主要表现在上传、下载速度方面,而安全存储、数据处理,如水印、缩略、转码、裁剪,也都是针对企事业应用开发的功能。网盘也是云存储中的一个主要产品,其主要功能是提供文件的管理、同步、分享、备份等,对上传、下载的速度并无特别承诺,对文件的安全、数据的处理亦无云存储般重视。

2)云存储的优点

(1)自动同步。Windows 客户端在指定目录下添加、修改、删除文件或目录,这种状态将会自动同步到云端。如果云端任意一个文件被添加、修改、删除,也会自动同步到当前 Windows 电脑。

(2)选择性同步。用户不需要把云端所有的文件都同步到 Windows 电脑中,可根据需要,在 Windows 客户端进行选择性同步,选择一个或多个子目录进行同步。

(3)文件共享。提供目录共享,企业成员在共享目录编辑文件后,可自动同步到对方目录中。同时,提供文件外链与文件分享,成员可将文件进行外部分享。

(4)快速部署。通过单一安装文件完成,自动获取安装所需信息,无须用户干预。

(5)历史版本恢复。用户多次编辑文件后,可根据时间找到以前的版本,并可恢复。

4.3.2 基于云平台的幼儿园专用软件系统概述

1. 幼儿园专用软件的产生背景

信息化是幼儿园现代化的重要特征,为建设和推进教育现代化和教育强国的理念,国家针对教育行业推出了"互联网+教育"的信息化教育 2.0 方针,全面落实建设智能化校园,信息化教学,互联网教育系统管理,因此,也催生出了一大批幼儿园专用的管理软件系统。

幼儿园专用软件是主要运用计算机软件技术,结合幼儿园的工作与管理特征,开发形成的一种专用软件系统。此类软件系统一般具有幼儿成长档案管理、班级管理、园所管理、报表管理、视频监控、传感器数据采集分析等功能。幼儿园专用软件结构清晰、界面简洁,一般幼儿园的管理人员经过简单的专业培训就可轻松应用,家长等其他用户则无须专业培训也能轻松使用。除此之外,基于云平台的幼儿园专用软件一般能有效加强幼儿园风险管控,强化技术手段监管,并建立幼儿园办园行为常态监测机制,还可以让幼儿园上级主管部门及时了解幼儿园园所行为和基本运行情况,幼儿园也能便捷地按上级要求报送相关数据,还能有效进行风险源识别、分级汇报,全面降低风险,遏制事故。

2. 幼儿园专用软件的功能

基于云平台的幼儿园专用软件的功能一般分为下面四个层次。

(1)应用层。在应用层一般包括 PC 端的幼儿园门户网站和移动端的应用 App 软件,幼儿园管理人员及家长等其他用户主要通过这两种方式来进行幼儿园信息的管理、交互和查看。

(2)数据交换与共享层。本层的主要功能是将云平台中保存的各类幼儿园数据按照应用层的要求进行提取、筛选及过滤等,从而提供给应用层进行统一的用户身份认证、应用数据提取、消息发送及数据统计分析等功能。

(3)公共数据库层。本层的主要功能是将底层采集到的各类幼儿园管理的静态数据及动态数据进行统一的归类和保存,为数据交换与共享层提供统一的数据支持,主要是通过各种数据库管理系统、数据仓库等形式进行数据的存储。

（4）数据采集和预处理层。本层的主要功能是进行幼儿园日常管理数据的采集和预处理，包括园所信息、教师信息、幼儿信息、班级信息、物资信息及各类文档信息等各类静态数据，以及行为数据、交互数据和物联网控制中心所采集的监控数据、考勤数据与各类传感数据等各类动态数据。静态数据一般以某种文件格式进行保存，动态数据一般以数据库的形式进行保存。

目前，在加快信息化教育 2.0 的进程中，应当加大对幼儿园信息化建设的重视，建立完善的幼儿园信息化管理系统，一方面能够实现园区的安全化管理，加强家长与园区的沟通，保障孩子健康成长；另一方面有利于实现孩子个性化性格的养成，有助于孩子智力的开发和养成，大力推进信息化教育进程，实现教育兴国的战略决策。

4.3.3　基于云平台的幼儿园专用软件系统数据存储

基于云平台的幼儿园专用软件一般是基于移动互联网、云计算、云存储等新一代信息技术，以信息、数据和服务为导向，为广大幼儿园、老师、家长和孩子提供的一套集教学、管理、交流、记录于一体的成长信息交互服务平台。以某个商用基于云平台的幼儿园专用软件为例，图 4-23 给出了一个基于云平台的幼儿园专用软件的数据存储整体架构。

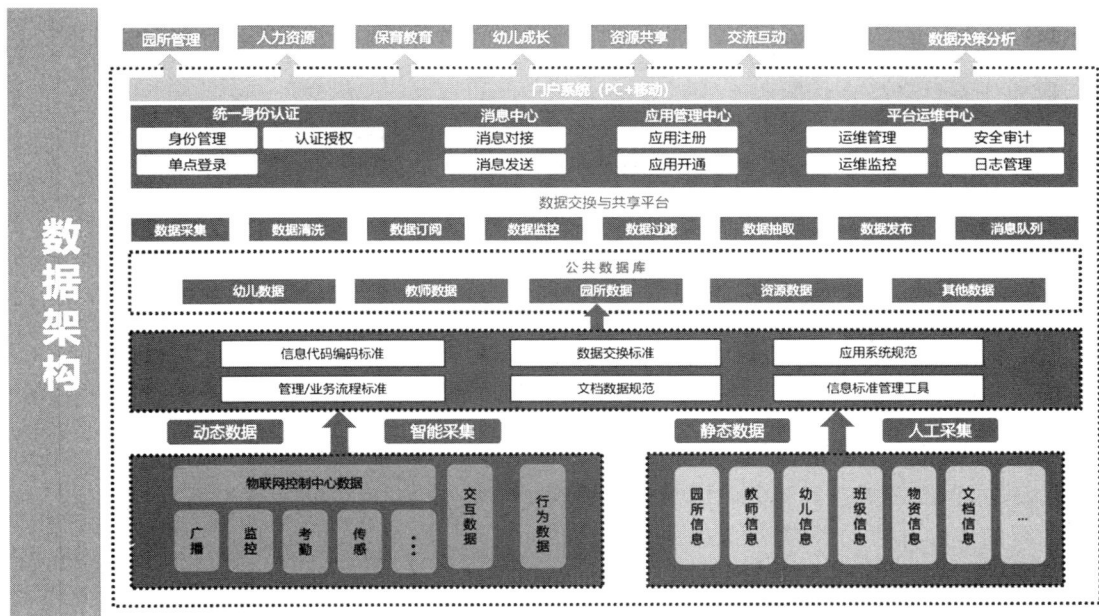

图 4-23　幼儿园专用软件数据存储整体架构

由图 4-23 可以看出，在幼儿园专用软件的数据架构中，静态数据一般由人工进行采集，比如园所信息、教师信息及物资信息等一般由幼儿园的管理人员进行采集和上传，幼儿信息、班级信息等一般由幼儿园教师进行采集，然后再上传给相应的管理人员向专用平台上传，文档信息及其他信息一般由具体的负责人员进行采集和上传。动态数据一般无须人工进行采集，其数据格式一般是固定的，由计算机通过门户网站、手机 App、物联网控制中心管理平台等工具自动提取、上传和保存。比如，用户通过浏览幼儿园门户网站或手机 App 等平台留下的交互数据、行为数据等，一般自动保存为 XML 文件、PDF 文件、关系数据库表或 JSON 结构的非关系型数据库表等数据格式,自动上传到平台进行保存;幼儿园物联网控制中心采集的监控数据、传感器数据、考勤数据(刷卡)、广播数据等一般也自动保存为相应格式的视频文件、文档文件及数据库文件等上传到平台。这些采集到的静态数据和动态数据在平台上经过各种信息的标准化预处理,最终存放到本地或远程的公共数据库系统中,具体可包括各类型幼儿数据、教师数据、园所数据、资源数据及其他数据等。基于云平台的幼儿园专用软件系统一般对公共数据库中的各类数据通过基于云计算的数据交换与共享平台模块所提供的数据采集、数据清洗、数据订阅、数据监控、数据过滤、数据抽取、数据发布及消息队列等功能模块,为幼儿园的数据应用层提供基础的数据支持和服务。具体来讲,就是将数据进一步提供给幼儿园的门户 PC 端网站或移动端手机 App,用于这些平台的统一身份认证、消息中心、应用管理中心及平台运维中心的数据支撑。对于使用幼儿园的门户 PC 端网站或移动端手机 App 的后台管理人员或家长及其他普通用户而言,通过该系统可以及时管理或查看幼儿园的园所信息、人力资源、保育教育、幼儿成长、资源共享、交流互动及数据决策分析等相关数据。

4.3.4 基于云平台的幼儿园专用软件系统数据分析与保密

1. 安全管理数据分析

1)教育监管部门的数据分析

教育监管部门可查看辖区内幼儿园分布情况和基本信息,如各种资质、负责人、地址、开办形式等,方便对辖区内幼儿园园所情况进行汇总;可查看各辖区内幼儿园园所的总体情况,包括园所位置分布、各类园所数量及对应入园幼儿数量、幼儿年龄段占比、老师年龄段占比、老师持证情况等;可查看辖区内幼儿园的园所数据分析,按区域对比园所数量、学位比、师生比等。同时,可查看各辖区内幼儿园的老师数据分析,按区域对比老师数量、老师持教师资格证人数占比、男女老师占比、专科以上学历人数占比;可查看各辖区内幼儿园的幼儿数据分析,按区域对比幼儿数量、留守儿童占比、幼儿月出勤率、幼儿月传染病率等。

2)幼儿园安全管理数据分析

基于云平台的幼儿园专用软件系统通常提供的安全管理方面的数据分析包括:

(1)通过监控数据及其他危险源数据的发现,实现危险源数据的自动上报、自查、分析,统计幼儿园的危险源情况,提升对危险源的管控。

(2)幼儿园安全检查提交的危险源和自主上报的危险源,并支持按时间段或类型统计汇总。

(3)统计教师及各类职工(含校车司机、厨师等)的基础档案情况,方便管理和教育监管部门对在编人员的各类情况进行了解。

(4)教职工的考勤情况统计,及时发现教职工的缺勤等异常状况。

(5)记录校车当前定位及行车轨迹,可查看司机、乘车学生名单等信息。支持按学校或车牌号查找校车,如发现偏离轨迹或超出一定延时的校车则自动启动平台报警功能。

(6)统计教育监管部门下发的公文情况,同时幼儿园可通过该功能上报公文数据。幼儿园园长的手机 App 进行相关提醒,方便园所第一时间获取政府公文或通知,并作出回应。此外,还可发布党建内容、师德教育等,也可以发送投票通知或活动报名通知。

(7)专业、智能、操作简单的膳食配餐,食材保质期等预警,同时自动生成营养分析报告、就餐人数统计等各类报表。

（8）幼儿晨检数据统计，将幼儿的测温数据上传至考勤机，家长和学校可以通过家长端和幼儿园后台检测幼儿体温数据，关注幼儿健康状态，及时发现健康异常的幼儿，提早检测预防，促进幼儿健康成长。

（9）幼儿考勤情况统计，可以将幼儿的考勤情况实时进行汇总，对应缺勤幼儿及时进行核实和应急处理。

2. 幼儿园专用软件系统数据保密

基于云平台的幼儿园专用软件系统一般都具备完善的信息防泄漏机制、成熟的接口框架、规范化和平台化的代码结构，可将幼儿园的静态数据和动态数据保存到云平台上，可以从根源上保障教育监管部门和幼儿园的各类信息安全。除技术手段外，一般软件供应商和园方还会签订《信息安全责任承诺书》，进一步以法律的手段来巩固双方在信息安全方面的合作管理，确保双方信息安全责任和权益。

下面主要对典型动态数据的保密进行简要介绍。

1）视频监控系统

视频监控系统是一类应用非常广泛的幼儿园安全系统，教育监管部门或园方可随时查看园内食堂、班级、公共活动区域等重点点位安装的摄像头。幼儿园通过宽带/专线网络，可将视频上传至远程云服务器，不占用幼儿园过多带宽，且支持幼儿园视频存储及回放：在摄像头上插入存储卡，即可有效对幼儿园视频画面进行存储，可取卡调取视频画面或远程调取（需权限），在幼儿园出现问题时可直接调取回放查看。教育监管部门可通过教育监管部门管理后台及手机端，实时接入每一个幼儿园查看园所视频，有效地监管园所食堂、厕所等重点区域，同时，还可查看幼儿园班级课堂实时画面。当然，视频监控系统的查看功能也是通过合法账号的身份认证进行的，非法用户一般无法进行视频监控的查看和管理。

2）家园互动系统

家长通过幼儿园专用软件系统账号，登录 PC 端门户网站或移动端手机 App 后可随时随地掌握幼儿在校动态，与老师和其他家长进行沟通与互动；同时，也可以通过该系统了解更多的育儿知识、疾病预防知识等。可见，通过一个 PC 端或手机 App 即可完成孩子成长过程中的知识获取和成长管理，并有效和幼儿园进行沟通。同时，家园互动过程中产生的数据都将被存放在云平台系统中，只有通过合法身份认证的用户才能根据权限进行访问和查看。

4.4 幼儿园安全管理数据存储技术展望

幼儿园安全数据存储技术从早期的文件系统和数据库系统数据存储，已经逐渐发展为基于云平台和大数据的幼儿园专用软件存储和技术。随着智慧幼儿园建设的不断加快，越来越多的幼儿园在安全管理时通过在不同区域布置的传感器或 RFID 射频等智能设备实时采集环境的物联网数据，也进一步对采集的数据进行存储、保密及大数据分析，因此基于云平台及大数据分析的幼儿园专用软件将是幼儿园安全管理信息化的必然发展趋势。

4.4.1 幼儿园安全管理数据的云存储展望

随着云存储技术的发展，幼儿园安全管理数据的云存储还需从安全性、便携性、性能和可用性及数据访问等角度进行改进。

1. 安全性

从基于云平台的幼儿园专用软件系统诞生,安全性一直是幼儿园首要考虑的问题之一。对于想要进行云存储的幼儿园管理者来说,安全性通常是首要的考虑因素。目前许多大型、可信赖的云存储厂商也在努力满足各个幼儿园的个性化安全性要求,构建比多数本地数据中心更安全的数据中心。

2. 便携性

一些幼儿园用户在托管存储的时候还需要考虑数据的便携性。一般情况下,这是有保证的,一些大型服务提供商所提供的解决方案也承诺其数据便携性可媲美最好的传统本地存储。有的云存储结合了强大的便携功能,可以将整个数据集传送到你所选择的任何介质或平台,比如手机端、Pad 端,甚至是专门的存储设备。

3. 性能和可用性

过去的一些托管存储和远程存储总是存在着延迟时间过长的问题。同样地,互联网本身的特性就严重威胁服务的可用性。基于云平台的幼儿园专用软件的发展方向之一就是支持新一代云存储技术,特点就是将经常使用的数据保存在本地,从而有效地缓解互联网延迟问题。通过本地高速缓存,即使面临最严重的网络中断,这些设备也可以缓解延迟性问题。

4. 数据访问

目前对云存储技术的疑虑还在于,如果执行大规模数据请求或数据恢复操作,那么云存储是否可提供足够的访问性? 在未来的技术条件下,可实现将数据直接传送给幼儿园管理平台,且其速度之快相当于复制、粘贴操作。

4.4.2 幼儿园安全管理数据的云应用展望

1. 云物联应用

云计算和物联网之间的关系可以用一个形象的比喻来说明:"云计算"是"互联网"中的神经系统的雏形,"物联网"是"互联网"正在出现的末梢神经系统的萌芽。随着信息化程度的提高,幼儿园的物联网设备也不断增多,比如门禁物联网、环境监测物联网、儿童健康监测物联网、校车车载物联网等,这些物联网设备中实时收集的数据将会上传到云平台中的云存储系统进行保存和处理。

2. 云呼叫应用

云呼叫中心是基于云计算技术而搭建的呼叫中心系统,无须购买任何软、硬件系统,只需具备人员、场地等基本条件,就可以快速建立幼儿园的独立呼叫中心,软硬件平台、通信资源、日常维护与服务由服务器商提供。幼儿园在信息化建设过程中,可以根据需要在云平台上建立云呼叫中心,可以方便地给家长或教职工建立专门的呼叫中心系统。

3. 云游戏应用

云游戏是以云计算为基础的游戏方式。在云游戏的运行模式下,所有游戏都在服务器端运行,并将渲染完毕后的游戏画面压缩后通过网络传送给用户。对于幼儿园来讲,可以在云平台上为幼儿和教职工搭建专门的幼儿教学游戏平台,幼儿或教职工在教室或办公室使用平板或电脑就可以直接登录云游戏平台,为开发更多的教学资源奠定基础。

4.云教育应用

视频云计算应用在教育行业的流媒体平台采用分布式架构部署,分为 Web 服务器、数据库服务器、直播服务器和流服务器,如有必要可在信息中心架设采集工作站搭建网络电视或实况直播应用,在各个学校已经部署录播系统或直播系统的教室配置流媒体功能组件,这样录播实况可以实时传送到流媒体平台管理中心的全局直播服务器上,同时录播的学校也可以上传存储到信息中心的流存储服务器上,方便今后的检索、点播、评估等各种应用。同时,幼儿园也可以将视频教学的素材、微课及慕课等流媒体资源上传到云存储系统中,以方便在日常的教学中进行检索、下载等。

5.云会议应用

云会议也是幼儿园可以使用的一个主要功能。云会议是基于云计算技术的一种高效、便捷、低成本的会议形式,使用者只需要通过互联网界面,进行简单易用的操作,便可快速高效地与教职工或家长同步分享语音、数据文件及视频,方便幼儿园在特定条件下进行远程办公或进行远程会议。

第 5 章
幼儿园安全数据传输

5.1 基于计算机网络的数据传输

5.1.1 计算机网络的基本概念介绍

一般来说,一个信息系统都会包括使用者、硬件、软件和网络系统。虽然大多数幼儿园在建设自己的计算机网络的时候都需要委托外部专业人员,但是,建设中的许多与计算机网络有关的决策问题往往需要园方根据自身情况自行决定,如选择系统建设的基本技术方案,内外网如何区隔,用何种方式接入互联网,连接介质如何确定等,这些选择并不是越贵越好,也绝不是越先进越好,而是要结合成本、功能、易用性、可扩展性和兼容性等方面进行综合考虑。同时,信息系统建设完成投入使用后,后续的维护活动往往也需要园方进行组织。如果不了解一些基本常识,会给管理工作带来障碍。因此,了解计算机网络的一些基本常识,才能更好地进行幼儿园信息化系统的建设与管理活动,也能够保证数据传输中的安全。

1. 互联网与 TCP/IP 协议

互联网(Internent),字面意思为"国际网络",从广义来说,可以泛指所有遵循一定通信协议,由计算机相互连接形成的计算机网络。在实践中,互联网一般可以被界定为遵循 TCP/IP 通信协议,由局域网和广域网连接而形成的计算机网络。人们一般提到"上网"时所指的就是互联网。

通信协议是通信双方对如何传输数据的一系列约定。这些约定一般需要在一个正式会议上,由相关各方经过商议并签署正式文件达成一致,因此称之为"协议"(protocol)。一般来说,一套通信协议会规定数据格式、传输方式、检验纠错方式、控制方式等方面内容。

TCP/IP 协议是目前互联网应用最广的通信协议,它是一系列通信协议的集合,内部包含上百个协议,其中的 TCP 协议和 IP 协议是最核心的两个协议,因此该集合以此命名。

TCP 协议,全称"传输控制通信协议"(transmission control protocol),解决的问题是将数据如何变成数据包,并在到达后如何把数据包还原成数据。

IP 协议,全称"网络互连协议"(internet protocol)。数据包分好后,还需要知道发给网络中的哪台计算机,这就需要建立一个"地址系统",而这就是 IP 协议解决的主要问题。如果把数据想象成一批货物,TCP 协议解决的是如何将货物分装和组合的问题,而 IP 协议解决的就是把包裹发到哪个地址的问题。

IP 协议规定了一套地址系统,称为"IP 地址",每一个接入互联网的设备都会被分配一个在这个网内唯一的 IP 地址用以识别该设备,就好像为一个地区中的每个房子定义一个门牌号,以便能迅速找到这个房子一样。例如,某公司申请到了"202.108.22.5"的 IP 地址作为自己的一个外部互联网服务器的 IP 地址,其他服务器就不能使用这个 IP 地址了。普通用户一般没有专用 IP 地址,接入外部互联网时,电信运营商会在自己掌握的大量 IP 地址中给这个用户分配一个供其接入外部互联网。

传统的 IP 地址(IPv4)由四个字节构成,每个字节的取值范围为 0～255,各个字节用"."分隔。根据第一字节的取值,可以把 IP 地址分为五类。这五类 IP 地址可以根据首字节的取值进行识别,如表 5-1 所示。例如"202.108.22.5"就是一个 C 类 IP 地址,可以将其理解为"202.108.22"号网络上的 5 号设备。表 5-1 中未列首字节 127 的 IP 地址,因为首字节 127 的 IP 地址规定为本机地址,主要用于测试。

表 5-1　IP 地址的分类

IP 地址分类	第一字节取值	标识网络	标识设备
A 类 IP 地址	1～126	第一个字节	后三个字节
B 类 IP 地址	128～191	前两个字节	后两个字节
C 类 IP 地址	192～223	前三个字节	后一个字节
D 类 IP 地址	224～239	不区分,备用和用于组播等特殊应用	
E 类 IP 地址	240～254	不区分,主要用于互联网实验开发	

在常用的 A、B、C 三类 IP 地址中,各保留了一个 IP 地址段作为内部网络中互相识别所用的地址,不用于国际互联网的地址识别。在搭建幼儿园的内部网络时,通常会使用到以下这些 IP 地址段,它们分别是 A 类 IP 地址中的"10.0.0.0～10.255.255.255",B 类 IP 地址中的"172.16.0.0～172.31.255.255",C 类 IP 地址中的"192.168.0.0～192.168.255.255"。这些地址段在内部网络建设时可以自行设置,一个内部网络中的 IP 地址是唯一的,但是不同内部网络的 IP 地址可以重复使用,不存在互相影响。例如,一个内部网络中,一个设备的 IP 地址被分配为 192.168.1.5,其他设备就不能在该网络中使用这个地址,如果把两台设备的 IP 地址设置都成 192.168.1.5,则后接入的设备会无法连入网络,但这并不会影响另一个内部网络的其他设备使用这个 IP 地址。

以上举例所用的 IP 地址为 IP 协议第四版所规定的地址格式,简称 IPv4,外部互联网的 IPv4 地址已于 2019 年 11 月 26 日正式耗尽,新 IP 地址将全部使用第六版标准,即 IPv6。不过,这对于普通上网用户和内部网络的使用者并无影响。

2.局域网

局域网,简称 LAN(local area network),顾名思义,就是一个局部的区域内搭建的计算机网络。这个局部区域一般来说较小,可以是一个家庭或者一个组织所在的区域,往往是几个房间,一栋建筑物,或者一个单位内部的多栋建筑物。局域网通常会局限在几千米的范围之内,不过如果使用中继器加强信号或者使用衰减小的传输介质如光纤等手段的话,理论上讲并不存在某个确定的距离上限。局域网内的所有设备可以相互通信,比如将打印机联入局域网,则网内有权限的计算机都可以使用这台打印机进行共享打印。

一般来说,一所幼儿园的内部计算机网络就是典型的局域网,有些幼儿园还会在自己的园区内建设多个并行的局域网,用于实现不同功能。比如,建设办公局域网用于管理信息化,建设无线局域网用于移动设备上网,建设监控局域网管理监控设备等。

按照使用的传输介质,可以把局域网分为有线局域网和无线局域网,有线局域网的线材还可以进一步细分为同轴电缆、双绞线(即网线)、光纤等,使用的设备有着一定区别。如果按照连接的结构(即网络拓扑结构),局域网可以被分为总线结构、星型结构、环状结构、树状结构、网状结构等。从具体的执行标准来说,局域网可以分为以太网、令牌环网、光纤分布式数据接口等。其中,令牌环网和光纤分布式数据接口目前在幼儿园网络建设的实践中已经很少见到,在此简要介绍一下以太网。

以太网由施乐公司在1973年提出,有着成本低、效率高、使用灵活等优势,目前是最为普遍使用的局域网执行标准。市面上常见的网卡、网线、交换机,在没有特别说明的时候基本都是以太网标准。幼儿园的局域网也不例外,很少出现以太网之外的结构。

以太网的逻辑结构是总线结构,物理结构一般是星型结构,核心技术是载波监听多路访问及冲突检测技术(CSMA/CD),该技术属于争用介质访问,也就是各种设备进行数据传输时竞争介质访问权,先到先得。这样总系统的使用效率较高,而且运行逻辑简洁,但有时会出现设备之间争抢带宽的问题。以太网早期使用同轴电缆作为传输介质,后来改用双绞线和光纤,一般来说,同轴电缆技术落后,光纤性能更好但成本偏高,幼儿园大多数时候会使用双绞线建设局域网。

对外部网络来说,局域网是封闭的,需要使用网关接入外部的广域网。网关控制数据的进出,管理局域网对外访问的权限,就好像一个大门,控制数据的进出,这座大门存在于概念上,具体实现这个功能的可能是交换机、防火墙或者服务器,对于小局域网来说,网关的功能整合在路由器里面最常见。

3. 广域网

广域网,简称WAN(wide area network),顾名思义,就是覆盖更宽广区域的计算机网络。广域网覆盖范围可达数百到数千千米。在局域网和广域网之间还有一类城域网(metropolitan area network),覆盖范围在几千米到一百千米,使用的技术也介于局域网和广域网之间。但是对于幼儿园来说,其实并不需要区分城域网和广域网,可以把外部互联网想象成一张由许多电信运营商,如中国电信、中国联通这样的企业搭建的一系列广域网连接而成的大网络,这个大网络上面连接着大量的各个单位自己建设的小局域网。

广域网由电信运营商搭建,对于幼儿园来说,需要的是联系运营商,选择合适的接入方式和服务项目,把自己的局域网接入广域网中。

常见的广域网接入方式有拨号上网、ISDN(一线通)、ADSL、光纤接入等,其中拨号上网和ISDN两种已基本被淘汰,目前常见的是ADSL和光纤接入。传统ADSL接入方式只有9 Mb/s,近些年技术升级后可达20 Mb/s,目前已经较为落后;一般建议一个信息化程度较高的幼儿园选择光纤接入,这样带宽的升级潜力比较大。

网速是幼儿园在进行网络建设时经常搞不太清楚的数据指标,指的是单位时间内能够传输的数据量,一般网速以比特(bit)为单位,常说的多少兆宽带指的就是这个宽带的下行峰值是多少"兆比特/秒"(一般标作Mb/s或Mbps)。计算机存储数据的时候是以字节(Byte)为单位,一个字节等于八个比特,即1 Byte=8 bit,所以描述带宽时所说的"兆"只有我们描述存储空间时所用的"兆"的八分之一。假设幼儿园选择了20 M宽带,实际下载时最高峰值一般是

20/8,即 2.5 Mb/s,考虑到设备和传输损耗,实际的网速一般还无法达到这个速度,常常只有理论值的一半,如能稳定在 1.5 Mb/s 左右就已经不错了。与此同时,数据传输是双向的,上传速度一般要比下载速度低得多,具体低多少需要看实际情况。ADSL 受技术限制,上传速度只有下载速度的十分之一,光纤在技术上可以实现上传速度和下载速度对等,不过提升上传带宽一般需要额外付费。幼儿园在尝试将监控视频上传到网络服务器存储时,如果需要实时上传的摄像头太多,经常会发现上传带宽不能满足要求,此时就需要考虑提升上传带宽。

5.1.2 幼儿园数据传输中的常见安全问题

1. 数据传输安全的基本含义

所谓数据传输安全,就是在数据有效传输的基础上,对其安全性进行保护。数据安全一般来说包含三个方面,即保密性、完整性、可用性。

数据传输安全的保密性是指数据在由发送方传输到接收方的全过程中,不能被没有经过授权的第三方所获得。数据的保密对于任何单位或组织都非常重要,一旦敏感数据或者保密数据泄漏,常常会带来非常严重的后果,当然,幼儿园也不例外。比如,幼儿园招聘时的考试题目外泄,会严重影响招聘工作的公正性;幼儿家庭信息外泄,很可能会被犯罪分子针对利用;监控信息外泄,可能侵犯幼儿隐私;等等。

数据传输安全的完整性是指在数据传输的过程中,不会因为各种人为或者非人为的原因,改变数据的原有内容。一般来说,数据传输安全的完整性需要防止数据被破坏、篡改或删除,否则数据就会失去价值。例如,某幼儿园在遭遇纠纷时需要调取监控,结果发现监控线路早已发生故障,录下的视频中有大量花屏,无法正常观看,使得园方陷入不利局面。

数据传输安全的可用性是指传输系统要能够提供既定的功能,不因系统故障、人为破坏和操作不当等各种原因使得功能不可用。如果传输系统失去了可用性,就无法保证各种功能的实现。例如,某幼儿园在培训时插入了带病毒 U 盘,病毒迅速在网内传播,导致多台计算机中病毒,最终整个幼儿园网络瘫痪,破坏了系统的可用性。

2. 威胁幼儿园数据安全传输的常见因素

数据传输问题本身有其专业性,但作为一种安全问题,依然会遵循安全风险分类的一般规律,我们可以尝试参考相关研究,将威胁幼儿园数据安全传输的因素按照人的因素、物的因素、环境因素和管理因素四个方面加以分析。

任何一个信息系统,都是一个人机协作系统,其中人的因素往往是主导因素,因此在数据传输过程受到的威胁时,人的因素必须足够重视。人的因素方面,可以从操作错误和恶意攻击两个方面来分析。

操作失误一般是没有主观恶意,但由于各种原因产生了错误的操作。比如,发送文件时选择了错误的对象,导致文件泄密;发送电子邮件的时候附件受损,导致对方无法收到正确的文件;连接线路时错接线路导致出现网络环路,使得整个网络瘫痪;等等。许多研究者都对数据安全问题的原因做过统计,结果虽并不完全相同,但基本都认为大多数安全问题来自使用者的使用不当,而幼儿园的教师和管理者在计算机技术上常常不甚精通,误操作导致的安全问题还是比较常见的。

恶意攻击一般是有目的的破坏。比如,有意识的非法窃取信息;删除和破坏数据;非法控制被攻击的计算机;干扰和控制幼儿园拥有的网络资源;散播计算机病毒;等等。幼儿园网络运行中的恶意攻击来自心怀不满的内部人员和产生纠纷的外部人员的情况较多,通常技术水平不高,但造成的破坏却相当之大。针对性的黑客攻击对于幼儿园来说较为罕见,不过这种攻击者往往有着相当高的专业技术,攻击前会进行周密的计划,如果在网络建设上没有精心设计,凭借幼儿园自身的技术力量很难有效防御。另外,操作失误与恶意攻击也不能孤立看待,很多时候操作失误会给恶意攻击带来可乘之机,比如网络系统的管理员账户不设密码或者设置极简单的密码,入侵者就可以轻易夺取网络的控制权限,无论窃取信息还是进行破坏都变得很容易。

物的因素方面,一般可以从计算机硬件、计算机软件和网络设施三个方面分析。计算机硬件应放置于安全的房间中,涉及保密的计算机不应放置于非涉密人员可以随意接触到的地方,存储重要数据的计算机应配备不间断电源,以防突然断电导致数据损坏。软件方面要注意使用正版操作系统,安装安全软件和杀毒软件,不浏览可疑网站,不安装可疑软件,定期进行病毒查杀和安全升级,正确设置软件环境等。网络设施方面,在系统设计、设备选择和线路铺设上要认真分析、谨慎决策、精心施工、持续维护等。

环境因素方面,要考虑到网络系统是运行在真实环境之中的,会与外部环境产生复杂的交互影响。比如,网络设备机房和监控室的设备往往配有较多的风扇,会产生较多的环境噪音。曾经就有某幼儿园清洁工因为觉得监控室设备太吵,在晚上经常对设备强行断电,导致设备损坏,监控录像遭到破坏的例子。另外,网络设备对于灰尘、潮湿和高温环境都很敏感,如果灰尘太多、房屋漏水或者存在火灾隐患,都会严重影响数据的安全传输。

管理方面,主要看幼儿园是否建立了切实可行的网络安全管理流程和风险管控体系。比如,管理信息系统分为几类权限?每类用户的行为是否有明确的限定?教师是否能够接触到其他非其负责班级的幼儿信息?监控查看权限如何界定?查看监控的流程是否有预先设计?监控系统多久检修一次?监控主机多久重启一次?病毒查杀是否有规定的时间间隔和责任人?类似问题最好以文件的形式明确制度化。

5.1.3 保证幼儿园数据传输安全的基本思路

前面介绍了数据传输风险的主要来源,接下来我们分析一下如何在具体的工作中保证数据传输的安全。要保证数据传输的安全性,需要从物理安全、系统安全、管理安全三个层次建设安全体系。

1. 物理安全

对于一个计算机网络系统来说,物理安全是一切安全的基础。如果物理上没有有效的保护,无论软硬件多先进,其他层次所有的安全措施都形同虚设。建设有局域网的幼儿园,通常需要一个专门的网络机房放置稳压器、交换机、路由器、硬件防火墙、调制解调器、光纤终端设备等设备,这样能够更好地集中管理,保障安全。如果幼儿园网络设备较少,且设立独立的网络机房存在困难,也可以考虑把网络机房和监控室或广播室整合在一起。具体来说,机房的物理安全可以从环境风险与人员风险两方面思考。

(1)防止来自环境的安全风险,包括防水、防震、防火、防雷、防静电、防过载、温湿度控制等方面。

首先,应当认真选择合适的机房地址,要保证机房建设在防风、防雨、有抗震能力的建筑之中。机房一般不要选择顶楼和地下室,顶楼容易漏雨,地下室往往过于潮湿,也不要建设在用水设施的楼下或者隔壁,万一漏水容易导致机房被破坏。

其次,在防火方面,自动烟雾报警器价格低廉,效果明显,幼儿园网络机房应当安装它,而自动灭火装置则需要根据幼儿园的经济能力考虑选用。在预算有限的情况下,可以使用手持式灭火器结合自动烟雾报警器作为防火的主要手段,手持式灭火器中,通常二氧化碳灭火器损害最小,最适合机房环境;干粉式灭火器灭火后不易清理,如有别的选择尽量不要使用;泡沫式灭火器含水会造成设备短路,禁止在机房使用。如果需要自动灭火装置,需要注意喷水会对设备造成毁灭性打击,因此在幼儿园其他区域经常会使用到的自动喷水灭火系统并不适用电子设备较多的网络机房。对于幼儿园来说,机房面积通常不大,一般不需要购置昂贵的自动气体灭火系统,在天花板打孔悬挂一个与机房面积相匹配的悬挂式七氯丙烷自动灭火器通常可以满足需求。另外,需要注意的是,机房一旦出现起火征兆,第一时间应当断电,避免漏电短路等情况扩大损失。

再次,在防雷、防静电和防过载方面,建筑物应当符合防雷规范。设备一定要有可靠接地,如有条件应当铺设防静电地板并进行接地。线路上除了空气开关还应该安装防浪涌保护器和过欠压保护器,如果所在地区电压不稳情况比较频繁和严重,还可以把过欠压保护器换成稳压器。

最后,在温湿度控制方面,温度太高设备容易过热死机,太低容易结露;湿度太低容易产生静电,太高容易导致设备短路。控制机房温湿度的主要方法是给机房安装空调,以调节室内温度和湿度,保持室内空气温湿度适中。幼儿园一般按照 D 级机房标准控制温湿度,要求不是太严格,通常环境温度在 5℃～35℃,湿度在 15％～85％ 即可,这个范围比较宽,凭经验基本可以判断,也可以使用温湿度计进行测量。

(2)防止人员接触导致的安全问题,包括控制人员进出和防盗防破坏。

从控制人员进出方面来说,网络机房应当保证机房的钥匙由专人管理,非工作人员应当禁止进入机房,如确实需要进入,应该进行登记,并由工作人员陪同。

从防盗防破坏方面来说,网络机房应当安装防盗门,窗户可以考虑安装防盗护栏。网络设备应当购买机柜放置并上锁,主要设备应固定并添加不易去除的标记以增加盗窃难度。另外,视频监控系统应该覆盖网络机房内部和门口,并使用红外摄像头保证夜间监控。同时,应有专人进行日常巡视或值守,并确保离开时门窗锁好。

2. 系统安全

数据传输过程中的系统安全,指的是网络系统本身的安全性,从系统层面保证其保密、可用和数据完整。系统安全性可以从系统设计、硬件、软件几个方面进行考虑。

从系统设计方面,应当考虑到在铺设网络时尽量按照功能对网络进行区隔,通常区隔越明确,安全性越高。一般来说,一个信息化程度较高的幼儿园网络可以考虑分成两个子局域网,一个局域网用于监控设备运行,使用有线网络,一个局域网用于信息化办公和教学,使用有线网络和无线网络结合。如果对办公系统的保密性要求更高的话,可以考虑把办公系统和教学系统独立开来,办公系统使用有线网,不接 Wi-Fi,加装数据监控设备与监控软件,与外网进行物理隔离。

在硬件方面,应当采购性能较好的知名品牌网络设备并使用高质量的线材。一定要注意几台设备的局域网和几十台甚至上百台设备接入的局域网不是一个概念,前者买个家用路由器简单接线即可,后者则要搭建一个稳定可靠的网络,建议由专业人员进行设计和施工,要有完整的设计和施工图纸,明确写清各类设备和线材,按图施工。

如果需要自己接线或者施工工人不太了解弱电施工,有以下几个问题需要注意。①需要购买网线钳和测线仪,接好后必须测试是否正常,如有问题必须重接。②网线头的正式叫法是RJ45水晶头,尽量购买质量较好的超五类水晶头,优质水晶头会明显比劣质水晶头用料更厚,材质透明度更高。③网线选择非屏蔽超五类网线,性价比最高,传输速度和稳定性都有一定保证,低于此级别的线材质量较差,尽量不要购买。高于非屏蔽超五类网线级别的一般都是屏蔽线,如果购买屏蔽线,其内部多了一金属屏蔽层,会让网线的抗干扰能力更强,性能会更好,当然也更贵,但要使屏蔽层发挥作用的前提是要将屏蔽层可靠接地,这意味着需要使用配套的屏蔽交换机和屏蔽水晶头,否则金属层的电磁感应反而会加大干扰。④网线内部有8根小线,颜色各有不同,分成4对绞合在一起,成队扭绞的作用是尽可能减少电磁辐射与外部电磁干扰的影响。RJ45水晶头连接网线有专门的接法,具体有568A和568B两种,一般接线用的都是568B,接线顺序从左到右排列为橙白、橙、绿白、蓝、蓝白、绿、棕白、棕,这种接法可以最大限度减少干扰,别的接法只要两端线序一样其实也能连通,但传输的稳定性会受到影响。

在软件方面,应当了解任何软件系统都不能保证绝对没有漏洞,软件安全常常就是一个不断发现漏洞和研究补丁的过程,因此一定要注意定期更新各种软件补丁,尤其是操作系统的安全性补丁。使用各类软件时应当选用正版,盗版软件常常含有更多的漏洞和后门程序,对于数据安全有不利影响。一个经常被忽略的问题是路由器其实也可以被看成一台功能比较单一的电脑,同样需要不断更新其内部的固件,以保证不出现可供入侵的漏洞。通常路由器的固件不像电脑那样需要频繁更新,但每过几个月关注一下本单位所用路由器型号是否有官方安全更新还是必要的,也可以使用知名安全软件厂商的路由器扫描工具,确认自己路由器的安全性。

3. 管理安全

网络系统本身无论如何设计与搭建,最终使用时都会形成一个设备、软件和使用者共同构成的人机系统,在这个人机系统之中,人的因素往往会成为关键因素。要保证人的因素在数据安全传输中发挥应有的作用,管理活动必须跟上。数据传输的管理安全一般可以从人员培训、规范操作、权限控制、密码管理四个方面进行分析。

人员培训方面,网络系统的使用具有一定的专业性,要确保使用者具备基本的常识,了解操作的方法,在出现突发事件时知道如何处理等。尤其是正常的设备开关,一般路由器、交换机、光猫等设备可以直接断电,服务器和监控主机关机有个过程,直接断电容易造成损坏。另外,网络设备也不要频繁开关,频繁开关对设备寿命有一定影响。

规范操作方面,应当把网络设备的使用形成正式文件,包括行为守则、操作规范、门禁制度、巡检制度、应急预案等,并认真执行。

权限控制方面,应当明确不同用户的权限,比如外部访客、教师、维修工人、信息管理员、副园长、园长等不同类型用户所接触到的信息和系统功能应当有所区别。

密码管理方面,包括用户名和密码两个方面,应当注意,用户名的重要性不亚于密码。很多网络入侵场景下,密码破解并不困难,搞到用户名就意味着成功了一半,所以用户名和密码都应该是秘密信息。在设置密码时,不要使用默认密码;不要使用"11111""123456"这种过于简单的密码;不要重复用户名;不要用自己的出生年月日、姓名拼音或者姓名缩写,以及自己的电话号码等作为密码,这些密码常常几秒钟或者几分钟就能破解。设置密码是一个防破解和防遗忘的权衡,太复杂的密码虽然增加了破解的难度,但同时也增加了遗忘的可能性,有可能会给自己数据传输中的可用性带来麻烦,同时也有一些调查发现,许多使用过于复杂密码的人员倾向于使用纸笔记录密码,这些纸笔记录的密码经常放在工作场景的抽屉里,甚至就贴在电脑旁边的便笺上,一旦记录密码的纸张被发现,多复杂的密码都形同虚设。

想要密码不太简单又不会遗忘,一定要注意不能在注册时临时想一个,应该精心设计几个不一样的密码应对不同场景。重要且高频使用的密码一般不会忘,可以不留下记录;对于重要但是使用频率很低的密码,可以考虑记录后与贵重物品一起妥善保存。

5.1.4 幼儿园数据的常见传输方式与传输安全

1. 幼儿园文件数据的常见传输方式与传输安全

在幼儿园的正常办公活动中,文件的传输是一个常见的应用场景,现将常见传输方式和传输安全问题总结如下。

1)移动存储设备拷贝

常见的移动存储设备有 U 盘、移动硬盘、智能手机等,传输过程并没有太大区别,都是插入电脑的 USB 接口之后,识别为一个移动存储设备,然后直接向所需文件夹中拷贝即可。移动存储设备拷贝的传输速度比起其他方式有着比较明显的优势,最常见的安全风险是病毒、文件受损和泄密。

病毒方面,移动存储设备带毒非常普遍,常见正规杀毒软件在正确操作时都有能力查杀病毒,一定要注意使用陌生 U 盘时必须先进行病毒查杀,这样基本可以避免中毒。U 盘病毒常见手段是隐藏真文件后伪造一个病毒文件欺骗用户点击,所以有时杀毒后会发现所有文件不见了,这时可以在文件夹中打开"文件夹选项"→"查看",将高级设置中的"隐藏受保护的操作系统文件(推荐)"对钩点掉,把"显示隐藏的文件、文件夹和驱动器"选上,被隐藏的文件即可显示。如图 5-1 所示。

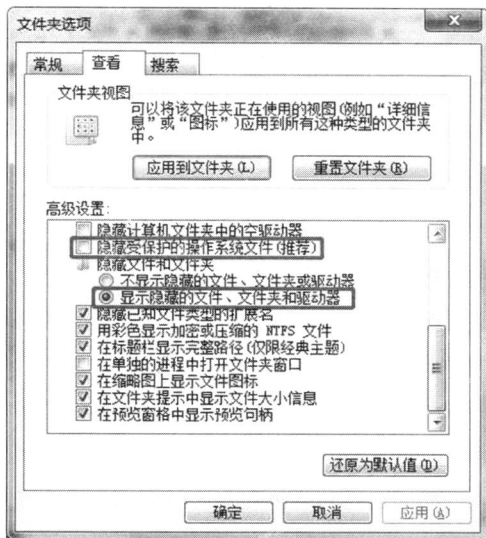

图 5-1 显示被病毒隐藏的文件

文件受损也是移动存储设备传输文件的常见问题。一般来说,运行正常的计算机使用质量可靠的移动存储设备拷贝时不容易出现文件受损,但在某些情况下,比如打开大量软件或者中毒导致运行缓慢,或者传输中突然断开连接,硬盘或者 U 盘故障等情况下,文件受损也并不罕见。文件受损的情况一般是看起来文件夹上有这个文件,但其实无法顺利打开。因此,拷贝后可以顺手打开文件检查一下,一旦发现受损可以重新拷贝。

泄密问题在使用移动存储设备时经常出现,包括文件拷入移动存储设备时和拷出设备时拷贝了没有允许拷贝的文件以及移动存储设备本身丢失等情况,因此在进行拷贝时,相关人员应在场监督确认所拷文件正确,设备应进行妥善保管,应该区分存档的移动存储设备和平时用于传输的移动存储设备,用于传输的移动存储设备应当经常格式化,避免与当前传输无关的内容长期留存。

2) 电子邮件

电子邮件传输文件速度较快,传输可靠性高,在传输过程中会留下记录,还可以申请已读回执。邮箱通常也有比较完善的分类功能,便于工作中对传输内容的查找和管理,如果邮件附件体积不大,一般可以在邮箱服务器中长期存储。所以在办公活动中,使用邮件发送非涉密内容是值得推荐的。

采用电子邮件传输数据的主要问题是存在一定的泄密风险,这种风险来自以下几个方面。首先,早期的电子邮件协议并没有考虑保密问题,邮件内容其实是明文发送的,传输中这个邮件数据如果被嗅探攻击(嗅探即使用特定软件对网络上传输的数据包进行窃听),是可以直接看到邮件内容的,传输中存在着较为严重的泄密风险。目前的大多数邮件服务提供商都提供加密选项,只要在设置中选择"ssl 加密"即可避免绝大多数嗅探攻击,增强保密性。其次,邮件内容在传输过程中会在经过的各种服务器中留下痕迹,很多邮件服务器为了稳定地提供服务,还会自动备份电子邮件,这都增加了数据被攻击和窃取的风险。最后,电子邮箱本身的用户名和密码也是比较容易泄密的,许多单位对于自己的办公用邮箱疏于管理,使用非常简单的密码或者存在多人共用邮箱办公的情况,导致破坏者可以比较轻易地进入邮箱进而窃取信息。基于以上几点理由,对于保密要求较高的数据传输,并不建议使用电子邮件。如确需使用,可以针对性地采取一些措施,如使用更难破解的加密邮件软件;完成传输后删除服务器上的邮件备份;对办公邮箱指定专人操作,严禁泄漏登录密码等。

3) 即时通信软件传输

使用 QQ、微信等即时通信软件进行数据传输也是互联网数据传输的常见方式,与电子邮件不同,即时通信软件建立的连接是点对点的,除非主动选择备份,否则不在服务器存储信息,相对电子邮件来说安全性有所提高。早期的即时通信软件常因为加密漏洞无法避免嗅探攻击,不过经过多年的发展完善,现在常见的即时通信软件已经很少出现这个问题。即时通信软件的泄密风险一般来自本地,应当对用户名和密码认真保密,尽量不选择自动登录,操作者离开时应当退出登录或者锁屏。

在即时通信软件安全性逐渐提高的同时,其本身也在成为一种常见的泄密渠道,它给了泄密者一个更开放的数据传输环境。一个敏感文件,只需要随手点击几下,就有可能传输到任何一台计算机中。要想防止这一点,常见的做法有在防火墙禁止即时通信软件所用端口和在计算机端安装监控软件等方法。不过最核心的是对人的管理,如果使用者有心破坏,单纯的技术手段往往也很难起效。

4) 其他文件数据传输手段

除了以上三种传输方式之外,常见的文件数据传输还有通过 OA(办公自动化)系统传输、

FTP 协议传输、数据库远程访问等方式。其中,不同 OA 系统差异较大,不易进行共性总结;FTP 协议传输和数据库远程访问专业性较强,在这里不再阐述。

2. 幼儿园视频监控数据的常见传输方式与传输安全

目前,幼儿园使用视频监控完善自己的安全管理活动已经成为一种相当普遍的做法,有些地区的教育主管部门还会对幼儿园安装视频监控有强制要求。接下来,我们从数据传输的角度来分析一下视频监控数据的传输问题。

视频监控有模拟信号和数字信号两种传输方式,前者使用模拟摄像头,用同轴电缆传输模拟电视信号,后者使用数字摄像头,使用网线组建局域网来传输数字信号。早期的数字摄像头技术不成熟,因此建设年份较早的视频监控系统常常使用模拟信号系统来搭建,但随着数字摄像头的技术发展,在清晰度、使用便利性、稳定性、建设成本等各方面都超过了模拟信号的监控系统。因此,目前模拟信号的监控系统已经基本被淘汰,在一些监控系统较老的幼儿园仍有可能还在使用,不过正在逐步更换,如果考虑重新布线比较麻烦,可以购买兼容同轴电缆的数字监控设备,直接更换摄像头和主机就可以使用,不需要重新走线。

对于数字视频监控系统来说,它其实就是一个比较特殊的局域网,一般使用以太网协议,每个摄像头其实就是一个微型的简易网络主机,在局域网上有其自身的 IP 地址,通过交换机连接到监控主机。因此,它的布线方式和一般的局域网没有太大区别,甚至直接把监控设备接入幼儿园的办公局域网在技术上也完全能做到,但是并不建议这样建设,因为有可能会互相干扰,导致办公网络网速变慢和视频监控画面卡顿跳帧。曾有某幼儿园在系统设计时将监控设备和上网设备连在了同一个局域网中,在一次监控升级时更换了几十个超高清摄像头,却没有升级其他网络基础设备,摄像头一投入使用,网络直接瘫痪,幼儿园所有计算机无法正常联网。这就是摄像头换成超高清之后,数据传输量急剧扩大,造成了网络拥堵,导致其他设备无法上网。后来使用了独立的交换机将监控设备单独组网,问题就得到了解决。

单独组网除了可以避免监控网络与其他网络互相干扰外,还可以提升监控系统本身的安全性。监控数据基于 TCP/IP 协议由摄像头传输给监控主机,其本身传输常常不加密或者只有简单的加密,如果网内有其他设备,就为通过技术手段窃取视频监控数据提供了更多机会。

同时,一般也不建议在监控网络建设时使用无线局域网。一方面是因为无线局域网更容易接入,也就更容易被入侵;另一方面是因为基于无线局域网的监控摄像头也更容易受到干扰,传输稳定性和有线网有着较为明显的差距。

视频监控系统的建设中除了要考虑信号传输之外,还需要考虑供电问题,一般建议幼儿园的网络建设考虑使用有源以太网(power over ethernet,POE)供电,POE 技术可以在以太网网线上传输低压电流,用于摄像头供电,这样可以使用一根网线同时传输数据和进行供电,使用支持 POE 的摄像头和 POE 交换机即可。

基于 POE 技术建设监控系统有几个好处:第一,走线简单,一根网线解决问题,不需要布置另外的供电线路;第二,减少触电和短路风险,POE 供电通常为 48 V 直流电,比起 220 V 交流电的安全性要高得多;第三,利于使用不间断供电设备,POE 供电更容易使用不间断供电,只要把 POE 交换机接上一台不间断供电系统(uninterruptible power system,UPS)设备,即可对所有交换机上的摄像头进行持续供电,可以在幼儿园停电的情况下依然保证持续监控。

监控系统的局域网可以通过路由器与外网连接,实现视频上网,进行远程监控,但与此同时也带来了一些安全隐患。第一是入侵风险,一些攻击测试发现,大多数联网摄像头在黑客攻击时几乎没有防御能力,可以被轻易入侵。第二是信息泄漏风险,一些幼儿园把自己的监控放在网上可以被随意观看,泄漏了幼儿、教师和幼儿园的信息,涉嫌侵犯幼儿和教师隐私,还有可能因为视频内容被曲解而引起不必要的纠纷。第三是影响教学质量的风险,根据调研情况,教师普遍表示在网络直播状态下教学压力较大,各种动作小心翼翼,尽量不和幼儿有肢体接触,生怕引起家长误会,对教学质量有一定影响。因此,监控系统是否有连接互联网的必要性,以何种方式连接,如何保证隐私不受侵犯,都是需要幼儿园园方根据自身情况具体分析。监控视频上网必须有所控制,不同区域、不同性质的监控视频应当区别对待。

3. 幼儿园广播音频数据的常见传输方式与传输安全

幼儿园由于自身运营的需要,一般需要配置一套广播系统,实现一些常见功能。例如,在上学和放学时播放设定好的音乐,在午睡时播放摇篮曲,唤醒时播放音乐;在室外游乐区域播放背景音乐;播送领导讲话或者通知;等等。

设计广播系统的时候,可以选择有线或者无线传输。有线广播需要铺设线路,音箱数量少的时候建设起来比较简单,但是音箱较多时成本偏高。因此,幼儿园通常使用无线调频音箱进行广播,这种音箱本质上是一个收音机,广播控制室的设备可以看成一个广播站,通过在不同频率播放不同节目,实现音频广播的分区控制。

无线调频广播系统的安全问题主要体现在被监听和被干扰上,使用带无线电数字系统(radio digital system,RDS)功能的音箱和广播设备可以在一定程度上避免被监听,抗干扰能力也要强得多,系统功能也更为强大,推荐使用。

除了传统的广播系统之外,目前基于局域网的广播设备也很常见,有无线网络连接的也有有线网络连接的,这些解决方案通常功能更多,但是稳定性不如专门的广播系统。通常来说,仅仅为了实现广播功能建设一个专门的局域网成本偏高,不过这类广播设备通常可以和监控设备共用一套局域网,建设时可以依托监控网络建设一并解决,此时在建设成本上有一定优势。

5.2 基于移动互联网的数据传输

5.2.1 移动互联网概述

移动互联网,顾名思义,就是终端可移动的互联网,是移动通信技术和互联网技术融合的结果。目前,移动通信技术经历了五代发展,分别为 1G、2G、3G、4G、5G,其中的 G 指的是 generation,意为"代"。第一代移动通信技术为模拟蜂窝网络,只能进行语音通话。第二代移动通信技术从模拟通信转为了数字通信,有 GSM 和 CDMA 两种通信标准,可以传送文字信息,短信为其代表性的应用场景。2G 时代可以通过 GPRS 或者 CDMA1x 上网,移动互联网这一概念开始出现,不过此时的移动互联网速率很低,基本只能进行文字传输,加之当时互联网基本还是以单向传输为主的 Web1.0 环境,因此 2G 时代的移动互联网基本是文字聊天和浏览文字消息。3G 时代,移动互联网传输速率进一步提升,网络环境可以承载图片和语音的传输,代表性的应用是微信和微博。4G 出现后,数据传输速度进一步提升,人们逐渐把网上购物的重心转移到了移动端,线下支付得到了广泛应用,抖音等短视频平台迅速崛起。目前,5G 正在逐步获得应用,可以预计,5G 会进一步改变我们的生活。

5.2.2 移动终端的数据传输安全

自移动通信技术诞生以来,由于其无线传输的特点,产生了许多独有的安全问题。例如,1G 时代通话加密手段落后,曾有专用设备可以轻易窃听附近所有手机通话;2G 时代出现伪基站,可以伪装任意号码群发垃圾短信和诈骗短信,直到今天依然没有完全消失;3G 时代开始出现手机恶意软件,这些软件窃取用户信息、拖慢手机运行速度、进行恶意扣费甚至诱骗欺诈;4G 时代线上线下融合和大数据分析技术发展,导致了更为严重的用户隐私泄漏问题;等等。

在传统互联网环境下,办公与生活所用的网络往往有着较为清晰的边界,一个单位的互联网安全,往往意味着搭建一个相对独立的自用局域网后,安装可靠的防火墙设备和在办公电脑上安装监控软件即可限制特定行为和记录可疑操作。当我们面对移动互联网环境时,工作与生活的边界已经变得模糊,我们无法完全掌控在工作场景中有多少设备正在接入移动互联网,这些设备正在发挥着何种作用。面对移动终端复杂的数据安全传输问题,我们可以从物和人两个方面来进行分析。

从物的方面来看,随着移动通信技术的不断进步,各种加密技术在移动通信传输中得到了广泛的应用;从个人用户的角度来看,使用 4G 和 5G 标准的数字移动蜂窝网络在传输中被截获的可能性已经很小。目前,移动终端的数据安全传输的主要威胁来自各种恶意程序的恶意行为和正常程序的滥用风险。移动互联网恶意程序一般存在以下一种或多种恶意行为,包括恶意扣费、信息窃取、远程控制、恶意传播、资费消耗、系统破坏、诱骗欺诈和流氓行为。

近年来,移动互联网恶意程序的数量一直在持续高速增长,可以预测,恶意程序会在未来很长一段时间持续威胁移动互联网的数据安全。要想避免恶意程序的不法侵害,一般需要注意以下几点:第一,避免下载安装来源不明的手机软件,尽量使用一些口碑较好的应用市场来安装软件,尤其是不要轻易相信各种所谓的破解版软件;第二,不要浏览可疑网站,尤其是不要点击可疑链接;第三,不要乱扫可疑的二维码;第四,不要轻易连接不能保证安全的公共Wi-Fi。

除了恶意程序的恶意行为外,目前正规应用程序在使用中也普遍存在超范围授权的情况,手机 App 会要求获取用户位置、读取通讯录、使用录音和摄像功能、自动连接互联网和安装应用软件等功能,可以说,手机用户的所有信息都有可能被监控,带来了许多用户信息的滥用风险。曾有网络安全研究者尝试使用大数据预测特定用户的行为,发现完全可以预测其在未来24 小时的活动轨迹,误差甚至可能不到十米。

监测手机的浏览记录并推送相关内容供用户阅读已经成为许多手机软件的常规操作,只要软件提供商愿意,其完全可以通过大数据手段获取特定用户的姓名、住址、年龄、职业、婚姻状况、消费习惯等一系列个人隐私,背后的安全风险不容忽视,就算软件提供商没有主观恶意,其内部人员私自出售用户信息或者其服务器受到黑客攻击的情况也并不罕见。面对这些潜在风险,在进行手机软件权限授予的时候应当谨慎,不要向软件授予不必要的手机权限。不过,防止个人信息滥用的关键还在于使用法律手段和行业规范限制相关企业的行为,加大对违法获取用户信息的打击力度。

需要继续强调的是,任何时候最主要的安全风险都来自人的因素。比如,有些幼儿教师在微信家长大群里收发家庭信息登记表,就很容易造成幼儿家庭信息的泄露。曾有幼儿园教师使用不当导致微信号被盗,骗子使用该微信号模仿其声音用语音消息四处借钱,尽管发现被盗后该教师迅速报警,依然造成了十余万元的损失。面对这些问题,最核心的解决思路是分级分类处理,今天的微信可以实现极其丰富的功能,但这绝不意味着要把一切与工作有关的沟通工作全部放在微信上,比如办公相关的信息传输,理应区分为不适合微信传输的、可以私信传输的、可以群发的、可以发朋友圈或者微博等几类。

比如,对于正式工作中需要留下发送接收痕迹的信息传输,应当使用电子邮件;不希望被随意转发或者需要查看是否已读的,应当使用 OA 系统;不希望在传输过程中被修改伪造的,应该使用官方网站或者公众号;比较私密的内容,如需要填写的表格等文件,应当私信传输,并一定要注意不能转发给无关人员;学习资料和活动通知等内容可以在微信群里群发,但类似广告的内容就不适合随意群发。同时,幼儿教师的朋友圈要注意传播正能量,避免发送容易引起幼儿家长不安的信息,避免发送与工作无关的广告,避免在朋友圈泄露幼儿隐私。比如,有些幼儿园教师通过使用微信红包收取费用,一方面显得很不正式,另一方面也很容易被犯罪分子利用,形成安全隐患。幼儿园园所基于移动互联网传输信息时,应当注意尽量使用专业软件,对正式沟通与非正式沟通进行一定的区隔,比如与家长沟通时尽量使用各类家园通类 App,办公时尽量使用 OA 系统或者办公类通信 App 进行沟通。这样能更好地保证沟通的正式性、安全性和专业性,同时此类软件通常都有记录沟通过程的功能,也便于进行管理和查询。

5.2.3 无线局域网的安全使用问题

除了数字蜂窝移动通信技术之外,无线局域网(WLAN)也是实现移动互联的另一种重要形式。无线局域网即基于无线连接的局域网,有时也用"Wi-Fi"代指。数字蜂窝移动通信主要依赖电信运营商建设,无线局域网则一般需要园方自己建设,传输中的安全责任也更多地落在园方。

对于一个局域网络来说,来自内部的攻击往往很难防御。无线局域网的本质依然是局域网,只不过使用无线连接代替了网线连接,在无线局域网覆盖范围内,连入无线局域网比有线网要容易得多,这一点使得被攻击的可能性大大增加。在建设无线局域网的时候,可以考虑使用以下方法提升网络的安全性。

1. 将无线局域网与其他局域网进行区隔

在建设幼儿园网络时,如果对于网络的保密性要求较高,可以考虑将无线局域网独立成一个子网,专门用于教学活动的互联网接入,与办公网络或者监控系统进行区隔。当设备连入无线局域网时,仅能在这个子网内对教学用设备进行攻击,不容易入侵到办公网络或者监控网络。

2. 使用合理的 SSID 设置提升安全性

SSID(service set identifier)意为服务集标识,简单地说就是我们搜索并连接的那个 Wi-Fi 的名称。通过路由器设置多个 SSID(需要路由器支持,有些路由器仅能设置一个 SSID),可以将一个无线局域网分为几个不同的子网络,每一个子网络都需要独立的身份验证。通过设置多个 SSID 可以对无线局域网络进行分级,以此来实现访客、教学、办公网络的并行不悖。

一般来说,无线路由器会自动向附近的无线网卡广播自己的名字,方便附近的设备搜索和连接,这个功能称为"SSID 广播",当在路由器设置中关闭该选项时,该无线网络将无法直接被常规设备搜索到,需要输入完整的 SSID 方能连接。所以,如果关闭 SSID 广播,可以在一定程度上提升网络安全性,对安全性要求较高的无线网络可以选择这样设置。不过关闭 SSID 广播只是提升了一些攻击的难度,并不是说就完全安全,攻击者依然可以使用技术手段获取 SSID 并进行攻击。

3. 选择合适的加密方式和设置密码

无线网络在连接时一般有三种加密方式可供选择,分别是 WEP 加密、WPA/WPA2 加密和 WPA-PSK/WPA2-PSK 加密。其中,WEP 加密技术最老,目前已经发现存在一定的安全漏洞,不建议选择。WPA/WPA2 加密安全性最高,但是需要搭建专用的远程用户拨号认证服务(remote authentication dial in user service,RADIUS)进行远程身份认证,成本较高,一般不建议幼儿园使用。WPA-PSK/WPA2-PSK 可以看作 WPA/WPA2 加密的简化本地版,安全性高,设置简单,推荐幼儿园使用这种加密方式。WPA-PSK/WPA2-PSK 加密有 AES 和 TKIP 两种加密算法,TKIP 算法较老,AES 算法安全性更高而且速度更快,推荐幼儿园选择。图 5-2 即为某品牌无线路由器的加密设置页面,点选了 WPA-PSK/WPA2-PSK 加密的 AES 算法。

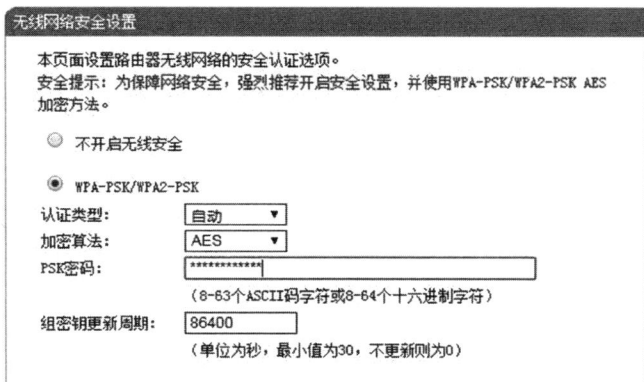

图 5-2 某品牌无线路由器的加密设置页面

选择了合适的加密方式也不意味着高枕无忧,任何密码都有被暴力破解和泄露的风险。Wi-Fi 密码由于使用者数量较多,这方面风险会更大,因此,使用更复杂的密码和经常更换 Wi-Fi 密码也是必要的。

在网络时代,只要设备联网,就不存在绝对的安全,以上安全建议可以提升幼儿园 Wi-Fi 网络的安全性,抵御比较常规的入侵攻击。一般来说,幼儿园并非黑客眼中的高价值目标,能够提升一些攻击难度、抵御非专业入侵者和给专业入侵者制造一些麻烦即可满足常规的安全需求。

5.2.4 新媒体环境下的信息安全

1. 新媒体的概念与特点

所谓"新媒体",一般是相对于传统媒体而言的一个宽泛概念,它包括但不限于各种数字化的报刊、网站、博客、社交网络、网络电视等概念,但总体来说,基本涵盖"数字媒体"的内涵。"新媒体"这一概念在不同的时段指向的含义有所区别,在过去指向 Web1.0 时代的互联网门户网站和 Web2.0 时代的博客,今天更多地指向 Web3.0 时代的微博、朋友圈、移动新闻客户端和短视频服务。

应该说,当今语境下的"新媒体"与移动互联网有着密不可分的关系,也随着移动互联网的发展逐步被赋予新的内涵。具体来说,新媒体有着以下一些明显区别于传统媒体的特点。

第一,新媒体的内容编制过程具有明显的非正式特征。正式的传统媒体,一般是遵循正式的程序与渠道,由专业的媒体工作者,经历认定、采集、加工、制作、审核、发布几个环节最后到达受众,其可靠性、客观性相对较有保证。而新媒体内容的编制过程不需要遵循特定的程序,具有一定的随意性,新媒体发布者更多是基于自身的兴趣或者受众的兴趣去选择选题和制作内容。尤其是传统媒体一般都是"先审核后发布",而新媒体往往是"先发布后审核",甚至是"光发布不审核,有投诉再甩锅",直接把审核内容质量的责任交给了网友,靠着与受众的互动和自律去大浪淘沙,时效性强、反应迅速,但可靠性一般,客观性没有保障。

第二,新媒体的传播渠道复杂多变。传统媒体一般是一个中心化的系统,会遵循确定的渠道进行传播,以一种点对面的方式向受众传递。而新媒体系统有着明显的去中心化特征,传播渠道非常复杂多变,没有确定的传播通路,有可能是点对点、点对面、面对点、面对面多种方式的组合,形成一种不稳定不确定但极具生命力的复杂多变网络。

第三,新媒体的互动性极强。受益于互联网技术的发展,新媒体往往带有很强的互动性,受众接收到内容后,可以以点赞、评论、回复、弹幕、举报、转发等多种形式与新媒体的运营者互动,这些互动内容实际上又成了新的传播点。很多时候,有趣的评论甚至成了更大的传播点。

新媒体的这些特点,使在新媒体环境下的信息安全面对着非常独特的挑战,信息的真实性难以保证;个人隐私权频繁遭受侵害;组织的经营秘密难于保守;网络舆论被别有用心的操纵;等等。面对如何在新媒体环境中保护信息安全的问题,可以考虑从识别风险源的视角分析问题。接下来,本书以新媒体最常见的三大风险源:网络流言、网络暴力、网络水军为例,分析一下幼儿园的相关风险及应对。

2. 网络流言的相关风险及应对

网络流言,即人们在网络上传播的不确切的消息。这种传播有可能是有意的,也可能是无意的,有可能是善意的,也有可能是恶意的,内容的准确性也具有高度的不确定性。网络流言和网络谣言有所不同,网络谣言往往是出于特定的目的人为捏造出来的,而流言常常是人云亦云、以讹传讹的结果。一般来说,网络谣言可以被看作一种故意捏造的网络流言。在现实中,谣言与流言往往相互交错,比如某幼儿园虐童事件发生后,某些网民为博人眼球,捏造了一系列骇人听闻的网络谣言,又被人以各种方式转述,形成了大量的网络流言,不但对该幼儿园造成了重大损失,甚至引发全社会对幼儿园行业的质疑,进而损害了幼儿教师这个群体的社会形象。有一些研究也表明,流言不一定完全是消极影响,在正式消息渠道不畅通时,有些正面的流言能够通过填补空缺在一定程度上消除公众的不安情绪,但要认识到的是,网络流言确实是一种重大的风险来源。具体来说,网络流言往往会给幼儿园带来以下风险。

第一,泄密风险。网络流言有时候会成为泄漏园所内部秘密信息的渠道,比如单位内部人事任免的消息被提前泄露,导致相关员工出现各种不当行为,扰乱了正常的管理秩序;又或者一些不适合公开的职工个人隐私被泄露,影响了园所的正常秩序;等等。

第二,被流言误导风险。幼儿园有时也会被网络流言所误导,尤其是在儿童健康和教育领域,长期充斥着大量的网络流言,大多数是无稽之谈。如果园所自身没有较好的鉴别能力,很有可能被误导,轻则损害自身公信力,重则影响正常保育教育工作的开展。例如,某幼儿园园长听信网络谣言，认为洗洁精残留会对孩子产生毒害，从此不用洗洁精，结果由于碗筷洗不干净，在卫生检查中不达标，被主管部门处罚。2020年新冠病毒肺炎流行期间，"洗热水澡防病毒""喝蒜水防病毒"等网络流言广泛传播，如果幼儿园员工信谣传谣，往往会造成比普通网民更大的危害。

第三，声誉损失风险。有时候网络流言之中会出现关于幼儿园的负面消息，幼儿园如果没有及时反应，会对自己造成声誉损失。例如，某幼儿园和家长对于收费问题沟通不够，导致一位家长不理解，在自己的微博上发布了"××幼儿园乱收费"的内容，影响了幼儿园的声誉。

首先，在面对网络流言带来的风险时，要认识到，虽然网络流言是一种重大的风险来源，但网络流言作为一种新媒体时代愈发普遍的客观存在，完全消灭网络流言是不可能的。因此，幼儿园应当主动了解网络流言，如果出现对自身不利的网络流言，应该及时做出反应，应对负面流言的具体做法会在后面的舆论危机公关部分阐述。

其次，网络流言常成为重要的消息来源，只要能够鉴别信息源的可靠性，通过网络流言能够迅速获得一些有价值的信息。我们不能掩耳盗铃，无视这些珍贵的信息源，而是要主动出击，主动搜集、鉴别、整理、分析网络流言中有价值的内容。要想利用网络流言，最重要的是鉴别真伪，网络流言中的不实信息往往有其共性，比如没有确定的信息源，或者是模糊的信息源，如"美国科学家最新研究"，这个科学家是谁？有没有公信力？到底研究了什么？都是语焉不详。还如喜欢使用绝对语气，如"这样会导致××病！不得不看！"，有专业水平的文章一般不会使用这么武断的表达。如果遇到可疑的网络流言，可以考虑以"×××谣言"作为关键字去搜索，往往可以比较高效地了解真实情况。

最后，网络流言有时也可以成为一种宣传手段，正面的网络流言或者对于负面留言的正面回应，都有可能起到正面的宣传效果。

3. 网络暴力的相关风险及应对

网络暴力是指在网络上使用文字、图片、视频等种种形式对他人进行攻击的行为。具体来说，网络暴力包括人身攻击、侵犯和暴露他人隐私甚至走向线下的攻击，如直接滋扰或者"约架"等。网络暴力的施暴者经常会从网络言论攻击、人肉搜索，一直发展到跟踪、威胁，甚至当面攻击，使受害人不堪骚扰，受到精神伤害甚至人身伤害。近年来，遭遇网络暴力自杀的案例频频出现，酿成许多惨剧。

幼儿园要预防网络暴力风险，首先，要尽量避免被攻击。很多网络暴力都起源于一个与人发生冲突的视频或者几张图片和文字，因此我们在日常工作和生活中应当谨言慎行，尽量减少与他人的冲突，不说有争议和有可能带来负面影响的言论，避免出现较为尖锐的矛盾。同时要对拍照和摄像行为保持高度警惕，不给网络暴力提供发展的机会。

其次，幼儿园员工要注意保护好自己的个人隐私，不给"人肉搜索"机会。人肉搜索是指使用以网络手段为主的各种手段，将一个人在现实中的各种信息暴露在网上。近些年许多恶性的网络暴力事件，当事人被"人肉搜索"都是情况进一步恶化的导火索。预防"人肉搜索"应当注意，不要轻易泄漏个人信息，比如某人网名被获知，就有可能被搜索到个人的社交网站信息，进而有可能被获取到真实姓名、照片和所在单位，再打电话到其所在单位，又有可能获取到其电话号码。因此，尽量不在网络上泄漏自己的个人信息，并且定期尝试使用"人肉搜索"的逻辑对自己进行自查，对发现的问题进行及时的处理，避免被轻易地获取到个人信息。

除此之外，如果被"人肉搜索"侵害，还可以拿起法律的武器保护自己。自2017年6月1日起施行的《最高人民法院 最高人民检察院关于办理侵犯公民个人信息刑事案件适用法律若干问题的解释》首次明确，"人肉搜索"案件中，行为人未经权利人同意即将其身份、照片、姓名、生活细节等个人信息公布于众，实际是向不特定多数人提供公民个人信息，情节严重的，处三年以下有期徒刑或者拘役。因此，如果发现自己被"人肉搜索"，可以报警以保护自己不受侵害。

4.网络水军的相关风险及应对

网络水军一般是指以营利为目的受人雇佣的有组织的网络群体，在网上通过发帖、删帖、转载、点击等行为，形成虚假的网络民意的行为。网络水军这一群体游走在法律的灰色地带，带来了许多风险。

首先，网络水军有可能成为竞争对手不正当竞争的工具。比如在争夺生源时，有些机构有可能使用不正当手段，雇佣网络水军抹黑竞争对手，炒作自身声誉，歪曲真实情况。

其次，网络水军有可能使用各种手段形成事实的勒索行为。比如有些网络水军团体声称提供删帖服务，可以收费删除某些负面信息，甚至先搜集发布负面信息，再采取威胁手段敲诈勒索。

最后，网络水军有可能挑拨网络攻击，扰乱正常秩序。比如先伪装成竞争对手进行攻击，再以"反击"为名寻求雇佣，网络水军左手打右手从中获利，竞争双方遭受声誉损失而两败俱伤。

网络水军作为互联网环境中的不良力量，随着近年来我国政府的打击力度不断加大，其生存空间也在不断被压缩。但短时间内，网络水军也很难完全消失。作为幼儿园来说，雇佣网络水军属于不正当竞争，不利于自身的长期发展。如果遭受了网络水军的不法侵害，正常的投诉与维权才是正确的选择。

5.3　5G及物联网背景下的数据安全传输

5.3.1　5G及物联网背景下的数据安全传输概述

5G是第五代移动通信技术的简称（见图5-3），英文全称为"5th generation mobile networks"或"5th generation wireless systems"。5G是4G通信技术的进一步发展和革新。5G的性能目标是高数据速率、减少延迟、节省能源、降低成本、提高系统容量和大规模设备连接。目前从理论上来说，5G技术可以达到4G技术一百倍以上的数据传输速率，低于1毫秒的网络延迟，可以和大规模的设备连接，这给人工智能、大数据、云计算、无人驾驶、远程医疗、物联网等领域带来了无限的可能性。

图5-3　3GPP公布的5G标志

第三代合作伙伴计划（Third Generation Partnership Project，3GPP）是制定和推动5G标准的主导性组织（见图5-4）。3GPP成立于1998年12月，最初的目标是为3G制定全球统一的技术规范，随着通信技术的发展，4G和5G的技术标准都在其协调下制订。

图 5 - 4　3GPP 标志

可以预见的是,5G 网络的网络结构复杂度会远远超过 4G,节点密度会在 4G 的十倍以上。根据通信技术发展的一般规律,每一代新技术的安全性都会有进一步的提升,可以预见的是,5G 技术本身的数据传输安全性是有保障的。但也可以预见到,在 5G 环境中,人为泄密和破坏的便利性也会有明显的提升,信息安全问题在 5G 环境下会持续存在。

物联网常用缩写是 IoT(internet of things),即物物相连的因特网。2005 年,国际电信联盟(International Telecommunications Union,ITU)发布了《ITU 互联网报告 2005:物联网》,正式提出了"物联网"的概念。按照国际电信联盟的定义,物联网主要解决物品与物品(thing to thing,T2T)、人与物品(human to thing,H2T)、人与人(human to human,H2H)之间的互联问题。从这个内涵来说,目前几乎所有的信息技术相关应用,都可以归纳在物联网的范畴。不过,物联网更多地是强调使用各种传感设备,如各种传感器、摄像头、射频芯片、定位系统等来收集数据并接入互联网,实现进一步的信息收集、系统控制和管理。目前,物联网已经在安防管理、交通管理、物流管理、工业自动化等领域获得了相当广泛的应用,我们经常接触到的安防监控、快递物流跟踪、自动停车场、自动流水线等场景中,都广泛使用着物联网技术。随着 5G 技术的发展和推广,物联网的发展将获得进一步的技术支持,5G 技术中的许多技术指标,更是为物联网量身打造,相信随着 5G 技术的逐步发展,物联网会更进一步进入社会的方方面面。

随着越来越多的设备连入互联网,也产生了许多潜在的安全隐患,一旦联网设备被入侵,会产生一些潜在危险,比如泄漏个人信息、泄漏监控视频、设备被黑客控制等。2015 年,黑客通过木马入侵乌克兰的电网系统,直接造成电网大规模断电,数十万人陷入黑暗。这是物联网被入侵的极端例子。

与这些潜在危险并行的,是安全防护水平的进一步提升。我国近些年结合地理信息系统和视频采集系统建设的"天网工程",也可以看作是一种典型的物联网应用。"天网工程"对于维护社会治安和打击犯罪提供了非常有力的支持,对于许多幼儿园周边的安全性提升都起到了很大的作用。

5.3.2　5G 技术与幼儿园信息化安全管理

5G 技术最核心的特点是高速率、低功耗、低延迟、广接入,这些特点会对幼儿园的信息化安全管理提供很多新的思路。

信息化安全系统的组网方式有可能发生很多变化。传统的网络会有局域网和广域网的区隔,会有自有宽带和数字蜂窝网络的区别,而当 5G 通信的优势发挥出来时,有可能 5G 通信会在速度、稳定性、安全性上对传统的接入方式形成代差优势,甚至在高度成熟普及时会出现价格上的优势。有可能在不太遥远的将来,幼儿园不再需要自建局域网,不再需要机房,许多安全形态都有可能被重构。

未来,云计算的应用会更加广泛,云计算最早指分布式计算,现在基本涵盖所有使用网络资源完成计算的过程。传统的云计算受限于网络传输速率,很难用以完成目前需要本地处理的计算工作。但随着5G技术的逐步应用,也许未来我们的手机、电脑都仅仅是一个能上网的显示屏,完全可以通过云端进行所有的处理工作。大量幼儿园的互相连接和共享数据将成为可能,大量数据将高速地被收集、汇总,形成兼顾时效性和准确性的安全管理建议。

2G通过短信让幼儿园和家长可以建立实时的直接沟通;3G通过微信等即时通信软件建立了更为丰富的家园共育环境,给各种幼儿安全定位设备提供了网络基础;4G带来了全方位立体的实时安全和二维码等更便利的接入手段;5G会带来哪些变化,我们今天尚难完全预测,但相信在所有人的共同努力下,5G时代将给幼儿带来一个更安全、更便利、更快乐的成长环境。

5.3.3　物联网技术与幼儿园信息化安全管理

对于幼儿园安全管理来说,物联网技术并不算陌生,IC卡门禁系统、视频监控、校车GPS定位等都是物联网技术的典型应用。接下来,我们从以下几个典型场景来简单看一下物联网技术在幼儿园信息化安全管理的使用现状与技术趋势。

1.门禁系统的物联网应用

一般来说,门禁系统是身份识别装置和门禁设备的结合。身份识别装置常见的有非接触式IC卡、射频识别卡(RFID卡)、指纹识别和人脸识别,还有一些其他的身份识别技术,但在幼儿园并不常用。非接触式IC卡与射频识别卡的区别在于非接触式IC卡需要有一个在感应区刷卡的动作,而射频识别卡不需要刷卡,只要放在身上通过门禁区域就能自动识别。目前来看,射频识别卡和人脸识别虽然不需要有刷卡动作,但在实际使用时,识别的准确性和速度与非接触式IC卡相比还有一定的差距。注意,射频识别卡如果放在包里受到遮挡,常会识别失败。人脸识别更是容易受到光线、角度等因素影响。再考虑成本方面,非接触式IC卡的设备价格优势也相当明显,因此推荐幼儿园选用非接触式IC卡作为身份识别。

门禁设备常见的有闸机、带电子锁的大门,或者一个独立的刷卡机。闸机使用效果较好,但比较占用面积,如果幼儿园门口没有足够空间设置闸机,也可以考虑使用独立的刷卡机。使用这些信息化的手段最大的好处是可靠性更高,记录更完善,反馈更及时。

2.体温监测的物联网应用

使用非接触式体温计测量孩子体温是很多幼儿园入园环节中的必备一环,尤其是某些流行病疫情出现的时候,体温测量是预防疾病流行的第一道防线。多数幼儿园的入园体温测量就是简单地甄别孩子是否发烧,如果能将每个孩子一一对应的体温信息形成持续记录供老师和家长查阅,会进一步提升这个环节的价值。比如,有些幼儿平时基础体温偏低,体温偏高时其实已经发烧,持续记录体温就可以帮助我们更好地发现这种健康问题。

具体操作上,需要把体温检测和门禁系统连接起来,入园刷卡确认孩子的身份,再使用蓝牙或者Wi-Fi连接的非接触式体温计测量体温,在有软件支持的情况下,体温就会被自动记录到系统里。

3. 视频监控的物联网应用

视频监控是许多幼儿园都会安装的物联网设备,甚至有很多地区会把是否安装监控作为评估幼儿园的一项指标。视频监控最初的目的,其实主要是代替安保人员的巡视。后来视频监控又普遍拥有了录像功能,可以还原事件过程,进行调查取证。今天,许多摄像头有了更加智能的功能,可以自动追踪拍摄甚至自动识别身份和行为。需要明确的是,视频监控是一种为保证安全采取的手段,是为"安全而监控"而绝不是"为监控而监控"。注意,监控仅仅是我们视觉听觉的拓展,并不是越多越好,园长坐在监控室里看监控替代不了她在园里巡视的过程,有了监控并不意味着安全就一定有了保障。

摄像头是监控系统的主要信息搜集节点,其本身也很多不同的型号,除了推荐使用 POE 摄像头(前文有分析)外,形式有枪机、半球机、球机之分,还有不同焦距、分辨率和带不带红外夜视的区分。具体来说,枪机利于防雨且清晰度高,球机转动灵活占用空间小;焦距越大看得越远但视野越窄;分辨率越高越清晰,但对线路和主机也有更高要求。另外,夜视摄像头的红外线如果长期照射,对孩子健康有少许潜在影响,不建议在孩子休息区域配置夜视摄像头。所以,摄像头并没有最佳的选择,需要根据实际情况,适当超前地进行配置。

4. 路上安全管理的物联网应用

校车是幼儿园安全管理中的一个重要环节。目前,许多幼儿园的校车都安装了 GPS 定位设备,可以实现卫星定位、轨迹记录、视频监控录像等功能。园方可以实时监控各辆校车的运行情况。除此之外,还可以考虑在安全管理系统中拓展一些功能,比如有些幼儿园给跟车老师配备了带刷卡(NFC)功能的专用手机,跟车老师可以在手机软件上看到今日行程中每一站的幼儿情况,每到一站幼儿上车刷接送卡,到了幼儿园下车刷卡,过程中的数据直接上传服务器,家长可以实时查看孩子的乘车轨迹。

除了校车之外,自行来园的幼儿也常常会配备一些物联网设备增加安全性,最常见的就是电话手表和定位电话卡,这些设备在来园和离园路上由幼儿随身携带,可以记录幼儿所在位置和提供紧急通话功能,总的来说,可以提升幼儿的安全性。不过,入园之后不建议继续让孩子随身佩戴,可以考虑放进孩子书包,否则这些设备常常会变成孩子的玩具,一方面会影响正常的教学秩序,另一方面也很容易造成放学时电量已经耗尽,起不到应有的作用。

5.4　幼儿园网络舆论危机公关

5.4.1　幼儿园网络舆论危机公关概述

"舆论"一词,《现代汉语词典》的解释为"公众的言论"。对于舆论这一概念的学术定义尚不统一,不同学者基于其学科角度不同,给出了许多不同的定义,但基本包括"特定社会范围内的公众",对"特定事件""公开表达"的"意见或者态度"这些内涵。由此我们可以总结,舆论是公众群体对特定事件的共识,这种共识可以推动一些公众行为。网络舆论,也就是互联网上的公众意见。在移动互联的新媒体时代,每个人都有表达自己意见的意愿、权力和渠道,也更容易快速找到与自己意见有着共识的其他人。公众情绪常常在相互影响下迅速激化,形成网络舆论危机。因此,移动互联时代的网络舆论往往会迅速形成,迅速扩大,迅速激化,其发展速度常常超过当事人的想象,酿成很严重的后果。

危机公关是指在危机出现时,危机当事人面对公众采取的一系列应对行动。对危机公关的系统研究始于 1962 年古巴导弹危机时的一系列研究,在 20 世纪 80 年代,一批学者从个案研究逐步走向了系统的危机公关理论。在几十年的发展中,危机公关的理论吸收了管理学、传播学、社会心理学、公共关系学的相关研究成果,其实践逐步拓展到了政府、企业、教育、文化等多个领域。近些年来,随着移动互联网和新媒体的发展,网络舆论危机公关成了这个领域的研究热点。

2014 年,某幼儿园爆出给孩子集体服用处方药"病毒灵"预防感冒的丑闻,从网上爆出消息开始,当地政府就及时介入调查沟通,即便如此,从网上爆出消息开始仅仅两天时间,当地就开始出现幼儿家长集体聚集堵塞交通的群体事件,第三天幼儿园相关责任人即被刑事拘留,两所涉事幼儿园也随后被吊销执照关闭。2017 年,某连锁幼儿园个别教师出现针扎虐待幼儿的事件,形成网络舆论危机,该幼儿园在此次危机中反应迟缓,事件不断发酵,网络情绪不断激化,各种谣言被编造传播,出现大量专门针对此事的漫画和段子,甚至导致全国的幼教行业出现信任危机,全国各地的许多家长陷入长期焦虑,许多与此事完全无关的幼儿教师不堪压力辞职,离开了幼教行业,产生了很大的负面影响。

从近些年多次幼儿园网络舆论危机中我们能够发现,幼儿安全问题常常能够引起网络舆论的迅速关注,而且很容易引发舆论的极端情绪,导致危机的发展速度往往超过其他类型事件。而与之相对的是,当事幼儿园和相关部门却常常缺乏危机公关的基本常识,在这个过程中反应迟缓,应对失当,造成了严重的后果。

5.4.2　幼儿园网络舆论危机公关的基本程序

美国学者罗伯特·希斯在前人研究的基础上,提出了危机管理的 4R 模型,即缩减(reduction)、预备(readiness)、反应(response)、恢复(recovery)。接下来我们使用这个模型,对幼儿园网络舆论危机公关的基本程序进行分析。

第一环节为缩减,也就是在危机发生之前对危机加以预防,缩减危机发生的风险。危机缩减环节主要包括风险评估、风险管理、员工培训等具体内容。风险评估可以预先发现存在的风险,对风险发生的可能性和后果进行预估,并采取相应的风险管理措施,如排除风险、缩小风险、转移风险、制订预案等,最后要对幼儿园的各类员工进行针对性培训。应该说,通过预防手段,尽可能地把危机消灭在未发生之前,是管理幼儿园危机最简单、成本最低的方法。幼儿园管理者应当时刻关注行业中各种风险案例和自身的管理经验,使用系统的思路和方法,预先对发生危机的可能性进行评估,形成针对性的风险预防制度和危机管理预案,以避免危机作为危机公关的最高追求。

第二环节为预备,就是对危机进行监控和预警。这个预备既包括对于网络上舆论情况的监控,还包括对于幼儿园全环境的监控,尤其是线下矛盾的及时发现与预警。很多网络舆论危机都发源自现实中的矛盾,如果能在矛盾刚刚出现时就进行妥善的解决,很多网络舆论危机就不会爆发。这就需要管理者经常关注幼儿园日常运转中的细节,防微杜渐,进行快速反应。

第三环节为反应,也就是对于网络舆论危机进行及时处理。当网络舆论危机发生时,要迅速形成一个危机处理的领导小组,这个小组要迅速搜集信息查明事实,迅速与利益相关方进行有效的沟通,进行正确的决策与迅速落实,并制定媒体沟通的方案。这个过程对于时效性要求很高,又需要充分的授权去解决问题,一般不建议领导小组的人数过多,应该明确负责人并给予充分授权,做到统一领导、快速反应。另外,应当事先指定舆论危机发生时的发言人,禁止发言人之外的员工随意发布消息,确保危机公关时的口径一致。

第四环节为恢复,是指危机度过之后,需要完成一些工作,使组织恢复到一个良性的状态。这一点需要幼儿园结合自身实际去对危机事件的影响进行分析,针对性地制订恢复计划。一般来说,首先是稳定人心和保证正常运转秩序的恢复,尤其是幼儿、家长和教师三方面的心理恢复。其次是责任界定、损失补偿与相关人员问责,并在这个过程中持续关注,避免危机反复。最后是总结经验与负面影响消除,需要幼儿园通过反思与教育进一步提升,并使用正面宣传手段消除不良影响。

在以上四个环节中,预备环节中的网络舆情监控和反应环节有着较高的专业性,本书接下来会进一步进行说明。

5.4.3 幼儿园网络舆情监控

网络舆情监控是指通过对网络各类信息汇集、分类、整合、筛选等技术处理,形成对网络热点、网络动态、网民意见等情况总结的一个过程。

具体对于幼儿园的网络舆情监控来说,是一个搜集网络信息并筛选出与自身相关的内容,并研判舆论热点、舆论倾向与走向,对突发事件进行监控和报警的过程。接下来,本书从实践角度出发介绍一下幼儿园网络舆情监控的常见具体做法。

1. 对自身渠道进行日常维护

幼儿园应当在常见的新媒体平台上注册自己的账号,并且及时进行机构认证,保证自身账号的正式性,避免被人假冒。常见的需要注册官方账号的新媒体平台包括但不限于"微博""微信公众号""今日头条"等,另外还需要关注影响力较大的论坛和百度贴吧。如果没有特殊原因,这些平台账号不要关闭评论和私信,并且应该经常查看。这些账号平时是很好地宣传幼儿园自身的渠道,在舆论危机出现的时候可以更快发现负面消息,提供预警功能,同时在遇到负面留言和造谣抹黑时可以迅速与信息源进行直接沟通和联系平台进行举报,在需要发布消息的时候也可以保证迅速反应。

2. 关注相关平台和自我搜索

幼儿园可以在常见的新媒体平台上关注与自身相关的各类微博和公众号,尽量保证可以收到最新的相关消息,并使用这些平台内部的搜索功能和各大搜索引擎,经常性地搜索与本幼儿园相关的关键字。搜索时还可以考虑结合本园最近的风险源进行搜索,如:"××幼儿园"+"收费"等,以保证可以迅速发现与自身相关的负面消息。这方面的信息搜集通常来自以下几类渠道:搜索引擎(如百度)、门户网站(如新浪、腾讯、搜狐)、论坛(如天涯、猫扑、人民网)、问答网站(如知乎)、社交媒体(如微博、微信、今日头条)等。

3. 发动员工共同进行舆情监控

幼儿园应当发动员工对本园相关网络舆情进行搜集。幼儿园应当让员工认识到网络舆情的重要性,确定舆情搜集的负责人,鼓励员工将自己看到的与本幼儿园相关的各类消息向该负责人汇总。

4. 使用专用舆情监控工具与服务

目前有许多专门的舆情监测与分析服务提供商，可以提供24小时的网络舆情监控与预警，有些服务商的产品可以直接对高风险信息进行电话或短信提醒，并对网络舆情进行更为专业的分析。不过，这些服务通常需要较高的费用，规模较大的企业和政府部门使用较多，幼儿园需要根据自身的财力考虑是否能够承担。

5.4.4 幼儿园网络舆论危机公关的原则

关于危机发生后的危机公关工作如何开展，国内危机管理专家游昌乔提出的"5S"原则有着比较广泛的影响，"5S"是指承担责任（shouldering the matter）、真诚沟通（sincerity）、速度第一（speed）、系统运行（system）、权威证实（standard）。

1. 承担责任原则

幼儿园在进行网络舆论危机公关时，首先要勇于承担责任，哪怕主要责任不在自己，幼儿园也应该快速地把自身的责任主动承担下来。态度诚恳并把自己的位置放低，可以赢得网上公众的理解和信任。

在处理危机的时候，其实公众心中有自己的评判和预期，园方不应该与这种预期对抗。哪怕心中委屈，也应该第一时间道歉，表示自己对该事件负有责任。另外，在发布消息时，要注意分清目前这条消息的目标是"承担责任"还是"解释"。"承担责任"的目的是表明态度和平息情绪，如果"解释"太多，容易被理解成找借口，会削弱"承担责任"的效果。只有舆论缓和下来后，细致的解释才有意义。

2. 真诚沟通原则

当幼儿园陷入网络舆论危机时，一举一动都会被高度关注，这个时候不要有侥幸心理，以为可以敷衍过去，而应该主动联系各种渠道，说明真实情况，不回避问题、不歪曲事实，拿出最大的诚意，用诚恳的态度，诚实地进行沟通。

回顾许多幼儿园危机公关的案例时可以发现，一个缺乏危机公关经验的幼儿园，往往喜欢在这种时候把自己封闭起来，用各种敷衍推诿的方式对待，把沟通责任推给主管部门甚至司法机关，抱着侥幸心理试图让事件自己平息，但结果往往是短时间沉寂之后的迅速爆发，此时幼儿园再想沟通已经为时已晚。事件确实有可能自己平息，但是也有可能发展到失控的情况，当幼儿园放弃了主动沟通，就意味着放弃了掌控局面的权力，对事件未来的发展将失去控制。

3. 速度第一原则

在危机公关领域，最早有"黄金24小时"一说，意思是舆论危机发生后必须在24小时内进行有效的处理与回应并发布权威消息。随着时代发展，这个"黄金24小时"逐步变成了"黄金12小时""黄金6小时"等，目前网络舆论危机公关领域公认的最佳处理时间已经是"黄金4小时"，而且这个"黄金4小时"已经成为许多政府舆情部门的工作标准，作为幼儿园，反馈还应当在政府部门的权威消息之前，也就意味着还要更快。

很多时候，幼儿园为了保证信息的严谨性，会去等相关部门的权威结论出来之后再接受采访，在此之前拒绝采访和发布消息，殊不知当正式渠道封闭而公众有着强烈知情意愿时，各种非正式的流言甚至谣言版本就会迅速出现填补空缺，事情往往会越捂越大。

当然，速度第一也不意味着一味地追求快，而是要在允许的情况下，尽量留出查明真相、做出决策、制订策略、统一口径的时间,避免随意地发布错误的信息和做出错误的决策。幼儿园应该在有限的时间内,在尽量保证充分准备的情况下,以最快速度与舆论对接,尽力缩短反馈时间。

4. 系统运行原则

危机事件的处理是一项系统工作,在进行危机公关时,一定要避免随便应对,应该有一套系统的应对计划和方案,不能顾此失彼。

有些时候,幼儿园某些工作人员过于急切地进行了错误的回应,会导致事情变得更加复杂,此时虽然时间紧迫,但也应该在统一的应对方案确定后再进行回应。

要保证网络舆论危机突然发生时能够让危机公关活动系统地运行起来,往往要求幼儿园在平时应该对相关案例进行反复的模拟推演,对各种类型的舆论危机有事先的准备,避免临时抱佛脚。当危机真正来临时,最高领导者应当思路清楚、冷静应对、快速决策,组织中的每个人应当清楚自己的责任以及知道如何落实,同时有针对性地与主管部门、家长委员会、行业协会和各种媒体团结协作,形成一套有效的协作体系,有计划地稳步推进,一步步地消除舆论危机,甚至有时还可以变危机为机遇。

5. 权威证实原则

有些时候,发生舆论危机时幼儿园本身可能并无过错,怀着委屈,幼儿园可能会急于和媒体、公众甚至政府辩论讲理。但是,在进行危机公关时,幼儿园要明白,作为事件当事人,园方所说的内容会受到公众本能的质疑,直接地自证清白在网络环境中往往非常困难。

当遇到需要澄清事实的时候,应当考虑使用迂回的方式,借助舆论权威或者中立的第三方之口来澄清事实,比如邀请有公信力的新闻媒体或者自媒体进行报道和监督,主动请求主管部门介入调查,邀请家长委员会和行业专家组织第三方调查组等。幼儿园应该收集足够有说服力的证据交给舆论权威,让舆论权威为你说话,尽量避免出现自说自话的情况。

第6章
幼儿园安全管理信息化的实践应用

2017年4月12日,李克强总理在国务院常务会议上强调,"校园的安全工作事关广大学生健康成长和亿万家庭的幸福。安全是办学办园的底线,要给全社会尤其是家长们一颗'定心丸'"。教育部高度重视,并部署开展幼儿园办园行为专项督查,强调各地教育部门要按照《中华人民共和国未成年人保护法》《中华人民共和国教师法》《幼儿园管理条例》《幼儿园工作规程》和《幼儿园办园行为督导评估办法》有关要求,对一切损害幼儿身心健康行为的幼儿园和教职工必须进行严肃查处,对情节严重、构成犯罪的,必须依法追究刑事责任,以切实保障幼儿身心健康成长。随着《关于加强中小学幼儿园安全风险防控体系建设的意见》《幼儿园办园行为督导评估办法》等一系列政策的发布,幼儿园的安防建设取得了一定发展,但仍然存在很多的漏洞,学前教育信息化建设迫在眉睫。本章一共分为四节,将从人的不安全行为识别、物的不安全状态排查、环境的不安全条件改善以及管理漏洞的弥补四个方面,结合幼儿园具体案例,探讨信息化系统在幼儿园安全管理中的重要作用。

6.1 人的不安全行为识别及信息化实践

幼儿期是一个人身心发展的重要阶段,也是较为脆弱、需要呵护的阶段,这一时期接触到的人、经历过的事可能会对其一生产生影响。幼儿园是幼儿从家庭走向社会的第一步,是成长中度过的第一个集体生活,幼儿园教师、教辅人员直接影响着幼儿在园生活的安全。

6.1.1 教师不安全行为

学前教育是启蒙性教育,是基础教育的基础,在整个教育过程中具有奠基作用。幼儿教师的专业素养是影响学前教育质量的关键因素,教师的不安全行为不仅会危害幼儿的身心健康,甚至有可能导致幼儿身亡。2012年教育部颁布的《幼儿园教师专业标准(试行)》中提出"师德为先"的理念,其中要求教师要"关爱幼儿,重视幼儿身心健康,将保护幼儿生命安全放在首位。尊重幼儿人格,维护幼儿合法权益,平等对待每一个幼儿。不讽刺、挖苦、歧视幼儿,不体罚或变相体罚幼儿"。同时,幼儿园有责任把好教师关,保障幼儿身心健康发展。

1.案例

近年来频繁爆出幼儿园安全事件,让人们对于幼儿教师的专业素养产生怀疑。

【案例 6-1】

沈阳幼儿教师虐童案件

2018 年 12 月 10 日,有网友通过微博发帖称,沈阳某幼儿园 3 名老师分别用牙签、钢针等尖锐物品扎孩子身体各处,当伤口出血后直接送给医务人员消毒,甚至将哭闹的孩子关进厕所内,其行为涉嫌虐待儿童。帖子中还配有孩子伤口照片、医院诊断病历。医生在病历内容中也说明,孩子身体上有多处大小不同的针眼状伤口。据了解,最早发现幼儿园存在虐童行为是在 11 月 26 日,当天上午,李某所在的中三班家长群里,一名家长发消息称,其孩子被班上一名老师用针类物品扎了,消息一出立即引起其他家长的注意。消息迅速在附近小区传开,老师虐待孩子事件升温。随后,另一名家长周某也发现,其上中二班的孩子被班上老师翟某扎过。且在 9—10 月,周某在给孩子洗澡时就曾发现其身上有针状疤痕,但当时她并没有细问,直到消息传出,她才想起询问孩子伤口是怎么回事。其后,多名家长于 11 月 29—30 日,向沈阳市公安局皇姑区分局寿泉派出所报警。

【案例 6-2】

教师失职,致幼儿异物卡喉身亡

2019 年 3 月 29 日,湖南浏阳一幼儿园内发生一起悲剧:一名 4 岁男孩因异物卡喉身亡。从监控视频可以看到,当天早上 9 点多,4 岁的源源(化名)在吃东西时,疑似被异物卡住了喉咙。只见他自己走到一旁,很努力地想用手把嘴里的东西抠出来,但尝试了多次未果。此时,并没有老师过来查看。监控显示,源源第二次倒地 3 分钟后,才有一名身穿黄色外套的老师急忙跑来,但此时源源已经躺在地上不动了。120 赶到现场后立即对源源实施抢救,但遗憾的是,最终抢救无效,源源不幸身亡。源源的家长表示,经他们了解,源源发生意外的时候,幼儿园的老师一直在玩手机,这才导致 3 分钟内无人来帮助源源。

2. 分析

1)教师缺乏红线意识和责任意识

虐童案件的起因往往是教师对于自己的失职行为缺少正确认识,当采取不当行为时,并不知道自己的做法已经触碰到了"师德"红线。也有部分教师明知道这样的行为是不正确的,但是存在侥幸心理。教师面对幼儿不能控制好自己的情绪,缺少教育智慧和教育策略,由此采取了不当行为,归根结底是专业素养不足。

案例 6-2 中的教师虽然没有对幼儿本身做出不当行为,但是由于没有注意到班中幼儿的状况,导致严重事故的发生,这反映出教师对待幼儿有所忽视、对待工作责任心不足。幼儿缺少安全意识,需要成人的提醒和保护。在幼儿园中,教师面对一个班的幼儿更需要保持高度的责任心和安全意识,时刻关注到每一位幼儿,及时阻止幼儿的不安全行为,当遇到突发事件时能第一时间处理,保护幼儿人身安全。

2)幼儿园对教师监管不足

一直以来,相对于中小学,幼儿教师的准入门槛是比较低的,而近年来,为了解决"入园难"的问题,各地不断新建幼儿园,随之而来的问题是幼儿教师师资不足。为了解决师资不足的问题,一些幼儿园让并不符合幼儿教师专业要求的人员加入了教师队伍,造成了部分幼儿教师专业素养不高,责任心不强,社会对幼儿教师不信任的现状。

新手教师入职后,幼儿园对教师监管和职后培训不足,特别是师德方面的培训,重视度不高,导致教师缺少红线意识,致使幼儿园各类不良事件频发。当幼儿园发生教师危害幼儿的行为时,幼儿园没有第一时间发现并作出处理,也反映了幼儿园监管松散的问题。

3.解决思路

幼儿园应当加强管理,提高教师专业素养和责任心,预防不良事件的发生。面对教师不当行为导致幼儿人身安全事故的发生时,幼儿园应第一时间做出妥善处理。

教师不安全行为预防与管理思路如图6-1所示。

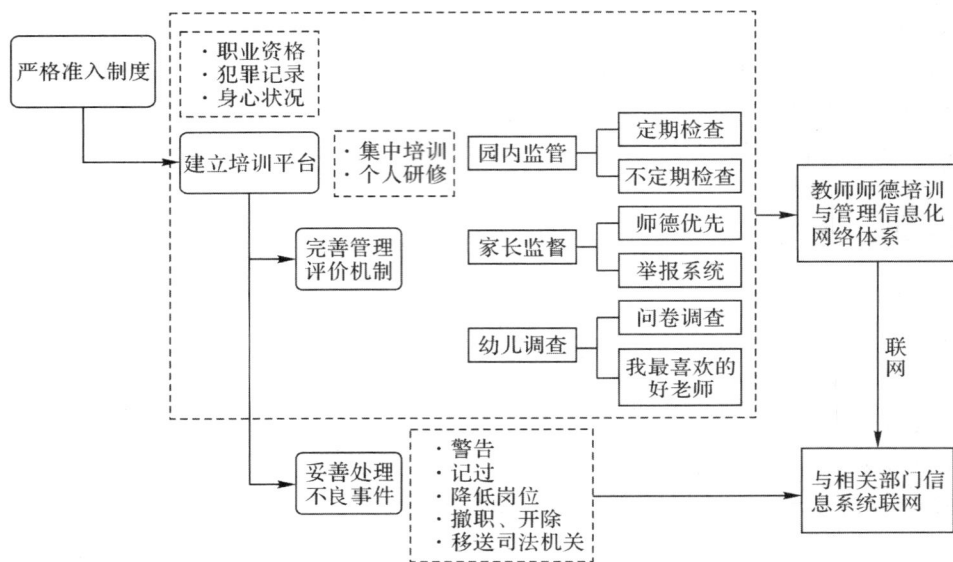

图6-1 教师不安全行为预防与管理思路图

4.解决方案

1)严格教师准入制度,把好入门关

幼儿园在教职工招聘、录用管理的过程中,不仅要审查教师资格证书,而且需要了解教师个人征信情况,是否有犯罪记录、心理及精神类疾病,将个人安全隐患排除在幼儿园门外。

当地教育行政部门应建立教师信息管理档案系统,将教师的个人情况信息化管理,供幼儿园等教育机构查询。当教师出现严重违反师德师风问题时,在系统中记录,避免其他与未成年人相关的机构录取不合格教师。

2)建立培训平台,提高专业素养

幼儿园应对入职教师加强培训,对照《幼儿园教师专业标准(试行)》《新时代幼儿园教师职业行为十项准则》等相关文件,结合案例,做好师德师风培训工作,加强教师职业认同感和责任感。在培训形式上可以是集中培训,也可以是小组研讨,或个别谈话等。

有条件的幼儿园可以建立园所培训信息化系统,将培训纳入线上管理,设定教师学习必修内容和选修内容,对教师参加培训情况进行网络管理,提高培训针对性和有效性。教师可以根据自身发展需要,在线选择学习内容自主研修,提高教师的自主性。

3)完善教师管理与评价机制,形成约束机制

违反师德的恶性行为虽然发生在个别教师身上,但是只要有一名教师出了问题,就会产生恶劣影响,而幼儿园对教师行为有着不可推卸的管理职责。因此,幼儿园应建立健全各项教师管理评价制度,如《班主任岗位职责》《配班教师岗位职责》《保育员岗位职责》《教职工师德考核制度》等,与教师签订安全责任书,严格教师工作过程中的管理与监督行为,对师德行为不合格者实行"一票否决"。同时,幼儿园也可以通过发放家长问卷调查、"我最喜欢的好老师"评选等形式激发教师的职业自豪感以及提升对自身行为的约束力,引导教师不断提高专业素养。

此外,幼儿园也可以利用家园网络平台,实时了解家长对教师的态度,家长一旦发现问题可以在线向幼儿园反馈,既可以避免出现严重问题,也可以对教师行为起到监督作用。

5. 信息化系统效果达成

建立教师信息管理系统、教师培训信息化系统和家园网络平台可以从教师入职之初就对教师的行为和专业化发展起到监督和管理的作用,对教师的不安全行为起到预防作用,从而提高家长对教师的信任度。最终达到由他人监管到教师自我约束和提高的效果,推进幼儿教师专业水平不断提升。

6.1.2 教辅人员不安全行为

幼儿的安全并不仅仅靠教师的保护,也与幼儿园其他教辅人员息息相关,如幼儿园行政人员、保健医生、保安、保洁、厨师等。教辅人员的安全行为管理也应引起幼儿园的重视。

1. 案例

【案例6-3】

食堂工作人员误放亚硝酸盐引发幼儿食物中毒

2018年1月,河北省灵寿县一幼儿园发生食物中毒事件。记者从灵寿县委宣传部获悉,(1月22日)中午1时许,灵寿县青同镇某村一民办幼儿园发生食物中毒事件,初步确定为幼儿园食堂工作人员误将亚硝酸盐当作食盐使用导致。当日中午在食堂就餐的幼儿有90余名,部分幼儿出现呕吐症状。

【案例6-4】

6岁幼女遭保安猥亵

2018年,6岁女童在深圳的某幼儿园上大班,因在洗澡时,家长发现孩子下体红肿流血,最终家长经过询问得知,居然是幼儿园一保安所为。据悉,孩子在幼儿园曾经被该保安2次带到2楼的教室。保安让6岁的女童脱去衣服,进行猥亵。

2. 分析

1)幼儿园用人不规范,缺乏监管

幼儿园在招聘人员时,往往忽视教辅人员的专业资质及个人情况。例如,保健医生没有医

师资格证和上岗证;保安招聘条件低,没有从正规的保安公司招聘。一些民办小型幼儿园更是存在一人既做厨师,又身兼司机、采购、保安等数职的情况。专业性的不足,可能导致工作人员在工作过程中引发各类安全事故,或对幼儿安全产生危害。

幼儿园在招聘中,特别是在涉及园所安全的岗位上,对用人背景缺少调查了解,可能导致聘用人员因个人问题破坏园所安全事故,如因个人不满情绪而伤害幼儿等。

2)操作不规范导致事故发生

幼儿园在管理中应将安全放在首位,对教职工的不安全行为以及操作流程应制定出详细规定。对案例6-3进行分析不难得出,亚硝酸盐进入幼儿园厨房本身就存在厨房工作人员失职、幼儿园监管不力的情况。案例6-4中发生保安猥亵幼儿的事件,虽然主要责任人在保安,但是作为幼儿在园的直接监护者——教师,也存在工作失职的责任。当家长没来时,教师就不能让幼儿被他人随意带走。

3.解决思路

同教师一样,幼儿园教辅人员从入职到之后的管理与培训都要系统而有层次,并将其纳入幼儿园人事管理的重要一环。

教辅人员不安全行为预防与管理思路如图6-2所示。

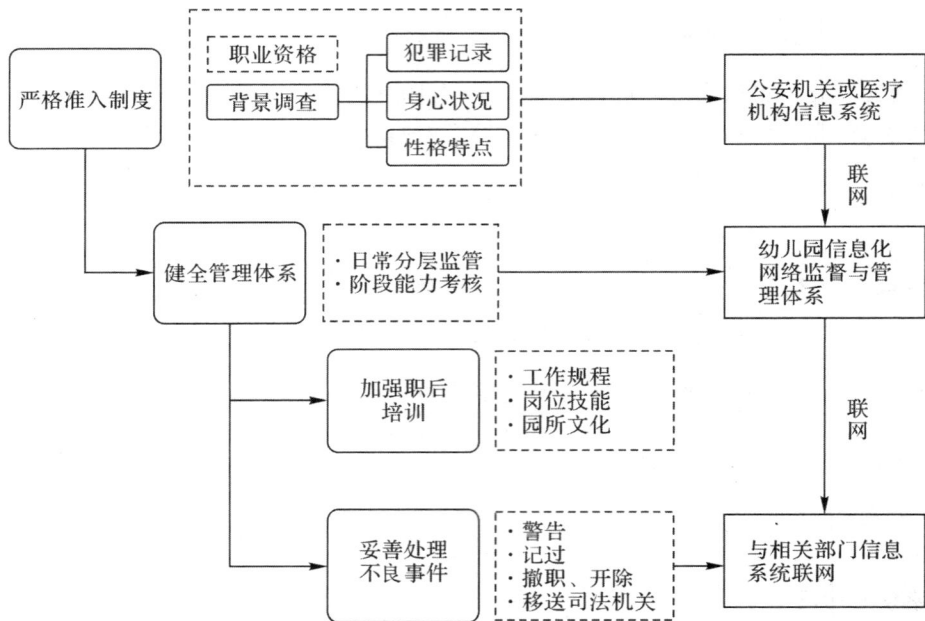

图6-2 教辅人员不安全行为预防与管理思路图

4.解决方案

1)严格教辅人员的准入制度

幼儿园提高专业化水平并不单指教师的专业水平,每一个岗位都应该由取得相应资质的人员担任,例如,保健医生持有医师资格证和上岗证,厨师应具有相应的厨师资格证,保安应聘用专业保安公司的保安员或有相应资质的人员等。由于幼儿园服务对象的特殊性,在幼儿园工作的人员都应当取得健康证明,以保证幼儿的身体健康。借助相关部门的信息系统,幼儿园对于教辅人员是否有犯罪记录、精神疾病史或家族遗传病史等情况都应当有相应的了解。

幼儿园应建立园所工作人员个人信息情况系统,并与相关部门联网,随时了解聘用人员现状。

2)加强监管与培训

幼儿园应完善各岗位管理制度、工作职责和操作规程,如《医务人员管理制度》《医生岗位职责》《医务室人员工作流程及标准》等。幼儿园每学期初应组织各岗位工作人员学习相关文件,签订安全责任书,加强责任意识。

同时,在幼儿园的关键区域,如厨房、保安室安装监控装置,实现透明化管理,让各岗位工作人员的工作有据可查。

此外,幼儿园应关注不同岗位人员的职后培训,包括专业方向的培训、相关法律的培训、园所文化的培训等,在提高教辅人员专业能力的同时,也可以增加其对幼儿园的认同感和自豪感,提高幼儿园的凝聚力。

3)明确各岗位职责,保障幼儿安全

幼儿园应制定各岗位的岗位职责,如《医生岗位职责》《炊事员岗位职责》《门卫及治安保卫人员岗位职责》《保洁员岗位职责》等,并确保相关人员明确自身岗位职责。同时,也要让教师明确,不能随便将幼儿的监护工作交予他人。

4)将幼儿园个人信息系统与相关职能部门信息系统联网

幼儿园应完善教职工信息管理系统,并与公安部门、教育行政部门联网,当发生违反幼儿人身安全的事故时,及时上报并记录在案,以免责任人继续从事与未成年人相关的教育工作。

5.信息化系统效果达成

建立健全幼儿园信息化监督与管理体系,并与相关部门的信息化系统联网,可以有效将不安全人员排除在门槛之外,也可避免此类人员再次进入相关教育、保育机构。将教辅人员的职后培训纳入幼儿园培训体系的一部分,以信息化的手段进行学习与监督,可以保障职后培训的灵活性。安装监控系统可以有效监管并提醒相关人员的操作规程,预防安全事故的发生;如遇到外界不符合事实的控诉时,监控设备也可以有效保护相关人员,避免误会。

6.1.3 外来人员不安全行为

近些年来,全国各地陆续出现了多起幼儿园幼儿被拐卖、校园暴力、被砍伤的重大安全事故,引起了全社会各界人士的极大关注。幼儿园如监管不严,很容易让犯罪分子有可乘之机,导致悲剧的发生。

1.案例

【案例6-5】

盗贼连续两次偷盗幼儿园,涉案金额近两万元

4月24日23时许,沈阳市铁西分局接到铁西区一家幼儿园工作人员的报警,幼儿园院内的18袋大米和5桶色拉油被盗。

接到报案后,铁西分局立即组织警力赶赴现场开展案件侦破工作。办案民警通过调取监控视频确定犯罪嫌疑人为一名中年男子,该男子作案后用一辆三轮车将米和油运至铁西区熊家岗路附近。之后,嫌疑人又将停靠在路边的一辆灰色微型面包车偷走,并将偷来的米、油重新装车,男子驾驶盗窃的车辆沿北二西路向东逃离现场。就在铁西警方全力侦破案件的过程中,该犯罪嫌疑人于 5 月 1 日再次来到幼儿园,将 1 台笔记本电脑、5 袋大米及 4 桶色拉油盗走。办案民警以被盗车辆为突破点展开集中排查。

5 月 2 日,铁西警方经过连续 10 个小时的蹲守,将犯罪嫌疑人杨某(男,47 岁)抓获。经审讯,犯罪嫌疑人杨某对其连续两次盗窃幼儿园财物及盗窃一辆微型面包车的犯罪事实供认不讳。

【案例 6-6】
精神病妇女闯入幼儿园伤人事件

2018 年 10 月 26 日上午约 9 时 30 分,巴南某幼儿园教师带全体幼儿到园门外做操。完成后,老师带幼儿返回园内途中,一名中年妇女持刀突然冲入人群行凶,伤及师生 10 余人。一位现场民众透露:当时孩子有将近 20 人,那名女子(凶手)手持菜刀冲上去就砍,全部都是砍头部,有一名女孩的眼睛都砍下一半;砍人的时候保安都还没到位,老师都吓傻了,是路过的一个路人下车把那个女的制服;幼儿园的保安都是四五十岁的老太婆,一个月一两千的工资,她们能保护什么? 另外,根据网友的一段医生救治被砍人儿童的对话视频得知,持刀冲进幼儿园行凶的中年妇女,疑似是一位精神病人。

【案例 6-7】
幼儿被陌生人接走

2018 年 6 月 8 日下午放学时间,在贵州省贵阳市一家幼儿园内,一名老人将 6 岁的小宏宇(化名)带出幼儿园,消失不见了。可这名老人并不是孩子的爷爷,他跟孩子甚至都不认识。之后,在发现孩子被陌生人带走后,家长和幼儿园的老师都慌了神,在朋友圈四处转发小宏宇和这名老人的照片。这时,微信群里另一名孩子小宏瑞(化名)的家长突然发现,这老人是自己的父亲。

原来,被接错的两个孩子同一个班,长得有一点相似,一个叫小宏宇,一个叫小宏瑞。夫妻俩本来让老人去接孙子,没想到却把别人的孩子接回家了,幼儿园老师也没有再次审核。

2. 分析

1)幼儿园安保体系不健全

从案例 6-5 和案例 6-6 中都反映出幼儿园安保方面的问题导致小偷进入园内盗窃和伤人事件的发生。在案例 6-5 中,所幸幼儿园有监控设备,能帮助警方了解案发现场的情况。但是当偷盗事件发生后,幼儿园并没有引起重视,让小偷有了第二次的可乘之机。案例 6-6中幼儿园老师竟然带领幼儿在园外做操,并且聘用四五十岁的妇女做保安,反映出幼儿园办园和管理的不规范,并且完全没有安全防护措施。案件 6-7 中陌生人走入幼儿园,带走幼儿,不仅仅是教师的疏忽,也反映出幼儿园门卫管理的松散。

2)教师缺少对突发事件的应对能力,安全意识薄弱

在案例 6-6 中,发生危险时,"教师都吓傻了",可见教师缺乏对突发事件的处理意识;在

案例6-7中,教师没有调查清楚就让陌生人接走幼儿,也反映出教师安全意识的单薄。幸好只是幼儿接错,如果真的是不法人员,后果不堪设想。

当面对各类突发事件时,教师的一念之差往往会有不同的结果,如果在案例6-6中教师能大喊一声求助围观群众,也许会降低被伤害幼儿的数量;在案例6-7中,如果教师能多询问一下,给幼儿的父母打电话确认一下,也许就不会发生接错孩子的事件。

3. 解决思路

幼儿园应全面提高安全工作重要性的认识,严格落实校园安全责任制,全面落实防护措施,确保幼儿园安全稳定。

幼儿园外来人员安全管理思路如图6-3所示。

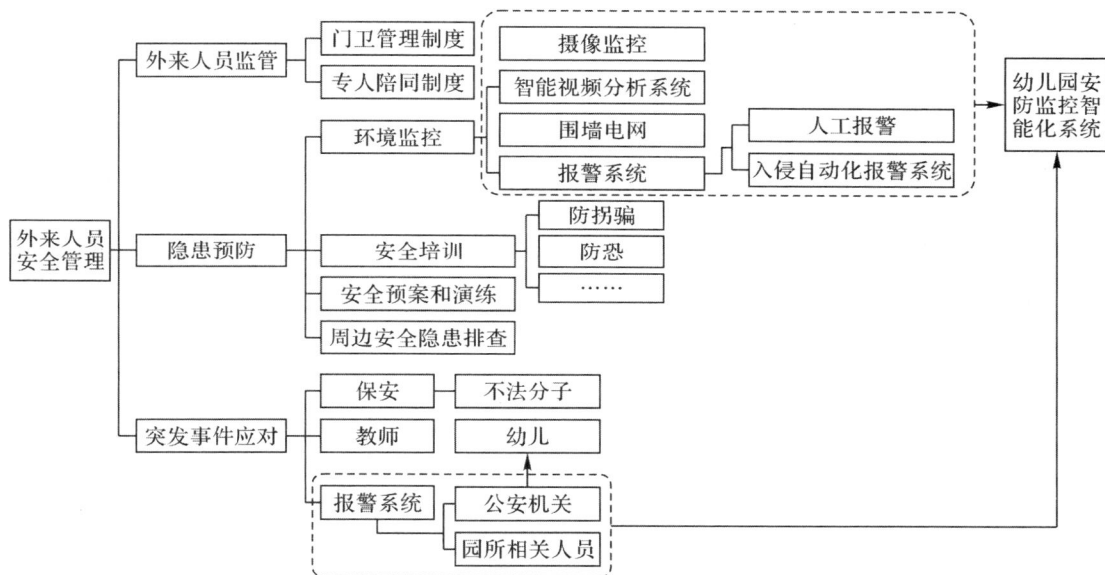

图6-3　幼儿园外来人员安全管理思路图

4. 解决方案

在每日接送、开学报名、园所维修、外来参观等情况下,会有外来人员进入幼儿园,为了避免外来人员带来的安全隐患,幼儿园应针对不同情况制定相应的安全防护制度和流程,由专人负责,保障幼儿和教职工的安全。

采用信息化手段管理能够有效提高安全防范能力,并在险情发生时第一时间报警并告知相关人员。

1)加强安全教育,提高安全意识

安全防范,人人有责。教师需教育幼儿如何面对陌生人,提高幼儿安全意识;幼儿园可以通过家园沟通平台等方式向家长宣传安全教育常识,提高家长安全防范意识,以配合幼儿园工作。幼儿园也需对教职工开展安全培训和监督管理,可以将安全培训和师德培训、专业能力培训共同纳入幼儿园教师信息化管理培训体系,实现培训系统化。幼儿园特别需要对门卫或保安进行技防培训,做到会熟练使用技防设施,技防设施发生故障时要及时报告、维修。

2）加强对园所及周边环境的监管，消除安全隐患

利用信息化手段，建立幼儿园安防监控智能化系统，实现幼儿园环境的智能化信息化管理。如监控系统，对幼儿园实施全方位 24 小时监控；如智能视频分析系统和报警系统，在园区出入口或主要通道进行异常出入分析，并与家长接送系统进行联动，当幼儿异常出入、有人冒名接走幼儿或有人以非正常方式进入幼儿园时及时发出警报或报警。

联系公安部门对幼儿园周边环境的安全隐患进行排查也必不可少，如周边交通情况、社区治安情况、商铺单位情况等，都有可能影响到幼儿园工作的正常进行。

3）制定安全预案，在全园开展安全演练

针对可能出现的安全事件，如拐骗、恐怖袭击等，幼儿园要有相关的安全预案和应对措施，明确相关人员的职责；组织教职工和幼儿进行安全演练，帮助教职工能够在危险发生时迅速做出处理，减少伤害。

5. 信息化系统效果达成

建立幼儿园安防监控智能化系统，对园所环境、出入人员实行监控与管理，能够有效预防外来人员带来的安全隐患，并在发生危险时及时报警，保障了幼儿园师生的安全，使家长更为放心，也可以对犯罪分子在一定程度上起到震慑作用。

将安全培训纳入教师管理培训体系，可以对教师的培训情况、安全意识做出评价，帮助幼儿园改进培训方式方法，提高培训的有效性。

拓展阅读

幼儿园突发事件应急预案

一、成立突发事件领导小组，落实各部门职责

（1）成立由园长、副园长、后勤部长、保教部长、医务人员、班组长、保安人员组成的领导小组。

（2）按照各自分工进行工作。

二、日常工作

（1）领导小组要定期检查，发现安全隐患及时处理。

（2）幼儿入园、离园时，保安人员应在大门口巡视，幼儿入园、离园后及时关闭大门，防止无关人员进入幼儿园。

（3）幼儿园大门保持上锁关闭状态，来访人员进入时须查明身份，做好记录后方可入园。

三、应急处理

（1）发生突发事件应立刻通过电话报告园长。

（2）园长、保健医生等相关人员迅速赶到现场，按照分工进行工作；外来因素造成的突发事件要报告主管单位领导。

（3）如是意外事故，医生简单处理后速送医院；如是外来人员造成的事故，迅速拨打 110 报警。

（4）紧急将幼儿和教职工疏散到安全地带，确保幼儿和教职工生命安全。

（5）在等待救援时，严禁闲杂人员和家长进入幼儿园，以免出现混乱。

（6）及时将情况上报上级主管及教育部门。

（7）积极协助调查，进行全面检查和整改。

突发事件应急流程如图6-4所示。

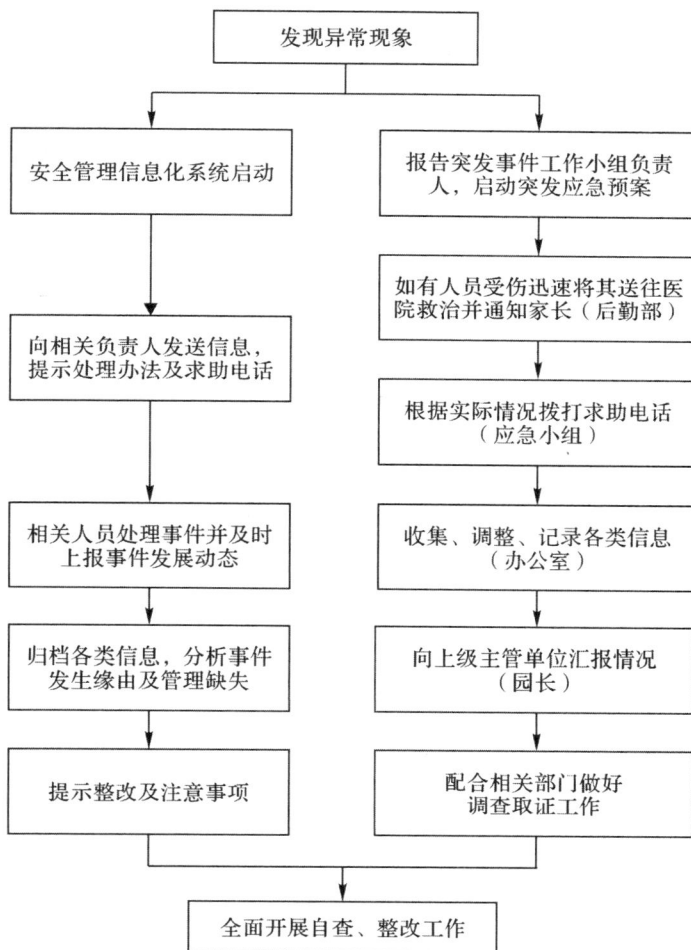

```
                        ┌─────────────────┐
                        │   发现异常现象    │
                        └─────────────────┘
                   ┌────────────┴────────────┐
                   ▼                         ▼
         ┌──────────────────┐     ┌──────────────────────┐
         │ 安全管理信息化系统启动 │     │ 报告突发事件工作小组负责 │
         └──────────────────┘     │ 人，启动突发应急预案    │
                   │              └──────────────────────┘
                   │                         │
                   ▼                         ▼
         ┌──────────────────┐     ┌──────────────────────┐
         │ 向相关负责人发送信息， │     │ 如有人员受伤迅速将其送往医 │
         │ 提示处理办法及求助电话 │     │ 院救治并通知家长（后勤部）│
         └──────────────────┘     └──────────────────────┘
                   │                         │
                   │                         ▼
                   │              ┌──────────────────────┐
                   │              │ 根据实际情况拨打求助电话 │
                   │              │   （应急小组）         │
                   │              └──────────────────────┘
                   ▼                         │
         ┌──────────────────┐               ▼
         │ 相关人员处理事件并及时 │     ┌──────────────────────┐
         │ 上报事件发展动态    │     │ 收集、调整、记录各类信息 │
         └──────────────────┘     │   （办公室）           │
                   │              └──────────────────────┘
                   ▼                         │
         ┌──────────────────┐               ▼
         │ 归档各类信息，分析事件 │     ┌──────────────────────┐
         │ 发生缘由及管理缺失   │     │ 向上级主管单位汇报情况  │
         └──────────────────┘     │   （园长）             │
                   │              └──────────────────────┘
                   ▼                         │
         ┌──────────────────┐               ▼
         │ 提示整改及注意事项   │     ┌──────────────────────┐
         └──────────────────┘     │ 配合相关部门做好        │
                   │              │ 调查取证工作           │
                   │              └──────────────────────┘
                   │                         │
                   └────────────┬────────────┘
                                ▼
                   ┌──────────────────────┐
                   │ 全面开展自查、整改工作  │
                   └──────────────────────┘
```

图6-4 突发事件应急流程

6.2 物的不安全状态排查及信息化实践

6.2.1 后勤物品采购安全管理信息化实践

幼儿园的后勤部门负责全园物品的采购,从食品、玩教具到办公用品的采购都应该严格遵守相关采买制度,把好质量关,不买假冒伪劣商品,从源头上排除物品的不安全,确保幼儿的身心健康。

1. 案例

【案例 6 - 8】

劣质积木导致过敏

某民办幼儿园 9 月开园，为了节省资金，从批发市场购买了一些结构游戏材料。开学后，孩子们顺利入园，家长们也对幼儿园的新设备感到满意。谁知两天过后，一些孩子的身上起了很多红疙瘩，又痒又痛。一开始有些家长将情况反馈到幼儿园，老师一看只是个别现象，没有在意。一位家长是医生，很快就判断出这是过敏。于是他到幼儿园观察，发现活动室里新买的积木有很浓的油漆味，经过调查后得出结论：劣质积木是导致孩子们过敏的罪魁祸首。得知这一情况后，幼儿园赶紧撤换了玩具，并诚恳地向家长道歉。投资方也感叹：省了小钱，坏了大事。

【案例 6 - 9】

食物中毒

2019 年 9 月 21 日，东莞市某幼儿园发生一起食物中毒事件，截至 9 月 22 日下午 4 时，共有 254 人（东莞 46 人，深圳 208 人）检查就诊，其中幼儿 242 人，教职工及家属 12 人；市疾控中心会同市场监管部门对幼儿园留样食品立即进行封存和检验。根据事件发生经过以及掌握的病例的进食史、临床表现、流行病学调查、实验室初步检测结果，市疾控中心调查认为，此事件为一起疑似食源性疾病暴发事件，可能的致病因子为沙门氏菌，可疑食物待进一步调查确认。

2007 年 9 月 19 日上午，甘肃省武威市某幼儿园部分儿童出现发烧、呕吐、肚子痛等症状。当天下午，有上述症状的孩子明显增多，幼儿园立即向凉州区卫生局汇报情况。经当地卫生部门初步诊断，该幼儿园发生食物中毒事件。9 月 20 日 17 时，该幼儿园发生的疑似食物中毒事件中已有 260 名患儿入院接受治疗，其中 244 名患儿症状明显减轻，另外 16 名患儿持续发烧、病情较重。经过初步检验，"罪魁祸首"是幼儿园食堂购买的生猪肉中带有病菌。

【案例 6 - 10】

回收旧玩具

由于幼儿园玩具的损耗率很高，因此北京市大兴区一家私人幼儿园的园长竟想出回收旧玩具的主意，且未经过严格的消毒程序。

记者在看到这则"高价回收旧玩具"的广告后，以卖家身份，联系了收购人。见面时，记者拿出准备好的三个毛绒玩具，一番讨价还价之后只卖了 7 元钱。当记者提醒收购者任老师旧玩具落了不少灰尘时，她表示回头会放在洗衣机里洗洗。一位家长知道孩子玩的都是旧玩具后表示出了担心："如果玩具以前的主人有病怎么办？就算消毒了我们也不放心啊。"

记者以家长身份致电该区教委学前教育科，工作人员表示他们以前从未遇到过这种情况。如果是公办幼儿园或者有许可证的私立幼儿园，他们可以调查此事，但对于未注册的幼儿园，他们没有管理权限。

2.分析

1)幼儿园物品采购渠道不正规

以上三个案例中涉及的幼儿园都没有按照规范要求进行物品、食品的采购,集贸市场购买的物品、非正规渠道采购的食品、回收的旧玩具虽然便宜,但是存在许多的安全隐患,严重威胁幼儿的安全。《幼儿园工作规程》第三十六条规定:"玩教具应当具有教育意义并符合安全、卫生要求。"《学校食堂与学生集体用餐卫生管理规定》第十一条规定:"严格把好食品的采购关。食堂采购员必须到持有卫生许可证的经营单位采购食品,并按照国家有关规定进行索证;应相对固定食品采购的场所,以保证其质量。禁止采购以下食品:(一)腐败变质、油脂酸败、霉变、生虫、污秽不洁、混有异物或者其他感官性状异常,含有毒有害物质或者被有毒、有害物质污染,可能对人体健康有害的食品;(二)未经兽医卫生检验或者检验不合格的肉类及其制品;(三)超过保质期限或不符合食品标签规定的定型包装食品;(四)其他不符合食品卫生标准和要求的食品。"

2)缺乏安全意识与全局意识

作为幼儿园的管理者和教师,应该具有安全意识、系统性思维与全局意识,不能因为眼前的蝇头小利或者抱有侥幸的心理置幼儿的生命安全于不顾。玩具表面的油漆与挥发性物质小则引发过敏,大则将对幼儿的身体造成长期的潜在威胁。

3)幼儿园管理松懈,缺乏危机意识

案例6-8中,当家长将孩子过敏的问题反馈给教师后,园方没有引起重视,而是当医生的家长发现了引发过敏的原因,说明幼儿园缺乏危机意识。案例6-9中,幼儿园发生食物中毒事件,亦可以看出幼儿园在食品采购与储存环节管理松懈。案例6-10中,幼儿园回收的旧玩具来源不明,也可以看出园方在物品采购管理上的不规范,缺乏危机意识。

3.解决思路

幼儿园后勤物品采购信息化安全管理思路如图6-5所示。

4.解决方案

随着科学技术的发展,信息化的应用使得幼儿园安全管理更加便捷,也为幼儿园后勤采购安全管理提供了新的思路。除了健全制度、完善预案、加强培训等方式外,幼儿园还可以使用安全管理信息系统。

1)全程监督

安全管理信息系统对后勤采购责任人与采购流程进行了详细的说明,审批领导可以随时查看已分配工作的进展情况,以及物品的采购单位、生产批次、时间等信息,安全部门责任人也可以随时查看该项工作的全流程推进情况。安全管理信息系统会以绿色标注已完成的工作,以红色标注未完成的工作,从而通过颜色反差提醒责任人、领导完成各项工作,同时记录了采购的流程与环节,可以随时进行调取查看,从源头上排除物品的不安全状态。

2)关联考核

安全管理信息系统可以进行关联考核。第一,绩效考核纳入了安全管理信息系统,并对每一个项目设置了相应的权重与考核说明,在学期末的部门考核中,作为绩效考核的依据。第二,安全管理信息系统中有"采购流程""安全培训"等相关的信息化资源,相关责任人的学习情况会自动关联到系统的绩效考核中,记录其应该完成必修课培训的情况,并根据完成情况进行打分。

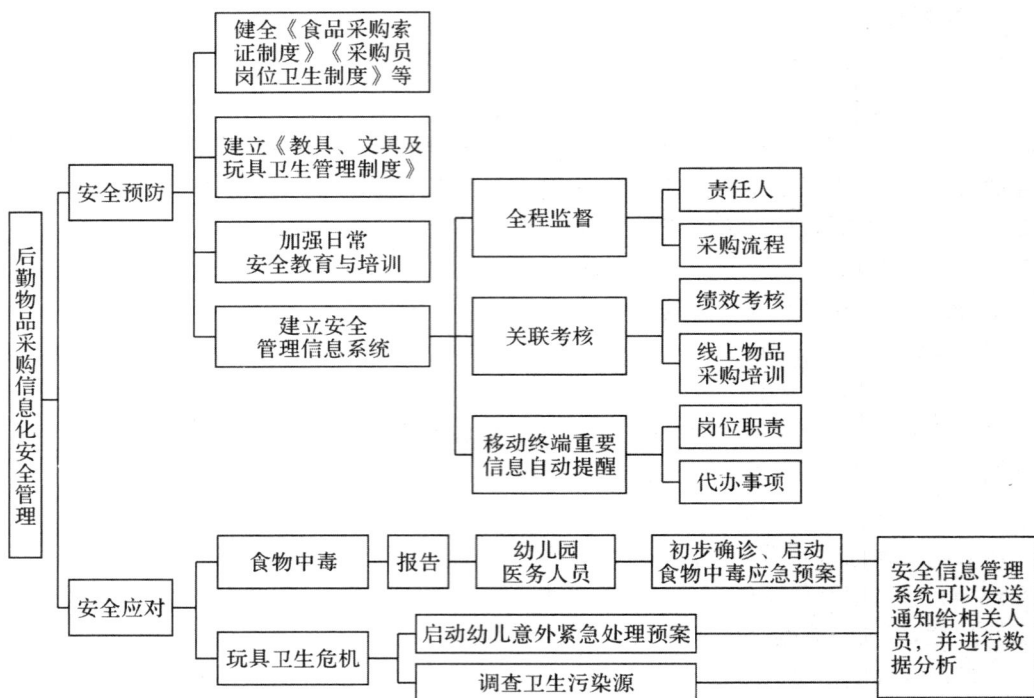

图 6-5　幼儿园后勤物品采购信息化安全管理思路图

3）移动终端重要信息自动提醒

移动终端的操作界面可以记录采购的票据，实时上传，且在 CP 端同步显示，相关领导可以直接进行审批，对于票据信息不明确的可以要求其完善信息。

相关人员每日登录后，会自动弹出其岗位职责与安全责任，有新任务时，系统首页会置顶"待办任务"与"未读消息"的提示，避免因遗漏消息而导致工作未完成。同时，如果相关人员没有在规定期限内完成工作任务，相关领导会收到消息提示。系统的这项功能能够更好地提醒、督促采购人员履行职责，提高工作效率。

5.**信息化系统效果达成**

安全管理信息系统的使用可以有效地从物品采购的源头上杜绝物品的不安全状态，通过规范的制度、流程、预案与安全培训，提高相关人员的专业素质与操作、管理的规范性，有效地保证了全园幼儿与教职工的安全。

6.2.2　室内物品安全管理信息化实践

幼儿一日生活的大部分时间都是在教室度过的，教室里有种类多样的玩教具，是幼儿游戏的乐园。可是，因为室内物品的不安全因素，也常常发生安全意外事故，所以幼儿园应该提高警惕，利用信息化系统，规范管理与工作流程，从源头上杜绝物品的不安全给幼儿造成的伤害。

1. 案例

【案例 6 - 11】

不应出现在教室的玻璃教具

2 岁的洲洲(化名)在某幼儿园托保期间,头部被另一幼儿军军(化名)打出血,"凶器"是幼儿园用于实验课教学的一个玻璃瓶教具。事发后,洲洲父母将幼儿园和军军一起告上了法院。法庭上,幼儿园辩解道:"园方已经尽到了管理和教育的职责,给洲洲造成伤害的是教具,教具本身不具有伤害性,是军军的行为造成了伤害。军军是未成年人,应该由其父母承担民事责任。"而军军的父母则否认他们应该负有责任,"没有证据证明是军军用玻璃瓶故意打伤洲洲的。我们把孩子交给幼儿园托保,幼儿园应该承担全部责任"。最后,法庭经审理认为,庭审中没有证据表明洲洲的伤情是军军故意击打导致的,因此,洲洲和幼儿园要求军军及其父母一起承担责任的请求,事实及法律依据不足。据此,法院一审判决幼儿园赔偿洲洲医疗费、营养费、护理费共计 8042.6 元,并承担诉讼费和鉴定费用。

【案例 6 - 12】

热水烫伤幼儿

冬天,一名幼儿在教师没有注意的情况下,自己拿水杯去接饮水机中的热水,水洒在幼儿的衣服上,因为幼儿穿了保暖内衣,当时并没有什么明显的感觉,孩子也没有告诉老师,回家后家长发现幼儿的胳膊被烫伤。经过调查,饮水机的水温是 80℃,因为没有及时处理,加上保暖内衣不透气,导致幼儿被烫伤。

【案例 6 - 13】

竹签扎伤眼睑

某中班的幼儿正在进行美工活动,不一会儿,一名幼儿捂着眼睛哭着跑到老师面前,说某某小朋友用竹签扎了他的眼睛。老师检查孩子的眼睛,发现眼睑处已经明显地出现红肿淤血,老师马上处理了伤口并将孩子送往医院。后来老师了解到,两名幼儿是为了争夺一筐彩色的纸片,在争夺中,一名幼儿手中拿的竹签扎伤了另一名幼儿的眼睑。

【案例 6 - 14】

高高的玩具柜

某班级的玩具柜比较高。一天,一个小朋友爬上桌子去够玩具柜最上方的玩具。当他从桌子上爬下来时,突然大叫起来。当老师赶过去时,看见他的裤子被划了个大洞,鲜血止不住地往外流,原来是膝盖部位被桌子上的一根松动了的钉子划了一道深深的口子。

2.分析

1)教室中的玩教具等物品存在安全隐患

案例6-11中的玻璃瓶教具,案例6-12中的饮水机里的热水,案例6-13中美工区的材料竹签,案例6-14中桌子上的钉子,本身就存在安全隐患。教室中不应该使用玻璃制品的教具,玩具柜过高本身就不便于幼儿使用,热水应该放在幼儿够不到的地方,桌子上的钉子同样存在危险。

2)教师欠缺防范意识,工作疏忽大意

教师应该有安全防范意识,要对幼儿进行安全教育,同时物品的摆放要符合安全要求。教师平时要及时检查班级玩教具,发现问题,及时上报维修。四个案例中,虽然物品本身存在安全隐患,但是和教师缺乏防范意识、工作失职也有很大的关系。

3)事故后,园方处理方式欠妥

前两个案例中,幼儿园或者教师的处理方式欠妥并缺乏相关的法律知识,幼儿园和教师在事故中都负有管理不善与失职的责任,因此应该承担相应的赔偿。例如在案例6-11中,法院就认为,庭审中没有证据表明洲洲的伤情是军军故意击打导致的,因此,洲洲和幼儿园要求军军及其父母一起承担责任的请求,事实及法律依据不足。据此,法院一审判决幼儿园赔偿洲洲医疗费、营养费、护理费,并承担诉讼费和鉴定费用。

3.解决思路

室内物品信息化安全管理思路如图6-6所示。

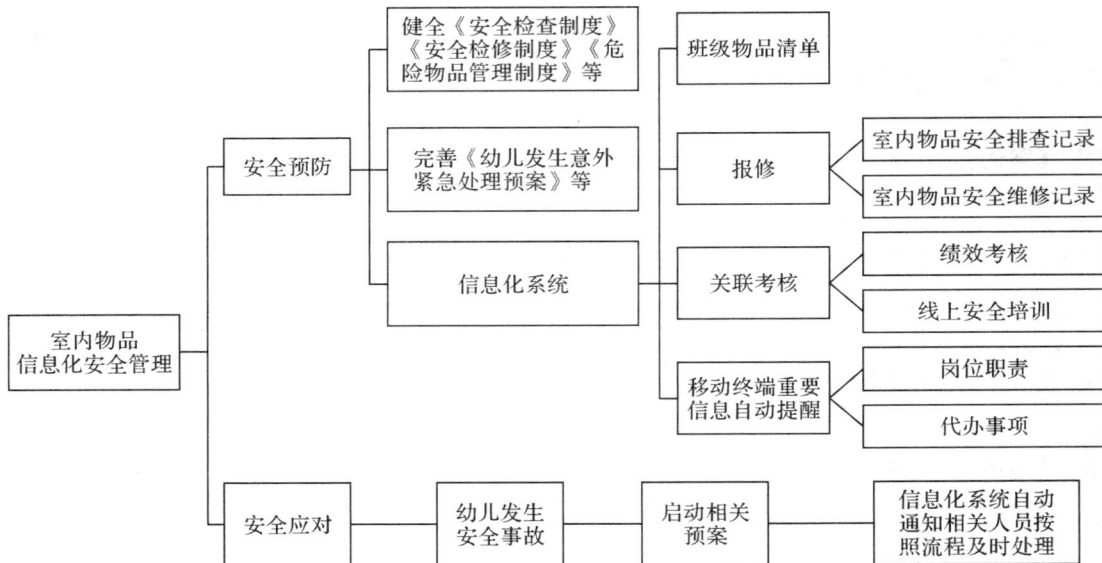

图6-6 室内物品信息化安全管理思路图

4.解决方案

1）排查室内物品的不安全状态

通过信息化系统,幼儿园的管理者、教师、保育员、安全员等发现室内物品存在不安全状态时,可以直接拍照上传至系统,并进行文字或者语音记录,这样检修人员的终端会收到信息提示,及时了解需要维修或者更换的物品,并通过绿色和红色标识出已经处理和没有处理的信息;在验收和效果处,相关领导和教师可以填写情况,反映事件处理的结果。相比传统的电话、纸质记录、口头通知,信息化系统的应用可以调动全园的力量,任何人发现幼儿园物品存在安全隐患时,都可以在系统中上报,做到早发现,早消除,及时反馈与处理,提高安全管理的工作效率,减少安全隐患。同时,系统会记录维修的次数,为后期管理者进行决策提供依据。

2）提高园所管理人员与教师的安全意识

信息化系统中有相关的安全教育培训,教职工可以在线上进行学习,并将学习的结果作为期末考核的内容,提高管理的规范性与效率。同时,可以在系统中根据相关的制度设置多长时间进行一次固定的安全检查,并将检查的结果及时记录在系统中。这样就能尽可能地对物的不安全状态进行排查,同时提高园所管理人员与教师的安全意识。

5.信息化系统效果达成

通过使用信息化系统,将岗位职责、培训、日常检查、维修、监管等各个方面全盘设计,形成一个良好的循环系统,有利于幼儿园进行规范化、科学化的管理,有效地降低了幼儿园安全事故发生的概率。不仅如此,上级主管部门进行检查时,也可以直接调取数字化信息,一目了然,大大提高了办事效率,减轻了幼儿园原有的沉重的资料收集负担。

6.2.3　大型户外玩具维护信息化实践

幼儿园的大型户外玩具是孩子们非常喜欢的游戏设施,但同时,由大型户外玩具引发的安全事故也不少。安全无小事,幼儿园的园长、教职工都是幼儿安全的守护者。

1.案例

【案例 6-15】

滑滑梯上的钉子

一天,放学时间到了,家长们陆陆续续接回孩子。有的孩子不愿意回家,由家长带着在幼儿园的游乐场玩耍。一个生龙活虎的小男孩爬上了滑梯,满面带笑地滑向正在下面等候的妈妈。这时,只听见一声惨叫,随着孩子滑向地面,血顺着滑梯流成一行。妈妈立即抱起孩子跑向幼儿园卫生室。校医立即为孩子检查伤口,发现孩子的裤子被划破,臀部、大腿处形成一条整齐的裂口,血不停地流着。大人们赶紧将孩子护送到医院,医生给孩子缝了二十几针。事后,幼儿园园长用手心在木制的滑梯面上来回抚摸着,发现滑梯面上有一处突起的生锈铁钉尖露着。事故发生的原因终于找到了。孩子的家长认为幼儿园的设备存在安全问题,对幼儿园的管理意见很大,园长则认为是家长将孩子接手后发生的事故,与幼儿园无关,双方相持不下……

【案例 6 - 16】

秋千断裂

在幼儿园活动的时候,多多(化名)在秋千上高兴地荡来荡去,几名小朋友也热心地在后面推他,忽然,秋千一侧的铁链发生断裂,多多从秋千上跌下,造成右腿骨折。

2. 分析

1)大型玩具老化,存在安全隐患

这两个案例中的事故都是因为幼儿园设施不良造成的,设备老化形成了安全隐患。案例 6 - 15 中,滑梯上的钉子是造成事故的原因,但是为什么会有钉子冒出来,这与滑梯的生产商以及安装时的设计息息相关,玩具生产商在生产时就为事故埋下了安全隐患;加之幼儿园后期在使用过程中维护不及时,管理不善,酿成大祸。案例 6 - 16 中,秋千一侧铁链发生断裂,多多从秋千上跌下,造成右腿骨折,同样是幼儿园维护不及时,管理不规范,导致了事故的发生。

2)幼儿园管理不当,欠缺安全意识

幼儿园的大型户外玩具同样应该定时由相关人员进行检查与维护。案例 6 - 15 中,木质滑梯上的钉子已经生锈,如果幼儿园日常严格执行安全检查,也许事故就不会发生。案例 6 - 16 中,园方没有在日常生活中排查大型户外玩具的安全隐患,说明其欠缺安全意识,抱有侥幸心理,且在管理上不规范,最终导致事故的发生。

3. 解决思路

大型户外器械信息化安全管理思路如图 6 - 7 所示。

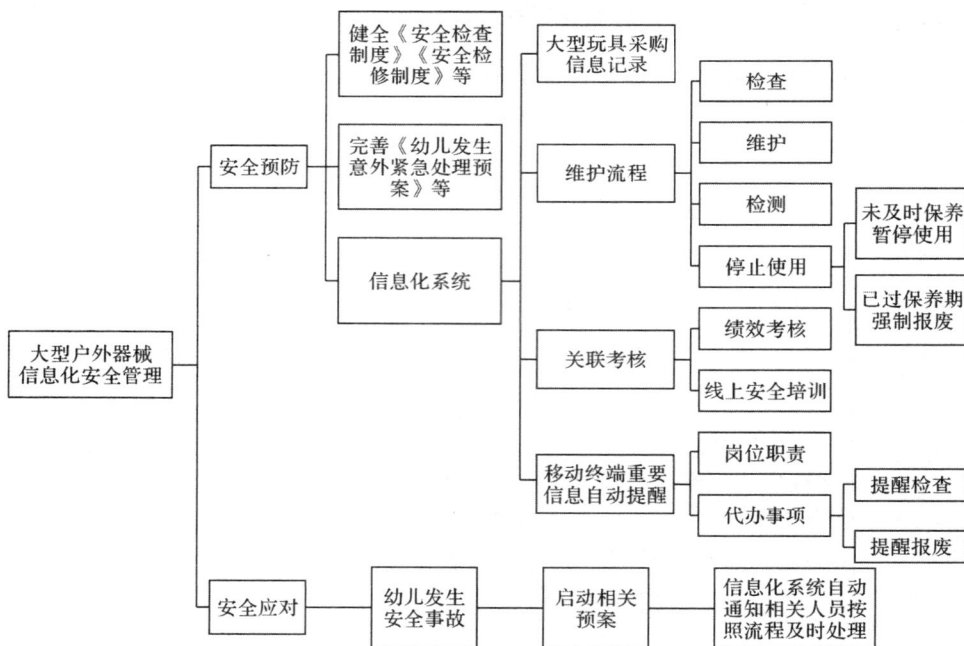

图 6 - 7 大型户外器械信息化安全管理思路图

4.解决方案

根据"大型户外器械信息化安全管理思路图",可以尝试从以下几个方面解决大型户外器械的不安全状态与管理人员失职造成的隐患。

1)完善相关的制度与安全预案

幼儿园应该建立、建全《幼儿园安全检查与维修制度》《幼儿发生意外紧急处理预案》《维修工安全责任书》《幼儿园物品采购信息登记表》等,并在信息化系统中设置相应的模块。

2)在信息化系统中设置大型户外器械维护流程

幼儿园大型户外器械的维护流程应该包括"检查—维护—检测—停止使用",系统将会根据设置的时间与流程,定时提醒相关人员,任务完成后在相应的检查人、维修人、检测人以及效果等项目中进行记录。幼儿园中的其他教职工也可以进行检查上报,将安全信息及时反馈给维修人员,减少大型户外器械给幼儿造成的伤害。

5.信息化系统效果达成

信息化系统会根据岗位职责和工作流程,及时提醒相关人员,避免因为遗忘与疏忽而造成大型户外器械维护不及时等问题。同时,数据的实时传输也使得监督检查一目了然,如哪些工作完成了、效果如何等,管理者可以根据自己的权限进行监督管理,大大提高了幼儿园管理的规范性与效率。

6.3 环境的不安全条件改善及信息化实践

6.3.1 恶劣天气下幼儿园信息化应对与管理

"安全无小事",幼儿园安全管理工作需要考虑到方方面面的影响。恶劣天气对幼儿人身安全及幼儿园园所都有可能产生危害,需要幼儿园采取相应的预防措施。

1.案例

【案例6-17】

雾霾天幼儿园开运动会,家长担忧

2016年11月16日,西安的空气质量是重度污染,大街上不少人都戴着口罩。然而,有家长反映,今天上午孩子所在幼儿园要举行运动会,他们有点担忧。按照家长的指引,记者找到这家幼儿园时,孩子们正在老师的带领下做着运动,部分家长也围坐在园内。

孩子们都统一身着幼儿园园服进行表演,一个节目时间在5分钟左右,在学校门口还有很多没有进园的家长也在护栏外关注着孩子,有人还专门戴着口罩。

【案例 6-18】

暴雨致幼儿园遭遇内涝 消防官兵雨中背孩子放学

2017 年 6 月 30 日上午,瑞昌市普降暴雨,导致瑞昌市部分干道被淹,人员、车辆出行困难,11 时 50 分,瑞昌市消防大队接到报警:某幼儿园部分幼儿因暴雨被困在学校,请求救援。接到报警后,大队立即出动 7 名官兵赶往幼儿园。5 分钟后,消防官兵来到该幼儿园,发现幼儿园四周已是汪洋一片,幼儿园房间里因暴雨也有了积水,三三两两的家长淌水来到学校接孩子回家,学校老师正在着急地通知幼儿家长。

得知情况后,消防官兵们迅速加入护送学生放学的队伍中,为了让被困小朋友能够安全转移又不被雨淋,救援官兵冒着大雨,将小朋友搂在自己的怀里,送到安全地带,看到屋里的积水,官兵们又利用工具将积水清理出房屋外。13 时 15 分,幼儿园 40 余名小朋友全部被转移到安全地带。

【案例 6-19】

突发恶劣天气,幼儿园被墙皮砸穿

2019 年 5 月 17 日,狂风暴雨、电闪雷鸣的景象同时上演在北京的上空,让人更是难以接受的是,其间竟然夹杂着鸡蛋大小的冰雹,噼里啪啦地狂砸在地面上。19 日下午两点左右,昌平区某小区单元楼外立面的墙皮被大风吹落,从高空坠落的大量墙皮落在了楼下的幼儿园里,掉落的墙皮竟然直接洞穿了幼儿园的屋顶,值得庆幸的是正好是礼拜天,孩子们没有上课,所以并没有人员受伤。

2. 分析

恶劣天气或灾害性天气是不可避免的,但做好预防工作可以将损失降到最低。

1)对恶劣天气的危害缺少重视

随着科技进步,多数灾害性天气都会提前预报,当收到当地气象部门的灾害性天气预报时,幼儿园应当及时做好准备。而案例 6-17 中的幼儿园对雾霾天气带来的危害没有引起足够重视,虽然缩短了户外运动时间,但是在雾霾三级预警的情况下,幼儿园是不应该组织大型集体户外活动的。

2)幼儿园建筑或物品老旧,导致不能抵抗天气灾害

个别幼儿园建筑或户外器材存在老化现象,当有自然灾害发生时,极易发生损害,间接造成人员伤害事故。案件 6-19 中的事件幸好发生在周末,如若发生在周内,可能导致幼儿伤害事件的发生。

3)面对灾难性天气不能冷静处理

当有灾难发生时,如果负责人能够冷静处理,可以避免伤害。在案例 6-18 中,幼儿园及时报警,消防官兵有序救援,不仅保证了幼儿的安全,也很好地安抚了幼儿和家长的情绪。

3. 解决思路

幼儿园恶劣天气应对与管理思路如图 6-8 所示。

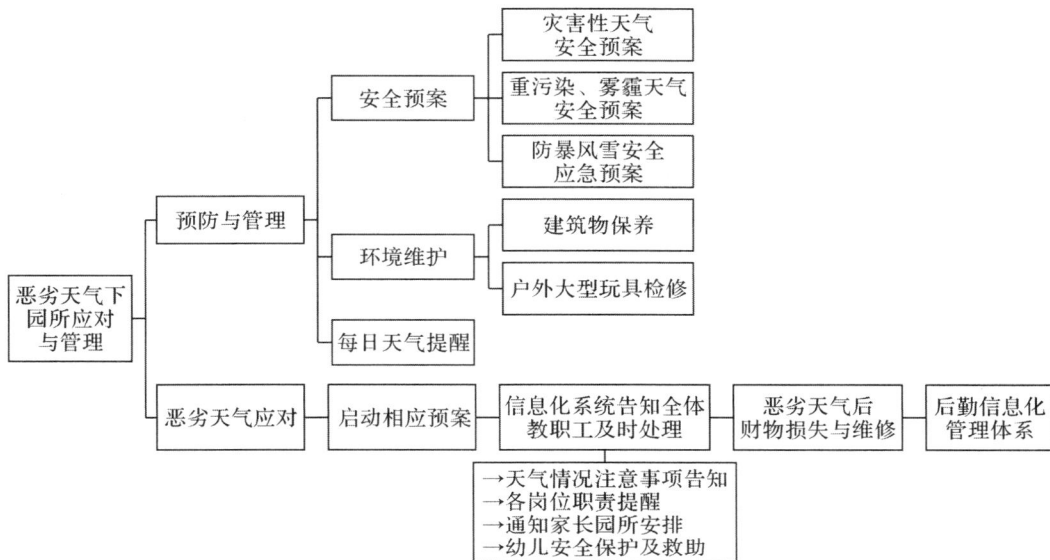

图 6-8　幼儿园恶劣天气应对与管理思路图

4. 解决方案

1）提高重视程度，做好预防与管理工作

幼儿园应当对当地常见恶劣天气有详细的了解，关注每日及最近一段时间的天气情况，根据天气情况安排或调整相应工作，以保证幼儿身心健康和园所安全。

恶劣天气往往不常见，人们容易忽视，所以利用幼儿园信息化管理系统通知每日天气变化，特别是有恶劣天气即将到来时，系统可以特别通知该天气可能带来的危害，以引起人们的重视，提前做好准备。同时，信息化管理系统还可向教辅人员通知天气变化、应对预案和职责。

当恶劣天气，特别是灾害天气发生时，教职工及时响应预案，冷静处理，能快速有效降低损失。

2）做好灾后统计工作

恶劣天气过后，幼儿园需要对有损失的物品进行统计，并记录在幼儿园后勤管理系统中，由系统根据统计情况，自动分析判断物品是维修还是更换，快速提示维修人员进行维修或通知采买人员购买新物品替换。利用该系统能减少很多中间环节，提高工作效率。

5. 信息化系统效果达成

利用园所信息化管理系统向园所工作人员通报天气，提醒责任，能够帮助教职工提前做好预防工作，降低恶劣天气带来的破坏，及时帮助幼儿调节心理情绪，以免幼儿害怕。利用信息化管理系统通知安全预案各岗位人员职责，能帮助人们在遇到突发性事件时快速冷静下来，明确下一步的工作流程。信息化管理系统向家长发出通知，能快速有效地帮助家长了解幼儿园的应对措施,做好配合工作。将灾害过后的财物损失进行统计,记录于后勤物品管理系统,能够使幼儿园物品管理规范、有效,并及时进行维修和更换。利用信息化手段辅助幼儿园应对恶劣天气,能够使幼儿园后勤管理工作的实施更有效率,减少了人工成本,降低了相关人员的工作量。

拓展阅读

幼儿园重污染天气应急预案

一、总体目标

为有效应对重污染天气,保障幼儿园师生的身体健康及幼儿园各项工作有序进行,针对空气污染等突发事件采取科学合理有效对策,特制定本应急预案。

二、工作原则

发生重污染天气时,各部门负责人和教职工应大力配合,依法防控,科学应对,有效保证幼儿身体健康。

三、应急处置

根据城市环境监测与气象监测等相关平台发布的重污染天气预警级别和教育部门的相关要求,及时采取园内公示、手机短信通知等方式向幼儿家长公布空气预警信息,并分别采取相应的应急响应措施,主要有:

1. 黄色预警(Ⅲ级)应急措施

幼儿减少户外活动时间,在户外活动时避免剧烈运动,暂停户外体育活动及其他锻炼运动。体弱幼儿、敏感体质幼儿尽量留在室内,加强观察护理工作。园内洒水降尘,注意对幼儿入园、离园期间防尘护理和个人习惯养成教育。

2. 橙色预警(Ⅱ级)应急措施

幼儿暂停一切户外活动,在室内组织幼儿适当运动。加强体弱幼儿、敏感体质幼儿的护理工作。园内增加洒水降尘频率,加强对幼儿入园、离园期间防尘护理和个人习惯养成教育。

3. 红色预警(Ⅰ级)应急措施

接到上级教育主管部门停课通知后立即通知家长停课放假,确保每位家长接到通知。园内增加洒水降尘频次。停课期间,教师通过网络、通信等途径与家长保持联系,提出可参考的合理化亲子教育指导建议。预警解除后,及时通知家长幼儿园复课。

幼儿园严格执行值班制度,应急值班电话必须24小时有人盯守,并保证有一名领导班子成员带班,领导干部和教师24小时通信畅通。

因重污染天气引发人员伤亡和财产损失等突发事件时,领导应及时了解掌握有关情况并作出相应处理。

重污染天气红色预警应急流程如图6-9所示。

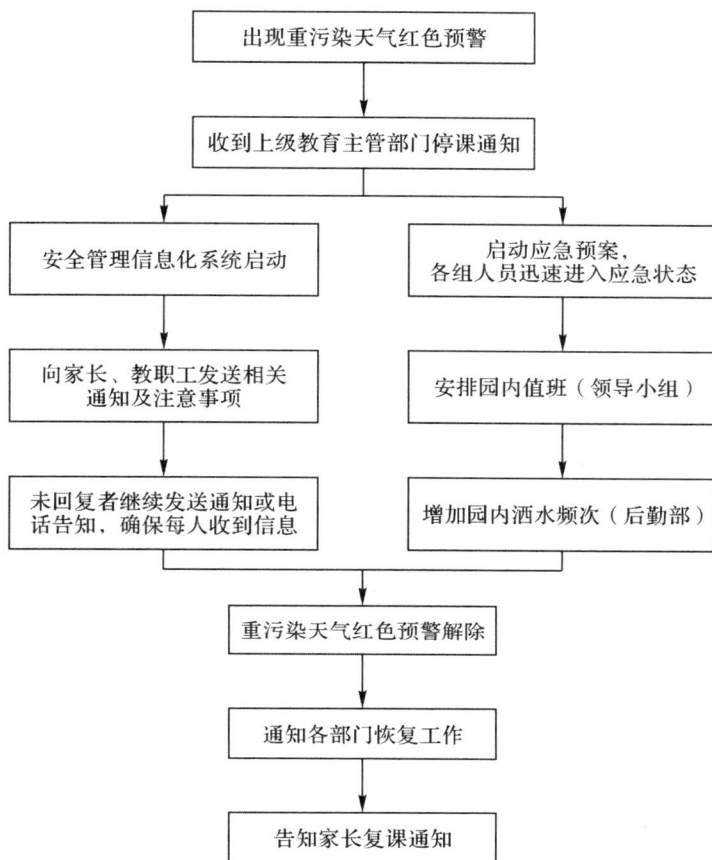

图 6-9 重污染天气红色预警应急流程

6.3.2 幼儿园信息化环境的安全管理

在大数据时代,信息化给幼儿园安全管理带来便利的同时,也存在一定的安全隐患。因此,作为幼儿园的管理者一定要重视信息化安全环境的建设,在选择 App 与服务终端时,要经过规范的采购流程与招标手续,把软件的安全性作为考察的重点之一,同时应该建立合理的信息化管理制度,从内外两个方面来确保幼儿园的信息不被泄露。

1.案例

【案例 6-20】

济南警方侦破儿童信息泄露案

据山东省济南市公安局官方微信透露,2016 年 5 月 3 日,经过 20 多天缜密侦查,济南警方成功侦破了一起儿童信息泄露案。

截至目前,已抓获入侵免疫规划系统网络黑客和售卖信息的 4 名犯罪嫌疑人。经初步审查,嫌疑人苏某明去年12月发现有人在网上公开收买多省份免疫规划系统信息后,实施入侵,获取系统权限,拷贝并出售数据,同时将系统登录权限、用户名、密码多次出售,非法获利。苏某华自2014年以来通过购买计算机入侵软件及系统管理破解密码等方式,获取包括儿童免疫信息在内的公民个人信息在网上出售,非法获利。专案组经过综合研判分析,又查明另一名犯罪嫌疑人陈某潘利用QQ在网上出售儿童信息的违法犯罪事实,并将其抓获。

(摘编自《中国青年报》,2016年05月05日04版)

【案例6-21】

儿童信息泄露的黑锅谁来背

一位家长反映女儿欢欢(化名)自从入托开始,就不断接到骚扰电话。每个打来电话的美术班、跆拳道馆、舞蹈班都对孩子姓名、所在园区班级、年龄、性别等了如指掌,甚至学校指定开户交学费的银行都三番五次打电话推荐理财产品,电话开头还是那句熟悉的:"×年级×班的×××同学家长吧?"

家长们变身"柯南",开始分析不法分子或培训机构取得孩子信息的可能渠道:培训机构招生人员每天放学后在学校门口给孩子发放小纪念品、玩具,以诱导家长、孩子填写试听课报名表,获取孩子的个人信息;与学校有较深私人关系的个人或培训机构、银行通过购买或提成方式获得;培训机构或学校没有妥善保管、安全粉碎学生的个人信息调查表,被黑客网络盗取。

(摘编自《法制日报》,2016年07月15日08版)

2. 分析

1)幼儿园信息化系统存在安全隐患

随着学前教育信息化建设步伐的加快,幼儿、教师、家长等个人信息都会记录在信息化系统当中,如果信息化系统不安全,被黑客攻击后,此类泄露信息的问题就会不断出现。幼儿信息泄露的可怕之处在于将幼儿赤裸裸地暴露在各种危险之下。如果不法分子利用幼儿的信息,很可能导致绑架、拐骗、拐卖儿童等犯罪活动。

2)幼儿园缺少信息化系统管理制度与安全意识

很多幼儿园信息化系统管理制度缺失,岗位责任不明确,安全意识不强,且相关岗位的负责人没有重视幼儿信息安全的重要性。因此,国家应该出台相应的法律制度,教育管理部门应该制定相关的政策,保证幼儿园信息数据的安全。

3)幼儿园信息化系统欠缺上级部门的有效管理

目前,幼儿园信息化系统的建设仍处于初期阶段,并没有普及所有的幼儿园,也未涉及幼儿园管理的方方面面,因此,上级行政部门很难对其进行有效的监管。随着社会的发展,科学技术的进步,幼儿园信息化系统可以由政府统一建设,提高系统的安全性,杜绝因信息泄露而造成的安全事故。

3. 解决思路

幼儿园信息化环境的安全管理思路如图6-10所示。

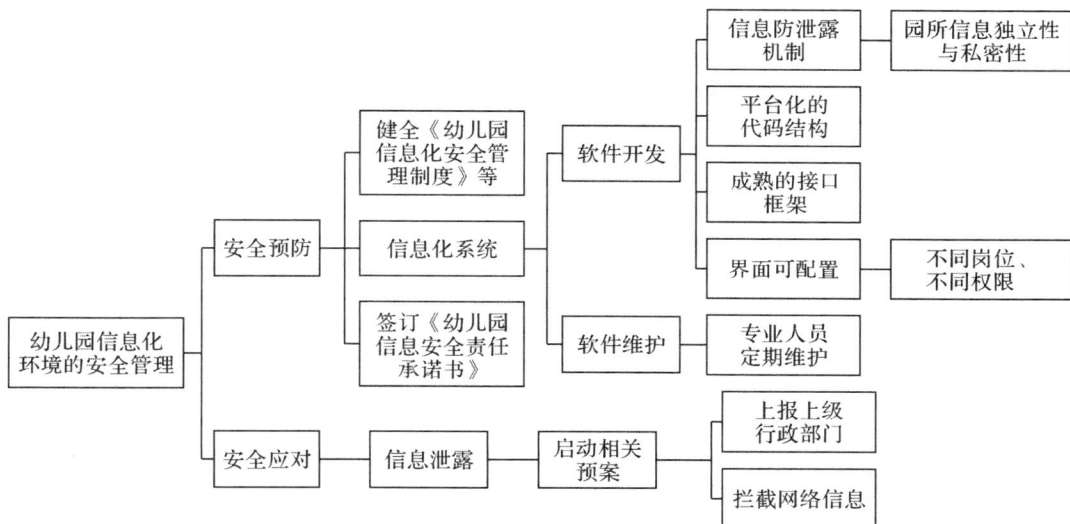

图 6 - 10 幼儿园信息化环境的安全管理思路图

4. 解决方案

1）幼儿园信息化系统应选择可靠的软件开发商

幼儿园选择信息化系统时，应该考察系统开发商的资质与实力，不能随便下载或者购买服务软件，要关注第三方服务平台是否有信息防泄露机制；平台是否可靠与安全，是否有成熟的接口框架保证数据交换；平台的界面和流程是否可配置；平台不能变相向家长收费。幼儿园应严格执行购买服务与物品的规范流程。

2）与软件开发商签订《幼儿园信息安全责任承诺书》

购买软件与服务时，要与开发商签订《幼儿园信息安全责任承诺书》，增强法律意识，维护幼儿园的合法权益，保证幼儿的信息安全，谨防泄露。

3）幼儿园要建立健全《幼儿园信息化安全管理制度》

除了软件本身的安全性之外，幼儿园的管理者和相关岗位人员也应该明确自己的职责，避免因为缺乏安全意识与信息素养而造成幼儿与园所其他信息的泄露。

5. 信息化系统效果达成

规范的软件开发，定期的维护，用户根据身份使用不同的界面、拥有不同的权限，可以有效地保证幼儿园信息的安全。例如，教师发布给家长的通知，全体家长都可以看见，但是家长的反馈，只有教师可以看见，其他家长的界面不会显示，这样就可以很好地避免许多不必要的问题。

6.4 管理漏洞的弥补及信息化实践

安全是人类最基本和最重要的需求。《幼儿园教育指导纲要(试行)》中指出:"幼儿园必须把保护幼儿的生命和促进幼儿的健康放在工作的首位。"幼儿园的规范管理是幼儿安全的重要保障,但是人的管理往往会存在漏洞,因此利用信息化手段,可以帮助幼儿园在日常管理中减少因管理漏洞而导致的安全事故。

6.4.1 幼儿园火灾防御制度的漏洞

当灾难没有降临的时候,人们往往会觉得那很遥远。幼儿园的安全事故也有很多是由于疏忽导致的,产生巨大的损失。天灾人祸虽然不可能完全避免,但若防御及时,可以减少伤害。

1.案例

【案例 6-22】

监控设备电器线路故障造成起火

2018 年 8 月 24 日 23 时许,武汉市某幼儿园发生火灾,武汉市消防支队接到报警后,迅速调集江夏消防中队赶赴现场实施灭火救援,23 时 50 分,火灾被扑灭。消防员在火场勘察时发现,起火的泡沫板房层高 2.8 米,房间内有烧毁的书籍残余,钢制桌椅、监控设备被烧毁外壳,靠北侧的泡沫板房烧毁严重,缺口较大,过火范围由监控设备向四周延伸。消防部门综合火灾蔓延痕迹、当事人笔录、起火部位勘察等,最终认定起火原因是监控设备电器线路故障。

2.分析

从该事故发生的经过看,主要存在以下问题。

1)幼儿园管理制度不完善

从事故发生的经过来看,很明显该幼儿园存在制度不完善、管理不到位的问题。一是仓库违规设置电源设备;二是违规搭建泡沫板房作为仓库;三是电气线路未穿管保护,无人员巡查。

2)教职工安全意识淡薄,欠缺责任心

该幼儿园园长刘女士介绍,板房内的监控系统交换机安装于 2015 年。放置在二楼仓库的监控设备是起火的源头,对于长期供电的电器设备,不论是线路,还是设备本身都一直处于负载状态,幼儿园在设备检修、存放安置方面没有做到定期进行安全检查。

3.解决思路

幼儿园消防安全管理思路如图 6-11 所示。

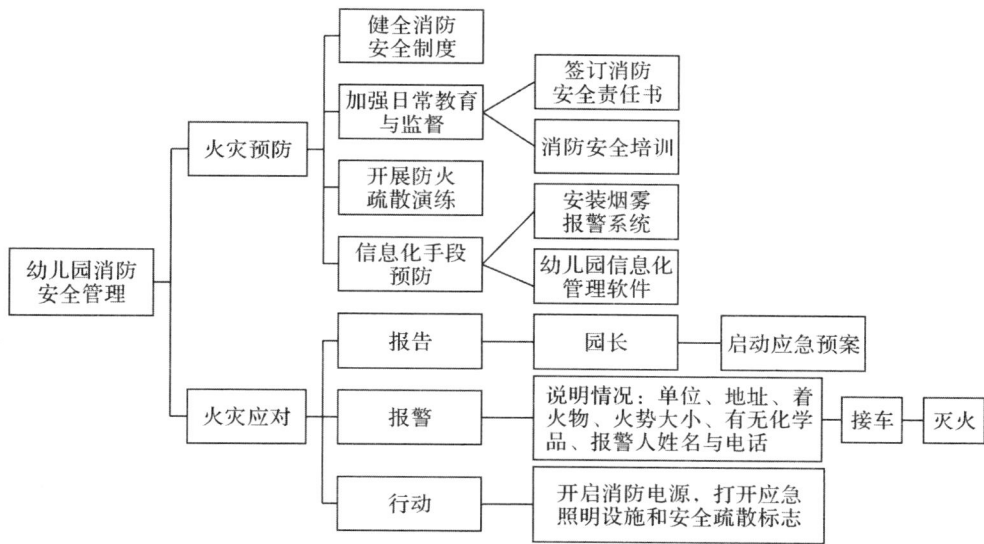

图6-11　幼儿园消防安全管理思路图

4.解决方案

1)健全幼儿园消防与管理制度

幼儿园应该具有完善的《幼儿园消防安全制度》和《一日生活管理制度》,加强安全防范意识,并建立健全幼儿园各项安全管理制度,形成安全管理网络。同时,仓库严禁使用泡沫板房搭建,电源设备严禁设置在仓库内,电气线路应每年进行线路检测和维护保养。

2)日常加强安全教育与检查

有了完善的制度之后,管理人员应该对全园教师进行安全教育和消防安全培训,并且严格监督执行,要定期组织幼儿园所有工作人员进行消防知识和技能的培训。幼儿园的教职工应该签订消防安全责任书,明确每个岗位的消防安全责任。

3)开展防火疏散演练

幼儿园日常应该进行防火疏散演练活动,使教职工与幼儿掌握基本的防火知识、灭火的基本方法和火场逃生的基本技能,尤其是火灾情况下如何安全快速地疏散幼儿。

4)利用信息化手段进行预防

现代技术日益发展,幼儿园应该与时俱进,将好的技术应用到幼儿园的管理之中。

(1)在教室中安装烟雾报警系统:当该系统感知到烟雾会实时报警,降低事故的危害。

(2)利用幼儿园信息化管理软件:可以设置相应的模块,对教职工的消防安全知识与技能定期进行线上培训与测试,提高教师的安全意识。管理人员可以查看教师的培训数据和测试结果,向管理者提供数据分析与支持,形成报告,反映日常消防安全管理中存在的漏洞,为决策提供参考。

5．信息化系统效果达成

幼儿园日常使用信息化管理系统，可以起到有效的预防作用，不仅可以进行相关的线上培训与测试，提高教职工的安全意识与防火逃生技能，而且其数据可以为幼儿园管理者提供决策支持，更好地进行消防安全教育与管理。安装烟雾报警系统是非常必要的预防手段，当火灾发生时，它能第一时间进行报警，提醒幼儿园的管理者和教职工及时启动防火应急预案，将灾害的损失降到最低。

拓展阅读

预防火灾应急预案

一、成立防火工作领导小组，落实各部门职责

（1）成立由园长、副园长、后勤部长、保教部长、教学主管、消防安全员、医务人员、各班班长组成的防火领导小组。

（2）后勤人员组成灭火行动组，积极协助消防队员的工作。

二、日常工作要求

（1）严禁违章用火、用气、用电。做到班级自查、消防安全员复查、防火领导小组定期检查的"三级"防范。

（2）幼儿在园活动时，活动室前后门、走廊门必须处于打开状态，各出口、通道必须保持畅通。

（3）食堂操作间、加工间保持通风。排油烟机要定期清洗，不留油垢。

三、报警和火灾应急处理

（1）发现火灾后立即拨打119报警。在报警电话中应说明以下情况：起火单位、位置、着火物、火势大小、火场内有无化学物品及类型、着火部位、报警人姓名、单位及所用电话等，并派人员在路口等候接车。

（2）在报警的同时，各班教师、保育员引导幼儿按指定路线疏散、撤离。

（3）在消防人员到达前，由灭火行动组积极组织力量灭火，尽力控制火势扩散蔓延。

（4）若火场内还有人员未逃出，应用灭火器减弱火势对其造成的威胁，全力疏散、抢救人员脱险逃生；无关人员应远离火场。

（5）保持道路畅通，便于消防车辆驶入。

（6）扑救固体物品火灾，使用灭火器；扑救液体物品火灾，使用灭火器、沙土、湿的棉被等，不可用水。

（7）不得组织幼儿灭火；保健医生协助医疗人员进行救护工作。

（8）及时报告上级主管单位，查找火灾事故原因。

火灾预案应急流程如图6－12所示。

```
出现火灾险情
```

```
启动园内报警系统
```

```
使用灭火器控制火势（最早发现者），
并大声呼救，拨119，通知园领导
（教职工）
```

```
组织幼儿迅速从班内撤出，
按园内指定的出口疏散
（保教人员）
```

```
防火领导小组成员迅速进入指定位置指挥师生撤离至安全地带，
清点全园人数（保教人员）
```

```
认真检查师生是否受伤，立即将伤者送医院（医务组）
```

```
协助消防部门救火，启用所有灭火器材（灭火行动组）
```

```
火灾扑灭后的清理工作（灭火行动组）
```

```
查找火灾发生原因并向上级主管部门汇报（灭火行动组）
```

```
上报幼儿园管理系统并
记录在案
```

```
追究当事人责任，进行教育、
培训（领导小组）
```

```
落实整改措施（领导小组）
```

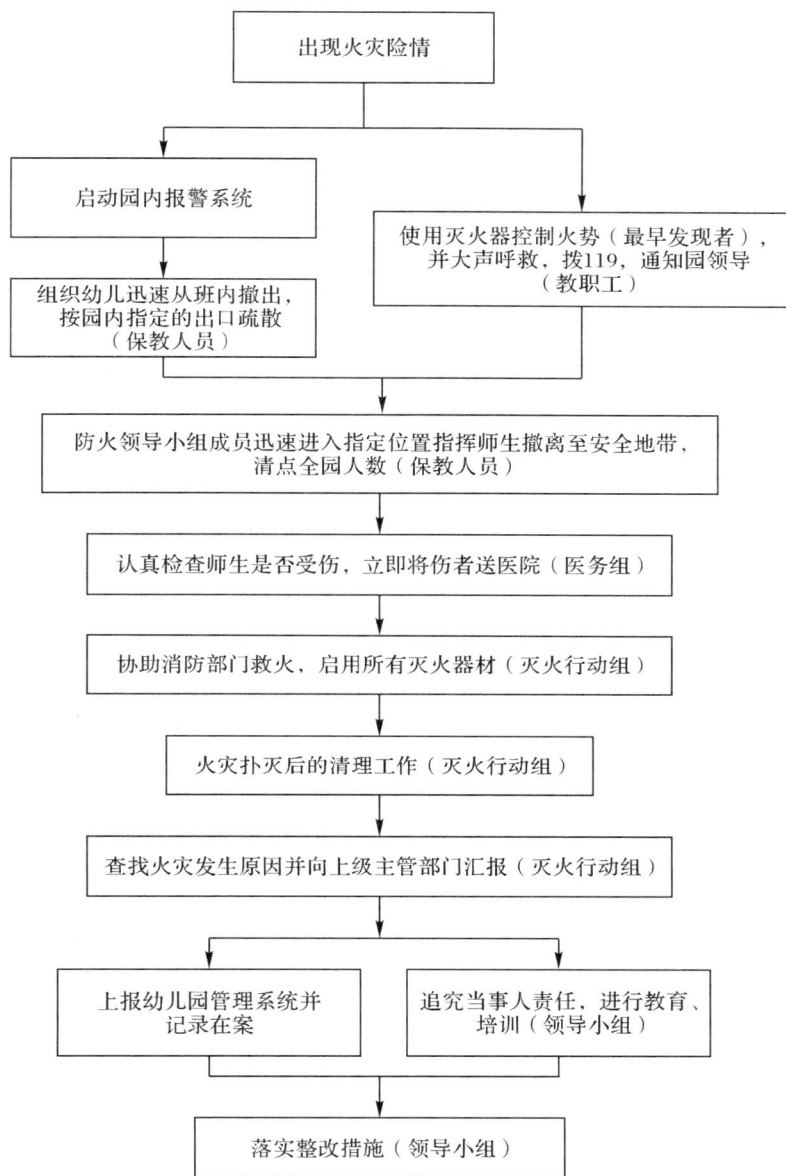

图 6-12　火灾预案应急流程

6.4.2　幼儿园校车接送制度的漏洞

随着幼儿园办园条件逐步提高，"有校车接送"成为很多民办幼儿园招生的亮点。幼儿园提供校车不仅能在一定程度上解决家长接送的问题，还可以缓解接送时间段幼儿园周边路段交通拥堵的问题。然而，在家长享受便捷服务的同时，由校车带来的安全隐患也同样让人担忧。

1.案例

幼儿园校车安全事故是由诸多因素造成的,但归根结底是由于管理上存在漏洞,导致人员失职、车辆问题没有得到及时处理等。在校车管理过程中,任何一个环节处理不善,都可能造成危机。

【案例6-23】

幼儿被困校车内不幸离世

2019年5月30日,万宁市大茂镇某幼儿园发生一起4岁半男童被遗忘在幼儿园校车内致昏迷的事故。经调查,由文某驾驶校车接送幼儿,符某跟车接送。当天9时完成接送任务后,文某驾车回去休息。由于司机、接送教师、男童所在班班主任在接送衔接过程中严重脱节和失责,致涉事男童滞留车中,直到中午司机开车时才被发现。随后该男童被送往医院救治。在经过2天抢救后,男童依然不幸离世。

【案例6-24】

改装校车出事故,超载驾驶隐患多

2018年3月21日下午4时许,潘某驾驶小型普通客车由南向北行驶至613省道与日照市东港区杏坊村路口处时,与另一辆沿613省道由西向东行驶的重型半挂货车相撞,致1名幼儿死亡,12名幼儿轻伤。经交警事故认定,被告人潘某负该事故的主要责任。经查,潘某驾驶的小型普通客车系日照市东港区某幼儿园校车,车辆所有人系该园园长李某,潘某、李某在未办理相关校车手续的情况下,违规改装该车辆,并超员驾驶,事故发生时,本来核载7人的车辆,却实载了14人。

以上两个案例可以说是幼儿园校车安全中的常见事故,除此之外还有因为随车教师监管不力造成的幼儿上下车碰伤事故、驾驶员技术不过关造成的交通事故、校车停放在幼儿活动的操场导致倒车时幼儿死伤事故等。

2.分析

对上述案例进行分析,不难发现,幼儿园校车安全事故及隐患主要由以下几点原因造成。

1)人员失职引发的安全事故和隐患

如案例6-23中,由于随车教师和司机没有在离开车辆时检查车内是否还有人,班级教师在没有接到幼儿时也未引起重视,导致幼儿被遗忘在车内,无人知晓。如果教师和司机能够仔细检查,尽职尽责,再多一分细致,这类悲剧一定能够避免。此外,幼儿园阶段幼儿缺少自我管理能力和安全意识,因此在幼儿上下车时,教师如果能够亲自将幼儿交接到家长手中,就能够避免碰撞危险。

2)校车管理不达标造成的安全事故和隐患

如案例6-24中,幼儿园没有遵守相关规定,使用其他车辆代替校车、校车老旧,以及校车行驶中刹车故障、车身缺少安全保障、座椅没有专用安全带等都会给行驶过程带来严重安全隐患。此外,幼儿园为节约成本,在校车接送的过程中存在超载现象,在路况较差或天气恶劣的时候行驶,更容易发生意外。

3. 解决思路

为了保障幼儿安全,幼儿园应制定校车相关管理规定,如《校车安全管理条例》等,注重安全预防,明确职责人。同时,利用信息化手段辅助管理,减少漏洞导致事故的发生。

幼儿园校车安全管理思路如图6-13所示。

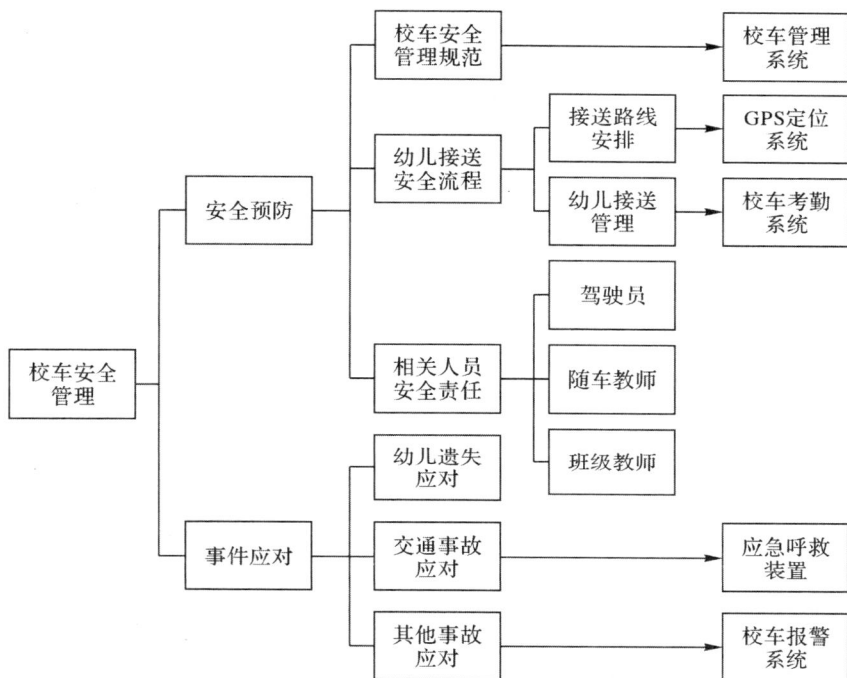

图6-13 幼儿园校车安全管理思路图

4. 解决方案

目前由国家颁布的有关校车相关安全的管理条例有《校车安全管理条例》《专用小学生校车安全技术条件》《专用小学生校车、小学生座椅及其车辆固定件的技术要求》,幼儿园校车安全可以参照以上标准执行。例如:儿童安全座椅需符合幼儿身高要求,每个座椅必须安装安全带,同时安装司机或监护人能集中打开的控制装置,以防紧急事故时,幼儿因为紧张打不开安全带;校车内必须提供车身上固定的摄像头,能保证司机在正常状态下看到所有幼儿的头部;校车内需安装应急系统,如车门应急开启装置和应急照明装置等;校车内应装有医药箱等临时施救装置。

此外,还可以利用信息化系统,辅助管理校车安全。

(1)建立校车管理系统。幼儿园后勤部门建立校车管理系统,对校车维修保养时间做出计划,定时提醒,以免遗忘;对每次维修保养时间做好记录,做好大数据监管。

(2)安装GPS定位系统。通过GPS定位系统实现校车动向实时定位,实时跟踪校车轨迹,不耽误乘车,不遗漏幼儿;同时规划校车行驶路线,避免拥堵路段,减少交通事故的发生。

(3)安装校车考勤系统。校车考勤系统可以实现幼儿上下车签到,并自动统计车内实时人数,实时推送照片数据。当幼儿下车后,如人数与签到人数不符,考勤系统会及时报警,提醒随车教师和幼儿园管理者。

(4)安装校车报警系统。校车报警系统与当地公安部门、交管部门和幼儿园管理系统联网,当校车行驶过程中出现意外,及时向有关部门报警,并告知幼儿园管理者,以做好应对工作。该系统也能有助于相关部门对校车安全的规范管理。

5. 信息化系统效果达成

通过信息化体系的监管,可以较大程度避免校车安全事故中人为因素造成的隐患,同时也能提醒幼儿园管理者及相关责任人提高安全意识,保证幼儿安全。

6.4.3 幼儿园健康疾控管理的漏洞

3～6 岁幼儿正处于身心健康发展的关键时期,由于年龄小,抵抗力差,容易受到病毒与细菌的侵害,因此,幼儿园要重视园所健康疾控的管理,保障幼儿身心健康发展。

1. 案例

【案例 6-25】

疱疹性咽峡炎和手足口病的暴发

2018 年 11 月 28 日上午,市民王先生给某栏目打来电话称,他儿子就读的某幼儿园内,有多名小朋友患上传染性疾病,这件事园方上周就知道,却未及时向疾控部门上报并通知家长,导致多名孩子被传染。班级里暴发传染病的消息,园方并没有进行任何通知,是家长们自己发现的。家长表示,他们是在家长群里看见大家都在请假,互相问询后才知道孩子们得的都是同一种病。

家长反映,现在班级里 80% 的小孩都生病在家,没有上学了。幼儿园对于孩子们之间有传染病的事情是知情的,但是却没有采取任何的措施,任由其发展。早在 19 号,幼儿园内就有孩子得了疱疹性咽峡炎,可直到 27 号,家长们仍然没有收到任何相关的提醒信息。

经过调查后,确认该园 5 名幼儿患疱疹性咽峡炎,1 名幼儿患手足口病。患病幼儿所在的班级已全面停课,园方也公布整改方案,加强预防,防止病情蔓延。

【案例 6-26】

新型冠状病毒肺炎暴发

新型冠状病毒肺炎是指新型冠状病毒感染导致的肺炎。2019 年 12 月以来,湖北省武汉市部分医院陆续发现了多例有华南海鲜市场暴露史的不明原因肺炎病例,现已证实为一种新型冠状病毒感染引起的急性呼吸道传染病。为抗击新型冠状病毒感染肺炎疫情,教育部专门发通知要求 2020 年春季延期开学,阻断疫情向校园蔓延。2020 年 2 月 2 日,国家卫健委发布的《关于做好儿童和孕产妇新型冠状病毒感染的肺炎疫情防控工作的通知》指出,儿童和孕产妇是新型冠状病毒肺炎的易感人群。同时也指出,儿童应尽量避免外出,确需外出的要正确佩戴口罩,做好防护措施。

2.分析

1）幼儿园健康疾控管理不规范

案例6-25中反映的问题是幼儿园健康疾控管理不规范,幼儿园未及时向疾控部门上报并通知家长,没有对班级物品进行消毒,忽视了幼儿的健康安全与潜在危险。

2）疫情报告意识淡漠

从案例6-25可以看出,幼儿园没有向上级部门报告疫情,缺乏疫情报告的意识,如果能及时上报,可便于上级部门早日采取有效措施,将疫情的蔓延缩小在相对小的范围。

3）面对假期中的突发疫情,幼儿园缺少应对策略

新型冠状病毒肺炎的暴发正处于幼儿园寒假期间。为了配合国家对疫情管理的要求,也为了保障幼儿和家长的安全健康,幼儿园应承担起了解和监控幼儿、家长和教职员工健康状况及出行情况的责任。事实上,绝大多数幼儿园缺少相关经验,面对突发疫情非常被动,没有有效的应对策略。

3.解决思路

幼儿园健康疾控安全管理解决思路如图6-14所示。

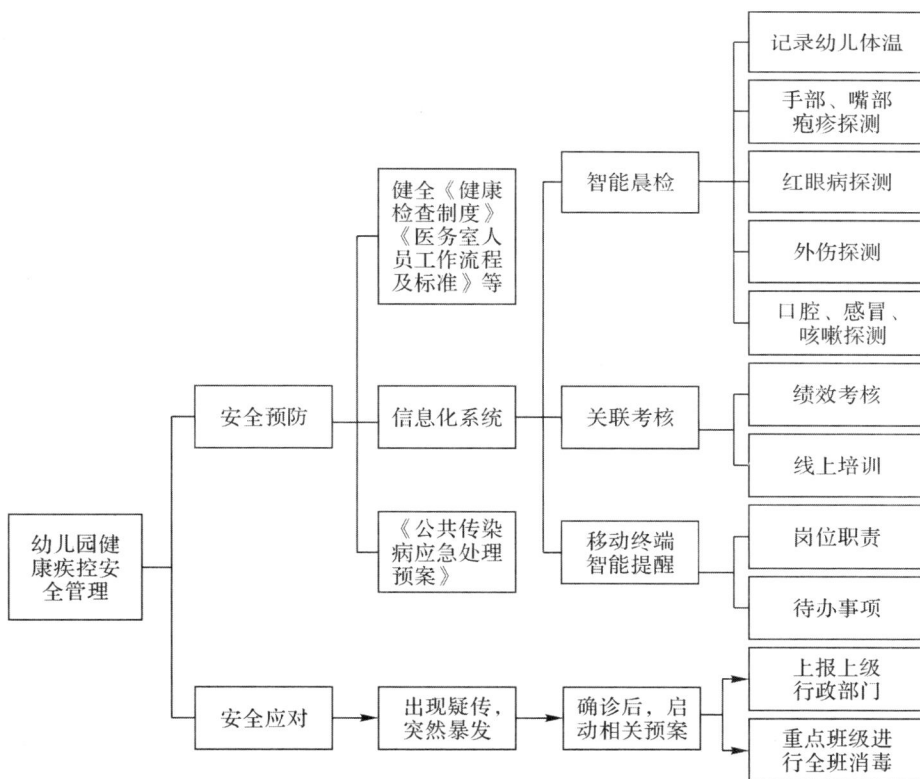

图6-14　幼儿园健康疾控安全管理解决思路图

4. 解决方案

1) 通过信息化系统管理、记录并监控幼儿健康状况

从幼儿入园开始，将幼儿接种疫苗的信息自动扫描记录在系统中，对未接种国家规定疫苗的幼儿，暂时不能入园，需到所在社区医院进行补种。系统对于特殊幼儿的护理会自动生成每日提醒，帮助教师做好特殊幼儿的护理工作。每天早上通过智能晨检系统，可以记录幼儿的健康状况，预防传染病的暴发。发现可疑患儿时，要对患儿采取及时送诊、居家休息等措施，对患儿所用的物品要立即进行消毒处理。

2) 健全各项健康安全制度并有效实施

加强幼儿园环境卫生日常监测，定期对幼儿园进行日常消毒与消毒效果评价，发现问题立即采取有效措施。通过信息化系统，发送提醒给相关教师与医务人员，确保每日班级消毒、通风等卫生工作落到实处，责任到人，有执行有监督，并运用信息化系统进行记录，确保保育流程规范化、制度化、常态化、信息化。

3) 利用信息化系统加强教师与保育员的安全意识，进行模拟演练

通过关联考核与线上培训等相应模块，加强教师与保育员的安全意识。利用 VR 技术，进行传染病安全演练，使得相关人员熟悉传染病安全演练的流程，以更加有效地应对传染病的发生。

4) 利用信息化系统了解寒暑假期间幼儿、家长及教职工的健康状态，制定假期突发疾病及疫情处理方案

利用幼儿园相关信息化系统，了解幼儿及教职工假期出行情况和健康状况。当出现疫情时，由信息化系统向每位家长和教职工发放宣传通知和"健康每日报"，家长每日填报幼儿及家长身体状况等信息，系统自动检测是否有异常情况。如幼儿或家长有身体不适等异常情况，系统第一时间通知班主任、年级主管、医生及园长，并加强每日追踪及健康防护指导；如教职工有身体不适等异常情况，系统第一时间通知教师主管、医生及园长，幼儿园加强对该教职工的健康管理，为有需要的教职工提供帮助。同时，医务室收到信息后及时上报上级主管部门。

5. 信息化系统效果达成

信息化系统的使用，规范了幼儿园健康疾控的管理，提高了幼儿园的管理水平，能及时监控和预防传染病的暴发，并及时采取有效措施。同时，因为信息化系统责任到人，每个人完成相关的任务后会进行记录，因此形成了良好的管理模式，从预防到执行最后到反馈，系统收集大数据进行分析，可以为幼儿园管理者提供参考意见。

拓展阅读

预防公共传染病应急预案

一、总体目标

为做好公共传染病防控工作，提高防控水平和应对能力，做到早发现、早报告、早隔离、早治疗，及时有效地采取各项防控措施，防止疫情传播、蔓延，保障全园师生的身体健康和生命财产安全，维护正常教学秩序，特制定本应急预案。

二、工作原则

发生疫情时各部门负责人和教职工应大力配合,依法防控,科学应对,有效控制疫情蔓延扩散。

三、组织实施

(1)成立公共传染病防控工作领导小组,在区教委和上级卫生行政部门领导下,负责全园防控工作的组织和领导。

①组长:园长;

②副组长:副园长;

③成员:保教部长、后勤部长、教学主管、各年级组长及班主任。

(2)领导小组下设医疗组、保卫组、后勤保障组。

①医疗组:组长由医务组组长担任。

负责进行消毒隔离的指导工作。及时上报、接收、登记和转诊病人,做好全园师生的个人防护工作。

②保卫组:组长由后勤部主管担任。

发生疫情,保卫组成员应迅速到达指定位置进行警戒,及时采取措施进行有效隔离。

③后勤保障组:组长由后勤副园长担任。

保障后勤物资的供应,按照公共传染病的防护要求,储备一定数量的隔离衣、口罩、消毒液等消毒防护用品,以应对公共卫生事件的发生。

(3)严格实行防控工作责任制。按照上级部门的要求建立"分级管理"制度,积极开展各项防控工作。

四、宣传措施

(1)广泛动员,联防联控。通过板报、专栏、培训等多种形式向教职工、家长、幼儿进行健康教育宣传。既要避免产生不必要的恐慌情绪,又要普及科学防控知识。

(2)教育家长及幼儿做好个人防护。注意饮食和饮水卫生,积极锻炼身体,增强体质。保持室内空气流通,勤洗手、勤剪指甲,搞好个人卫生。

(3)教育家长传染病流行期间不带孩子去机场、车站、电影院、歌厅、超市等流动人口密集的场所。提醒家长一旦发现孩子有异样,应尽早带孩子到医院就诊治疗。

五、工作要求

(1)管理人员的手机须保持24小时开机状态,以确保信息通畅、行动迅速和人员的及时调配。

(2)按照上级部门的统一部署,每天将疫情上报上级主管部门。

(3)加大晨检力度,医务人员每天对各班进行巡视,发现疫情早报告、早隔离、早治疗。

(4)加强对全园室内外卫生的检查力度,保持园内的环境卫生。

(5)加强对食堂食品采购、验收、制作环节的监管,严格执行食品安全和食品卫生制度。做好餐具、炊具的清洗消毒工作。

(6)对请假两天以上的幼儿,医务室负责进行电话随访,第一时间掌握病情;对病愈重新返园的幼儿,须由医生检查签字后方可进班。

公共传染病应急流程如图6-15所示。

```
                    ┌─────────────────────┐
                    │    公共传染病出现      │
                    └──────────┬──────────┘
                               │
                    ┌──────────┴──────────────┐
                    │ 安全管理信息化系统启动预防措施 │
                    └──────────┬──────────────┘
          ┌────────────────────┼──────────────────────────┐
          │                    │                          │
  ┌───────┴───────┐  ┌─────────┴─────────┐  ┌─────────────┴─────────────┐
  │ 向相关人员发送   │  │ 若发现幼儿有不良反应或发烧时，│  │ 加强晨检，发现有传染病        │
  │ 注意事项        │  │ 立即送医务室诊治（各班）  │  │ 迹象的幼儿拒绝入园           │
  └───────┬───────┘  └─────────┬─────────┘  │ （医务组）                 │
          │                    │            └───────────────────────────┘
  ┌───────┴───────┐  ┌─────────┴─────────────┐
  │ 家长上传幼儿身体  │  │ 报告园领导，通知患儿家长（医务组）│
  │ 情况调查表      │  └─────────┬─────────────┘
  └───────────────┘            │
                    ┌──────────┴──────────────────┐
                    │ 启动应急预案，各组人员迅速进入应急状态（各组）│
                    └──────────┬──────────────────┘
                               │
                    ┌──────────┴──────────────┐
                    │ 迅速将患儿送往医院救治（后勤部）│
                    └──────────┬──────────────┘
                               │
                    ┌──────────┴──────────────────┐
                    │ 了解疫情，控制疫情蔓延、恶化（领导小组）│
                    └──────────┬──────────────────┘
                               │
                    ┌──────────┴──────────────┐
                    │ 上报区教育局及主管部门（办公室）│
                    └──────────┬──────────────┘
                               │
                    ┌──────────┴──────────┐
                    │ 全面消毒和整改（全园）  │
                    └─────────────────────┘
```

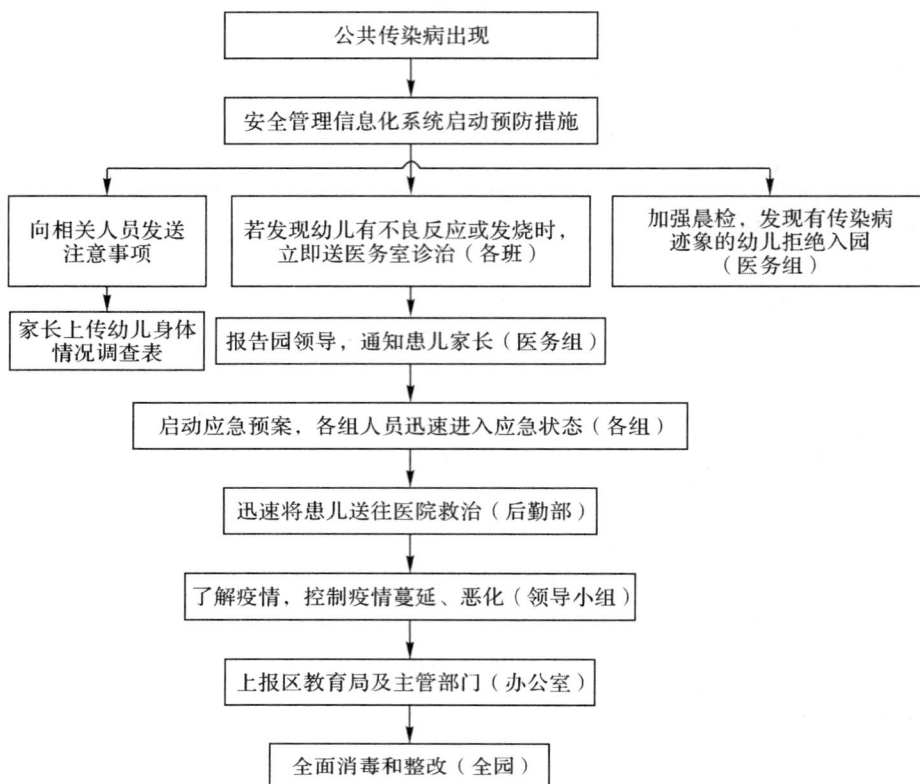

图 6-15 公共传染病应急流程

参 考 文 献

[1]DANIEL L D.创建安全的学校:学校安全工作指南[M].唐颖,等译.北京:中国轻工业出版社,2006.

[2]GIDDENS A.Beyond left and right:the future of radical politics[M].Stanford:Stanford University Press,1994.

[3]SCHULZ G.云和虚拟数据存储网络[M].北京:国防工业出版社,2017.

[4]TAKAKO S,TATUYUKI O,YOKO T.A study of dwelling life education for the viewpoint of disaster prevention-disaster prevention with difference in dwelling places and housing damages of high school students in hyogo prefecture[J].日本家政学会志,2000,51(2):171-180.

[5]鲍金鹏,梁光明,刘伟.一种工业控制系统应用层数据安全防护方法[J].现代电子技术,2016,39(8):14-17,20.

[6]鲍日勤.人工智能时代的教与学变迁与开放大学2.0新探[J].远程教育杂志,2018,36(3):25-33.

[7]贝克.风险社会[M].何博闻,译.江苏:译林出版社,2004.

[8]曹秋良.实战打造智慧幼儿园[M].北京:新华出版社,2018.

[9]曹晓明."智能＋"校园:教育信息化2.0视域下的学校发展新样态[J].远程教育杂志,2018,36(4):57-68.

[10]查伟.数据存储技术与实践[M].北京:清华大学出版社,2016.

[11]陈博.幼儿园安全管理中的问题与思考:抓住关键,透过现象看本质,共建平安校园[J].课程教育研究,2018(37):8.

[12]陈娜.SSID中文无线网络设置安全策略[J].黑龙江科技信息,2012(6):110.

[13]陈群.幼儿园危机管理实务[M].北京:中国轻工业出版社,2009.

[14]陈瑞.校园网中Web服务器的安全配置和日常维护[J].山西广播电视大学学报,2009,14(4):52-53.

[15]陈忻玉.自媒体时代政府网络舆情监管研究[D].西安:长安大学,2014.

[16]陈永明.教育危机管理[M].天津:天津教育出版社,2007.

[17]程秀兰,赵炎朋.幼儿园安全管理的现状、问题及解决对策[J].学前教育研究,2018(12):3-13.

[18]邓建新,单路宝,贺德强,等.缺失数据的处理方法及其发展趋势[J].统计与决策,2019,35(23):28-34.

[19]董瑞霞.当前幼儿园信息化管理存在的问题及对策研究[J].辽宁教育,2018(16):70-73.

[20]董学思.多组学缺失数据联合填补方法评价及其应用[D].南京:南京医科大学,2017.

[21]冯宝安.幼儿园突发事件管理机制构建研究[D].重庆:西南大学,2013.

[22]冯月春,陈惠娟.基于机器视觉的激光条形码识别技术研究[J].激光杂志,2019,40(6):98-102.

[23]耿勇.Excel 数据处理与分析实战宝典[M].2 版.北京:电子工业出版社,2018.

[24]龚维斌.当前社会治理的新特点新趋势[N].北京日报,2019-04-29(014).

[25]郭凌,张良杰,钟石根,等.5G 时代创新创业方向的研究与分析[J].科技创新与应用,2017(2):16-17.

[26]郭志懋,周傲英.数据质量和数据清洗研究综述[J].软件学报,2002(11):2076-2082.

[27]国务院印发《促进大数据发展行动纲要》[EB/OL].(2015-09-05)[2020-02-12].http://www.gov.cn/zhengce/content/2015-09/05/content_10137.htm.

[28]郝登山.人工智能在计算机网络技术中的应用分析[J].中国新通信,2016,18(1):87-89.

[29]郝振洁.Excel 的教学方法及应用技巧[J].黑龙江科学,2019,10(23):90-91.

[30]何克抗.迎接教育信息化发展新阶段的挑战[J].中国电化教育,2006(8):5-11.

[31]黄梯云,李一军.管理信息系统[M].6 版.北京:高等教育出版社,2016.

[32]黄志爱.基于喷墨打印工艺的 RFID 标签天线设计研究[D].大连:大连理工大学,2015.

[33]吉登斯.失控的世界[M].南昌:江西人民出版社,2001.

[34]吉登斯.现代性的后果[M].田禾,译.南京:译林出版社,2011.

[35]纪艳红,刘超,常燕玲,等.幼儿安全管理与教育[M].北京:清华大学出版社,2018.

[36]贾红果,王伟.行为安全管理的探索与实践[M].北京:中国国际广播出版社,2017.

[37]江雁冰,陈世联.物联网技术与幼儿园安全管理[J].重庆第二师范学院学报,2014,27(2):137-140,176.

[38]教育部基础教育司组织编写《幼儿教育指导纲要(试行)》解读[M].2 版.南京:江苏教育出版社,2002.

[39]教育部推安全教育实验区加强学生安全教育[N/OL].(2017-11-24)[2020-09-15].http://news.jstv.com/a/20171124/1511531523881.shtml.

[40]孔栋,孙亮,王建强,等.一种用于激光雷达识别车道标线算法[J].科学技术与工程,2017,17(16):87-92.

[41]雷鸣.创新社会管理背景下的群体性事件防治研究[D].长沙:湖南大学,2012.

[42]李季眉.回到基本原素去:走进《新纲要》[M].北京:北京师范大学出版社,2006.

[43]李圣瑜.调查数据缺失值的多重插补研究[D].石家庄:河北经贸大学,2015.

[44]李晓英.基于 SSH 框架的幼儿园数字化网络管理平台设计与实现[D].武汉:武汉理工大学,2014.

[45]林康平,孙杨.数据存储技术[M].北京:人民邮电出版社,2017.

[46]刘鹏,张燕,李法平,等.数据清洗[M].北京:清华大学出版社,2018.

[47]芦德芹.预防为主的幼儿园家长工作:幼儿教师每月必读[M].北京:中国农业出版社,2017.

[48]鲁嘉淇.浅析基于视觉识别的自动化技术在快递企业中的应用:以顺丰自动分拣机器人为例[J].中国战略新兴产业,2017(12):132-133.

[49]路志英,刘书辰,宫志宏.基于多特征融合的玉米前期图像的旱情识别[J].激光与光电子学进展,2017,54(8):141-149.

[50]罗云.现代安全管理[M].3版.北京:化学工业出版社,2016.

[51]庞新生.缺失数据插补处理方法的比较研究[J].统计与决策,2012(24):18-22.

[52]齐黎明,朱建芳,张跃兵.安全管理学[M].北京:煤炭工业出版社2015.

[53]任冲冲.信息不对称视角下提升我国政府公信力的对策研究[D].沈阳:东北大学,2012.

[54]史秋琴,杨雄.儿童安全与社会责任[M].上海:上海教育出版社,1997.

[55]司钊.透过2G到5G安全策略谈移动通信的发展[J].信息通信,2019(6):281-283.

[56]苏晖.幼儿园安全管理实用手册[M].北京:中国农业出版社,2016.

[57]孙晔.国外校园安全措施及启示[J].山东警察学院学报,2010,22(5):118-120.

[58]唐静萍.浅谈幼儿园后勤信息化管理[J].中小学电教,2017(4):7-9.

[59]唐庆菊,刘俊岩,王扬,等.基于模糊C均值聚类和Canny算子的红外图像边缘识别与缺陷定量检测[J].红外与激光工程,2016,45(9):281-285.

[60]唐云.基于物联网技术构建幼儿园安全管理系统[J].信息与电脑(理论版),2016(3):11-12.

[61]天跃图书工作室.幼儿园的50个安全管理问题[M].福州:福建教育出版社,2015.

[62]田腾,顾荣芳.幼儿意外伤害发生规律探析:基于1315个案例的实证研究[J].中国教育学刊,2019(12):67-71.

[63]汪旭升.湖南省网络舆情应对能力提升研究[D].长沙:湖南大学,2018.

[64]王福斌,刘同乐,武晨,等.利用光斑图像特征确定飞秒激光有效烧蚀焦距[J].应用光学,2017,38(5):831-836.

[65]王龙华.基于OpenWrt的无线网络安全检测系统的设计与实现[D].北京:北京邮电大学,2017.

[66]王琴.幼儿园安全管理存在的问题与对策研究[J].成才之路,2019(4):70.

[67]韦江贝.下一代网络边缘接入网关的研究[D].北京:北京邮电大学,2006.

[68]肖巍."全球化风险"与中国的长期应对[J].学术月刊,2010,42(1):11-16.

[69]肖鑫.WCDMA Femto RLC层功能的研究与实现[D].广州:华南理工大学,2012.

[70]校园安全要加压也要松绑[N/OL].(2017-05-05)[2020-10-19].http://edu.people.com.cn/n1/2017/0505/c1053-29255178.html.

[71]谢东亮.数据清洗基础与实践[M].西安:西安电子科技大学出版社,2019.

[72]徐忠娣.新形势下幼儿园信息化管理研究[J].成才之路,2017(25):72.

[73]颜荆国.幼儿园园长信息化领导力提升策略[M].北京:科学出版社,2019.

[74]杨海霞.数据库原理与设计[M].2版.北京:人民邮电出版社,2013.

[75]杨璐萍.新兴网络媒体时代政府危机公关的策略研究[D].成都:电子科技大学,2013.

[76]杨晓倩.缺失数据插补方法的选择研究[D].兰州:兰州财经大学,2016.

[77]杨雪冬.风险社会理论述评[J].国家行政学院学报,2005(1):87-90.

[78]杨雅厦.以全新维度提升社会治理精细化水平[N].光明日报,2016-01-04(011).

[79]杨宗凯.教育信息化2.0:颠覆与创新[J].中国教育网络,2018(1):18-19.

[80]杨佐廷.中小学生危机预防与干预[M].上海:上海教育出版社,2006.

[81]佚名.教育部办公厅国家卫生计生委办公厅通报陕西、吉林两地个别幼儿园违规开展群体性服药事件[J].基础教育参考,2014(7):78.

[82]俞嘉浩,倪卫红,赵成国,等.基于视觉识别技术的智能装车作业流水线设计[J].物流技术与应用,2019,24(7):139-141.

[83]虞永平,等.学前课程的多视角透视[M].南京:江苏教育出版社,2006.

[84]袁贵仁,庞丽娟.中国教师新百科·幼儿教育卷[M].北京:中国大百科全书出版社,2003.

[85]袁宗金.幼儿园危机管理的意义与策略[J].教育导刊(下半月),2010(9):53-56.

[86]翟萍,王贺明,张魏华,等.大学计算机基础[M].5版.北京:清华大学出版社,2018.

[87]张宾,宿敬肖,张微微,等.基于激光视觉的智能识别苹果采摘机器人设计[J].农机化研究,2016,38(7):60-64.

[88]张成萍.残缺数据的填补[D].长沙:中南大学,2006.

[89]张春炬,李芳.幼儿园安全管理策略[M].北京:中国轻工业出版社,2018.

[90]张洪星,刘爱国.信息技术基础教程[M].2版.北京:电子工业出版社,2004.

[91]张燕,许京,陈玲玲,等.基于激光距离传感器的路况识别系统的设计[J].激光与红外,2016,46(3):265-270.

[92]张勇,陈莉.聚类与PCA融合的特征提取方法研究[J].计算机工程与应用,2010,46(11):148-150,189.

[93]张云捷.幼儿园安全管理中存在的问题及对策[J].基础教育研究,2018(22):94,96.

[94]张志强.移动物联网下智慧家庭控制系统的设计与实现[D].郑州:郑州大学,2017.

[95]赵聪.校园中隐式用户行为数据挖掘研究[D].合肥:中国科学技术大学,2015.

[96]赵婧薇.个人信息利用与人格权保护的冲突与协调研究[D].大连:大连海事大学,2017.

[97]赵炎朋.幼儿园安全管理体系研究[D].西安:陕西师范大学,2017.

[98]赵振洲.信息安全管理与应用[M].北京:中国财富出版社,2015.

[99]中共十八届五中全会在京举行中央政治局主持会议中央委员会总书记习近平作重要讲话[N].人民日报,2015-10-30(02).

[100]周红五.心理援助:应对校园心理危机[M].重庆:重庆出版社,2006.

[101]周天枢.老师和家长需要知道的100幼儿园法律问题[M].广州:中山大学出版社,2005.

[102]朱晓燕.幼儿园安全管理问题及对策研究[D].上海:华东政法大学,2018.

[103]朱志萍.社会安全风险治理的底线思维与智慧策略[J].上海城市管理,2019,28(2):24-28.

[104]邹太龙.大数据时代高校教育管理的可能走向及实现路径[J].高教探索,2017(11):10-16.